乡村教育振兴研究

兰慧君 ◎著

中国书籍出版社
China Book Press

图书在版编目（CIP）数据

乡村教育振兴研究 / 兰慧君著. -- 北京：中国书籍出版社，2023.11

ISBN 978-7-5068-9663-4

Ⅰ.①乡… Ⅱ.①兰… Ⅲ.①乡村教育－研究－中国 Ⅳ.①G725

中国国家版本馆CIP数据核字（2023）第229018号

乡村教育振兴研究

兰慧君　著

丛书策划	谭　鹏　武　斌
责任编辑	李国永
责任印制	孙马飞　马　芝
封面设计	博健文化
出版发行	中国书籍出版社
地　　址	北京市丰台区三路居路97号（邮编：100073）
电　　话	（010）52257143（总编室）　（010）52257140（发行部）
电子邮箱	eo@chinabp.com.cn
经　　销	全国新华书店
印　　厂	三河市德贤弘印务有限公司
开　　本	710毫米×1000毫米　1/16
字　　数	275千字
印　　张	17.5
版　　次	2024年5月第1版
印　　次	2024年5月第1次印刷
书　　号	ISBN 978-7-5068-9663-4
定　　价	96.00元

版权所有　翻印必究

乡村振兴研究的新视角

  党的二十大报告科学概括了中国特色现代化的内涵，指出中国式现代化包括人口规模巨大、全体人民共同富裕、两个文明相协调、人与自然和谐共生、走和平发展道路五大特色。乡村振兴是全面推进中国式现代化的重要组成部分，是解决人民日益增长的美好生活需要和不平衡不充分的发展之间矛盾的必然要求，是实现"两个一百年"奋斗目标的必然要求，是实现全体人民共同富裕的必然要求。习近平总书记深刻指出，实施乡村振兴战略是关系全面建设社会主义现代化国家的全局性、历史性任务。

  进入新时代以来，党和政府高度重视乡村基础教育发展，提出了一系列建设社会主义新农村的重要举措，加大了农村教育资源投入力度，努力缩小城乡教育差距，实现了乡村儿童从"有学上"到"上好学"的巨大转变。但是，当前的农村教育发展与办人民群众满意的教育的要求还有较大差距，表现在农村基础教育资源分散、获取渠道狭窄而导致的资源不足和资源利用率不高，农村基础教育师资队伍建设滞后，农村生源流失严重，农村留守儿童问题突出等方面，并成为制约乡村振兴发展的重要因素。

  2023年伊始，中共中央国务院印发《关于做好2023年全面推进乡村振兴重点工作的意见》，其中指出，要加强乡村人才队伍建设，实施乡村振兴人才支持计划，积极推动县域内义务教育优质均衡发展，提升农村学校办学水平，挖掘农村内部人力资源，发挥农民参与乡村振兴的积极性、主动性、创造性。乡村教育是建设社会主义新乡村的重点工作内容，综合教育水平的提升，能够促进乡村社会文化水平发展，适应于新乡村的社会进步需求。乡村振兴离不开乡村教育的高质量发展，以培养乡村高素质人才为目标，依托现代教育促进当地经济和文化发展。这就需要教育部门和各级学校加大教育宣传力度，政府要保证教育经费投入，重视乡村学校师资建设，着力打造高水平师资队伍；学校则注重打造本土化教育特色，在教育模式、教育方法上不断改进，构建全新的乡村教育体系，以乡村教育的高质量发展促进乡村振兴战略的实现。

兰慧君博士自求学以来，工作在乡村教育一线，也对乡村教育有很深刻的思考和研究。他在参阅大量相关著作文献的基础上精心撰写了《乡村教育振兴研究》一书。该书在厘清乡村教育振兴的概念、内涵及时代意义的基础上，分析了乡村教育的历史变迁与现实困境，讨论了我国乡村教育改革与发展的规律与趋势，针对乡村教育与乡村各要素如乡村的居民、政治、经济、文化、资源、生态等之间的逻辑关系展开论述，探讨了乡村教育振兴的现实困境与成因，最后针对乡村教育与学校教育治理进行分析，分别从理论上论述了乡村学校教育的内容与教学改革、乡村学校教育课程资源的开发与建设、乡村学校师生关系的改善与学生发展、乡村教师专业发展与乡村教育重塑应注意的问题。论文还参考了美国、英国的乡村教育发展，以及国外乡村教育对我国的启示，从多层面分析了我国乡村教育振兴的创新路径，如建立与完善多参与的乡村教育振兴机制、科技赋能乡村教育振兴的方式转变、"三位一体"协同育人助推乡村教育振兴、加快构建和完善乡村儿童关爱体系、积极构建乡村教育质量评测体系、推进义务教育优质均衡发展和城乡一体化。本书的最后一章，重点针对我国山东、广西、西部乡村教育的发展情况进行了案例分析。整个研究视域广阔，文献资料丰富，结构严谨，逻辑清晰，具有较强的系统性，为乡村教育振兴研究又添新彩，也为乡村教育政策的制订提供了新思路。希望本书能够为提高我国乡村教育发展水平、实现教育公平以及进一步落实乡村振兴战略做出贡献。

陕西师范大学教育学部教授　王鹏炜

乡村振兴研究的新视角

教育是最大的民生，乡村教育是托底的教育。是乡村振兴质量高低与速度快慢的制约因素，在城镇化进程中，乡村教育该何去何从？乡村教育与乡村振兴各要素之间如何协调发展，如何能使教育优质均衡在乡村教育中得到细化落实？诸如此类的问题，是鲜有人关注却非常重要的问题。这些问题的解决以及乡村教育的高质量发展，直接关乎我国乡村振兴的进程和质量。笔者本着对教育的热爱，对乡村教育进行了系统全面的剖析，通过个案的的分析对乡村教育的振兴进行了实证研究，系统地探索了我国乡村教育的振兴之路。

——深圳市龙华区未来学校筹备组组长、优秀校长　万象贵

乡村教育振兴是当前中国社会面临的重要议题。慧君博士《乡村教育振兴研究》一书对乡村教育的学术价值和社会意义进行了深入探讨。从学术角度来看，本书对乡村教育现状和问题的把握准确，提出的策略和措施具有科学性和可操作性。从社会意义来看，本书有助于提高人们对乡村教育的关注度和认识水平，对于推动乡村教育的发展和提升具有积极意义。同时，本书还可以为政府制定相关政策提供参考和支持，为改善乡村教育环境和提高教学质量贡献力量。

——清华附小轮值常务副校长、特级教师　穆敏娟

乡村振兴是我国发展的重大战略，乡村教育振兴是实现乡村振兴的前提和基础，慧君博士有着浓厚的乡村情怀，他以乡村教育振兴"必定有我"的责任感和使命感积极投身到研究与实践中，著作不仅有大量的文献梳理，更有大量的乡村实地调查，形成了较为详实的第一手资料，对乡村教育振兴进行了较为系统的研究，是相当难能可贵的。

　　乡村教育振兴关乎中华民族伟大复兴全局，习总书记曾说，没有农村的现代化就没有全国的现代化，同样的，没有乡村教育的现代化就不可能有全国的教育现代化。慧君博士经过一系列调查和研究后，提出建立与完善多参与的乡村教育振兴机制、科技赋能乡村教育振兴的方式转变、"三位一体"协同育人助推乡村教育振兴、加快构建和完善乡村儿童关爱体系、积极构建乡村教育质量评测体系、推进义务教育优质均衡发展和城乡一体化等推动乡村教育振兴的政策建设举措，对实现我国乡村教育振兴具有极强的针对性和现实的指导性。

　　更为可喜的是，慧君博士在提出一系列乡村教育振兴建设举措后，又采用个案分析法进行了大量的实证研究，以进一步验证所提建设举措的可行性和预期效果，展示了慧君博士深厚的学术素养和科学严谨的学术品格。

　　　　——国家"万人计划"教学名师、享受国务院特殊津贴专家　崔志钰

目 录

第一章　乡村教育振兴的基本概念、科学内涵及理论基础　　1
　　第一节　乡村教育振兴的基本概念　　2
　　第二节　乡村教育振兴的科学内涵　　17
　　第三节　乡村教育振兴的理论基础　　24

第二章　乡村教育的历史嬗变　　47
　　第一节　远古—1840年：古代乡村教育的发展历程　　48
　　第二节　1840—1919年：近代乡村教育的发展历程　　50
　　第三节　1919年至今：现当代乡村教育的发展历程　　51

第三章　乡村教育与乡村各要素的逻辑关系　　55
　　第一节　乡村教育振兴与乡村人口　　56
　　第二节　乡村教育振兴与乡村政治　　59
　　第三节　乡村教育振兴与乡村经济　　73
　　第四节　乡村教育振兴与乡村文化　　78
　　第五节　乡村教育振兴与乡村生态　　82

第四章　乡村教育与学校教育治理　　89
　　第一节　乡村学校教育的内容与教学改革　　90
　　第二节　乡村学校教育课程资源的开发与建设　　112

　　　　第三节　乡村学校师生关系的改善与学生发展　　117
　　　　第四节　乡村教师专业发展与乡村教育重塑　　126

第五章　乡村教育振兴的现实困境与成因分析　　133
　　　　第一节　我国乡村教育的基本现状　　134
　　　　第二节　我国乡村教育面临的主要问题　　136
　　　　第三节　我国乡村教育振兴的困境与成因分析　　139

第六章　国外乡村教育振兴的经验借鉴与启示　　151
　　　　第一节　美国的乡村教育发展　　152
　　　　第二节　英国的乡村教育发展　　160
　　　　第三节　国外乡村教育对我国的启示　　169

第七章　乡村教育振兴的创新路径　　181
　　　　第一节　建立与完善多方参与的乡村教育振兴机制　　182
　　　　第二节　科技赋能乡村教育振兴的方式转变　　192
　　　　第三节　"三位一体"协同育人助推乡村教育振兴　　204
　　　　第四节　加快构建和完善乡村儿童关爱体系　　207
　　　　第五节　积极构建乡村教育质量评测体系　　221
　　　　第六节　推进义务教育优质均衡发展和城乡一体化　　228

第八章　我国乡村教育振兴创新案例研究　　231
　　　　第一节　山东乡村教育振兴与发展研究　　232
　　　　第二节　广西乡村教育振兴战略研究　　235
　　　　第三节　我国西部乡村教育发展研究　　248

参考文献　　262

第一章　乡村教育振兴的基本概念、科学内涵及理论基础

　　教育是阻断贫困代际传递的重要途径，是实现国家强盛、民族复兴的坚实基础，也是实现乡村振兴的重要支撑。因此，实施乡村振兴战略，必须发挥教育在引领和服务社会发展中的积极作用，在乡村教育振兴的过程中实现教育振兴乡村。

第一节　乡村教育振兴的基本概念

一、乡村

（一）乡村的定义

乡村是"城市"的对称，即城市以外的一切地域，主要是县以下的乡（镇）、村两个层次。从不同角度定义乡村，可能会有细微差别，但殊途同归，乡村是在某一地域中，由指定社会群体与多种社会关系构成，主要从事农业生产的社会实体，它是社会的基本构成，也是社会发展的重要基础。乡村不仅涵盖指定地域的国民经济各个部门，还包括社会、经济、生态等各方面，在每个方面中还包含诸多层次与因素，可以说是极其庞大与复杂的系统。城镇是指人口比较集中、工商业比较发达、以非农业人口为主的区域，包括国家批准设市建制的直辖市和省、自治区、直辖市批准设镇建制的镇。根据我国有关部门规定，大多数县城是镇的建制，应属于城镇范围，但由于县、镇是城市和乡村的接合部，县、镇的经济往往和乡村经济融为一体，为方便分析问题，本书提到的乡村范围有时也包括县、镇在内。所谓县级乡村，是指县级行政管辖范围内的乡村。

乡村与城市的区别主要是产业结构、居民的人口规模和聚居的密度。农业生产与自然环境关系密切，周期性和季节性明显，生产稳定性差，劳动生产率不易提高，耕作路途较远且分散。这些特点决定了乡村人口密度一般小于城市，人们的社会交往较少，信息较为闭塞，在一定阶段农民安居乐土，不易流动，但由于农业生产经济效益比较低，在社会发展的某个阶段，乡村人口流入城市又成为普遍现象。

对于乡村的含义，基本要素有三点：其一，一定地域；其二，农业在产业结构中占极大比重；其三，一定的行政归属。理解乡村这一概念，需要从三个方面着手。首先，清楚乡村的地域属性。由于乡村与城市相对应，它包

第一章 乡村教育振兴的基本概念、科学内涵及理论基础

含除城市外的所有地域。同时,乡村具有经济属性,相比于城市的经济活动形式有很大不同,甚至可以说是千差万别。乡村经济对自然的依赖性更强,并且经济活动的密集程度较低。相关学者曾指出,城市本身就是人口、资本、生产工具、需求、享乐的集中体现,而乡村处处体现着分散与孤立。其次,乡村有特定的生产生活方式。相比于城市,乡村的生产生活方式与之有很大差别。现阶段,我国乡村仍以农业生产为主,并且人们会通过农业生产丰富生活。最后,乡村是有行政归属关系的。当前,乡村主要是指乡、村这两大社会区域。具体而言,乡村或是隶属于某县下的乡,或是隶属于某乡下的村。同时,每个乡村都会在指定区域内享有教育、商业、服务业等设施。

乡村区域的属性是由乡村经济活动的本质所决定的,并随着社会生产方式和生产条件的改变而发生变化。农业生产是乡村经济活动的基础,农业生产的对象是生命的有机体,与所在区域的自然条件和社会经济条件密切联系,这些条件的地区差异,必然对各种自然生物及栽培作物的适生环境有很大的约束作用,从而深刻影响乡村经济活动。因此,乡村区域的形成与发展,是自然、技术、经济条件相互作用、长期共同影响的结果。

纵观我国农业的发展历史,我国乡村区域的发展可以分为三个阶段。

1.原始农业阶段

根据我国史籍记载,早在人类社会早期,就已出现了不同的乡村区域。由于当时社会生产力水平十分低下,人们控制自然的能力十分低弱,对自然条件只能在适应中加以有限的利用,农业生产门类极为简单。此阶段有代表性的乡村区域是黄河流域和长江流域。黄河流域土地疏松肥沃,气候温暖干燥,适宜以栽培麦、豆、粟、黍为主的旱作农业,以饲养猪、马、羊、黄牛、鸡、狗等畜禽为主的畜牧业;长江流域气候暖湿、河流密布、土壤肥沃,宜以种植水稻为主,饲养猪、水牛、羊、狗、家蚕和生产丝织品为辅。

2.传统农业阶段

由奴隶社会到封建社会,随着铁制农具的出现,栽培和饲养技术的改进,农业生产力大有提高。农田水利为农业的发展创造了前所未有的物质条件,人们适应、改造自然能力的增强,促进了农业生产的发展。同时,畜牧业、农业和手工业的分工日益扩大,开始出现劳动地域分工,产品交换有所

发展，乡村区域的范围也不断扩大。鸦片战争后，由于外来洋货的倾销，落后的乡村自然经济开始逐步解体。一方面，乡村资源受到掠夺性的破坏，以耕织结合为中心的乡村经济结构遭到瓦解；另一方面，也促进了农业商品化和专业化生产的发展，作为工业原料的经济作物，如棉花、烟叶、大豆等作物都趋向集中生产，促使劳动地域分工和乡村区域特色进一步形成。但传统农业的基本特点仍以自给自足的自然经济为主导，以手工、畜力农具的广泛应用为特征。

3.现代农业阶段

现代农业是以大规模的商品化、专业化和社会化为特征。随着社会生产力发展和水平提高，地区间商品经济广泛发展引起地域分工日益明显，乡村生产的地区分异，已不再单纯地由自然环境条件所决定，各地的农业生产结构和地区分布、生产规模和水平常取决于一定时期的社会需要和技术、经济、社会条件，乡村区域出现了明显的劳动地域分工和具有不同程度的专业化农业经济区域。

中华人民共和国成立以来，我国乡村生产布局有较大的调整，全国范围内的乡村区域的特征日趋明显。但目前，我国乡村的商品化和专业化的程度仍比较低，大部分区域尚处于传统农业向现代化农业的过渡阶段，因此，我国乡村区域的结构和布局有待进一步调整。实现社会主义的农业现代化，乡村经济的发展必须走向专业化、区域化和产业化。社会主义乡村区域的基本特征是：乡村区域之间的地域分工与区域内部的生产结构合理结合，专业化生产与综合发展相结合，实行"一业为主，多种经营"，保证乡村生产结构与区域布局相互促进、均衡发展。

（二）乡村的主要特征

由乡村的基本概念和构成要素可知，我国乡村具有以下特征。

1.以一定的社会组织关系为基础

我国的乡村主要指县以下的乡和村两级社会区域。依据我国法律，乡一级是国家在乡村的基层政权性组织，而村是村民自治性组织。

2.以农为主

以农业生产方式为基础,尽管随着社会进步与经济发展以及乡村产业结构的调整,大多数乡村都实行农、工、商、运、建、服等不同产业的综合经营。但乡村社会的主导生产方式决定了现阶段我国乡村仍然是以农为主,农业生产方式居于主导地位。我国乡村多种经营方针和社会主义市场经济的发展,特别是20世纪90年代兴起的农业产业化,使乡村社会的传统模式、社会行为方式不断地发生变化,原来的乡村的内涵也在发生变化。例如,乡村城市化的发展将极大地改变乡村与城市的区别与差距。因此,乡村这一概念的特点具有相对性质,应持动态观点。

3.以农民为主

以农户家庭为基础,现阶段乡村的主要成员是从事农业劳动的农民。我国的乡村是由原来的民族、家族、部落、邻里等血缘、地缘群体演变而来的。因此,与城市相比,受传统伦理的习惯势力影响较大,血缘关系、地缘关系、家庭观念、家庭地位对于乡村社会经济仍有一定的影响力。

二、乡村教育

(一)乡村教育的内涵

对乡村教育概念的界定是研究中国乡村教育振兴的逻辑起点。学术界对于乡村教育的概念有多种意见,但是从宏观上看,乡村教育是指服务于乡村建设和乡村经济发展的一切教育,"既包括乡村的学校教育,也包括其他非正式、非正规的乡村教育活动,以及城市里的直接或间接服务于乡村发展需要的普通高等教育与中等、高等职业教育等"[1]。因此,从理论上讲,乡村教

---

[1] 田静.教育与乡村建设:云南一个贫困民族乡的发展人类学探究[M].北京:中央编译出版社,2013.

育既包括广大学龄儿童、青少年的学校教育，也包括成年村民的成人职业教育和技能培训教育。从微观上看，乡村教育主要是指乡村的学校教育，主要集中在义务教育阶段，包括学龄前教育，小学、初中的九年义务教育。它是阶段进行的有组织、有目的的以学龄儿童的全面发展为目标的教学实践活动，是我国乡村教育的重要根基，决定着我国乡村发展的整体教育水平，影响着乡村社会、经济、文明的发展速度和发展程度。

关于乡村教育，我们可以从以下两个视角来理解。

1.空间视角

空间视角主要指的是从地域的维度来理解和解读乡村教育，从地域视角来看，乡村教育有别于城市教育，"乡村"主要是指城镇地区以外的其他地区，如我们平时所说的集镇和乡村等都属于乡村的组成部分和内容。其中，集镇主要是由集市发展而成的作为乡村一定区域经济、文化和生活服务中心的非建制镇。乡村指集镇以外的地区。此外，国家统计局《关于统计上划分城乡的规定》指出，"乡村是指本规定划定的城镇以外的其他区域，包括乡中心区和村庄"。也就是说，乡村教育是指乡中心区和村庄的教育，这一部分是我国整个学校教育的重要组成部分，对于我国的社会主义现代化建设具有重要的意义。

2.价值视角

从价值视角来分析乡村教育具有重要的现实意义，目前很多专家及学者主要持以下观点：第一是以肯定的视角看问题。从这一视角来看，乡村教育的历史传统和文化底蕴更加浓厚，这是城市教育无可比拟的，其发展的好坏在一定程度上影响着中国教育的质量；第二是以否定的视角看问题。受中国封建传统思想的影响，中国的乡村教育也呈现出落后、野蛮等的一面，它比较排斥"现代文明"，在一些地方它与现代文明显得格格不入，因此对其加以改造是不可避免的。为适应现代社会发展的形势，乡村教育要加快改革与发展的步伐，努力向城市教育看齐，不断完善自身才能为社会培养大量的高素质人才。

乡村教育是我国教育的重要内容和组成部分，其发展无论对于国家还是个体都具有非常重要的意义。乡村教育的健康发展有利于我国的社会主义现

第一章 乡村教育振兴的基本概念、科学内涵及理论基础

代化建设,有利于人民群众的和谐稳定与团结,对于个体的文化涵养和人格塑造也起着非常重要的作用。综上分析可见乡村教育的重要价值与意义,乡村教育不仅是我国社会教育的重要内容,也是我国乡村社会的有机构成部分,对于乡村儿童的健康成长,对于美丽乡村建设,对于社会的和谐稳定均具有不可磨灭的作用。

乡村教育的内涵非常丰富,我们可以从宏观、中观及微观意义上来理解。宏观的乡村教育主要是指为乡村建设和发展服务的一切教育,其教育对象不仅仅是指乡村的学龄儿童和村民。中观的乡村教育主要是指乡村地区的教育,它既包括通常意义上的学校教育,也包括乡村地区的其他一些文化、风俗等教育活动,其目的是促进乡村儿童的健康成长与发展,促进乡村的教育与社会发展。微观的乡村教育主要是指乡村的学校教育,主要是对适龄儿童进行有目的、有组织的身心教育的一种实践活动。

(二)乡村教育的特征

1.乡村教育内容的实用性

乡村教育有着多种多样的功能,如传承民族文化的功能、普及科学知识的功能等。这一功能是乡村教育发展之初就有的,对于整个人类社会的发展起着重要的作用。但对于一般的乡村居民而言,乡村教育的这一功能并没有得到很好的彰显,他们更加注重乡村教育的经济功能,即子女上学的主要目的在于考取好的学校、有好的出路、能改善自身的生活质量等。这在一定程度上表明了乡村居民对科学技术知识的渴求,同时也反映出乡村教育功能的实效性特点,因此说实用性是乡村教育的一个重要特征。

我国是一个人口大国,其中乡村人口占据非常大的比例,因此重视乡村教育的改革与发展非常重要。与城市中的家庭子女相比,乡村中接受高等教育的学生要处于一个较为落后的局面。很多乡村学生在接受完九年义务教育后选择务农或进城打工。针对这一情况,乡村教育部门应认真细致地研究教育的模式,大力培养实用型的乡村人才,解决乡村学生"升学无望,就业无路,致富无术"的问题。因此,乡村教育要高度重视教育的实用性特点,这样才能提高乡村教育的质量,促进乡村教育的发展。

2.乡村教育文化的多元性

我国是一个多民族的国家,历经各个时期的发展,中华民族形成了无比灿烂的文化,而我国的乡村教育文化就属于中华民族文化的重要内容和组成部分。教育与文化之间的关系非常密切,二者相互交融、共同发展。一方面,教育能够传承和创新文化,促使文化代代相承;另一方面,文化又在一定程度上制约着教育的发展走向,促使教育向着符合时下文化思潮的方向发展。

教育文化的多元性取决于文化的多元性。我国的传统文化是以儒家文化为主体,但同时也融合佛、道文化的内容。我国社会主义文化是以提高人民大众文化水平为目的的,是民族的、科学的、大众的文化。在遵循社会主义文化要求的同时,还必须审慎地对待各民族文化的特点和各地城乡文化的差异。除此之外,教育者还要学会新技术的利用,加强教育创新,做好各民族文化的改造与发展。这样我国的乡村教育才能从中散发出迷人的魅力。

3.乡村教育地位的基础性

乡村教育还具有地位基础性的特点,这一特点主要从以下三方面得以体现。

第一,我国乡村教育层次较低,即九年义务教育阶段的教育,在这一阶段,乡村学生接受学校的教育,乡村居民也能从中受到一定的文化启蒙。

第二,我国是一个人口大国,也是一个农业大国,乡村人口在全国人口中占有很大比例,因此加强乡村人口的素质教育非常重要。据粗略统计,我国有一半常住人口在乡村,他们主要接受乡村学校教育。因此,可以说,我国乡村教育的发展非常重要,我们要结合时代发展的形势,不断加强乡村教育的改革与发展,促进乡村居民文化素质的发展和提高。

第三,我国地域辽阔,人口众多,乡村可以说是一种永久的存在形式,乡村教育在我国社会主义现代化建设中发挥着非常重要的作用。我国地广人多,有很多边疆地区,这些地区的地理位置比较特殊,存在着大量的乡村,从某种意义上而言,这些地区的村民就是站在"固疆守土"第一线的战士,因此加强他们的素质教育非常重要,这些边疆地区的乡村教育也因此具有了国防教育的性质。这也是我国乡村教育基础性作用的一个重要体现。

4. 乡村教育形式的多样性

乡村教育还具有多样性。伴随着时代的不断发展，目前我国乡村经济结构正在由单一的、粗放型的传统小农经济结构与形式转向多元的、科学型的现代大农业经济结构与形式。在当前社会背景下，乡镇工业逐渐崛起，农业生产方式得到了极大的转变，科技含量大大提升。在这样的情况下，我国的乡村社会结构也发生了重大变化，农民的身份不再单一，他们成为亦农亦工亦商的现代农民，这是时代发展的必然和表现。

（三）乡村教育的功能

教育具有重要的导向功能、教育功能、社会功能和评价功能，乡村教育同样具有这些功能。

1. 导向功能

一切乡村教育工作都要以乡村教育的目的为出发点，并最终指向教育目的的实现。明确而适宜的乡村教育目的对乡村基础教育、职业教育、成人教育等教育活动的开展，尤其是学校基础教育课程的设置具有重要的导向意义。学校从乡村教育目的出发开展教学工作，在乡村教育目的的指引下对学校全局工作展开调控。

2. 教育功能

乡村教育具有重要的教育作用，不仅是对受教育者有教育意义，对教育者同样有教育价值。乡村教育是明确指出乡村教育的方向，使乡村教育沿着正确的方向不断发展，使受教育者逐渐达到教育目的中提出的"做人标准"，并使教育者和受教育者树立宏伟理想，立志报效祖国、回报社会。

3. 社会功能

在我国教育的影响下，乡村教育不仅对人才培养的标准作了规定，同时明确了培养对象将来的服务对象和服务方向，使乡村教育的广大对象立志将来投身于乡村社会建设，建设家乡，保护家乡，为家乡人民服务。

4.评价功能

任何教育形式的教育都具有评价功能，乡村教育自然也不例外。有很多标准可以用来衡量乡村教育工作质量，但有一条标准是必不可少的，即是否一一达到教育中提出的关于人才培养的规格。对乡村教育的特色进行评价时也要参照乡村教育的目的。

（四）乡村教育的目的

1.乡村教育目的以人的发展为旨归

教育目的有两种层次类型：一是个人本位，二是社会本位。发展人的个性是个人本位下教育目的的重要主张；为社会发展服务，促进社会进步是社会本位下教育目的的重要主张。随着全球教育的不断发展，这两大层次的教育目的渐渐走向融合，因为社会的进步与发展离不开无数个体的推动，而推动社会发展的人应该是符合社会需求的新型人才，既具备专业知识和专业技能，又具备实践能力和创新能力。所以说，从根本上而言，教育的目的终究以人的培养与发展为旨归。因此说，我们判断乡村教育目的的实现情况，最终要以受教育者的发展为落脚点，为推动受教育者在乡村教育中实现全面发展，必须坚持科学指导思想，即"以人为本"和"全面发展"。

首先，要坚持"以人为本"指导思想。在乡村教育中坚持以人为本的指导思想，就是要结合受教育者的乡村生活而进行教育，使受教育者深刻认识到乡村教育就是为自己开展的教育，通过乡村教育而提升受教育者的文化素质与生存技能，使受教育者的精神世界更加丰富，综合素质得到提升。这才是以人为本思想在乡村教育中的真正贯彻落实。乡村教育在以人为本指导思想下应强调教育的人性化、生命化，克服传统教育异化和物化的弊端，不再将乡村教育当作工具，而是对乡村教育本身存在的价值进行探索，将功利化内容去除，留下本真的内容，通过实施这些教育内容而促进受教育者的发展。在人本主义视角下进行乡村教育改革和教育实验，应尊重乡村生命价值，遵循乡村生活规律，突出乡村教育的人性化和个性化，使乡村受教育者看到自己的价值，明确自己的未来目标，最终实现自我发展价值。

第一章　乡村教育振兴的基本概念、科学内涵及理论基础

其次，要坚持"全面发展"指导思想。在不同历史时期，因为社会条件的不同，人的全面发展的内涵和层次也各有差异，但不管我们在不同的历史时期如何理解全面发展，"不断追求自身的完善"作为全面发展的实质是始终不变的。全面发展中的全面并非绝对的概念，而是相对概念，主要指的是人发展的自主性、多元性和各种可能性。我国教育事业的发展一直都以马克思主义的全面发展学说为指导思想。在全面发展观指导下，我们将人的全面发展的内容概括为五个方面，分别是德、智、体、美、劳，并围绕这五个方面展开全面教育。全面发展学说对乡村教育也具有重要指导意义，我们在全面发展视角下开展乡村教育工作，但因为乡村教育之前很长一段时间被作为功利主义的工具，而且受到城市中心主义的影响，所以我们只是机械地或片面地理解乡村教育目的的全面发展，并没有真正做到包含德、智、体、美、劳在内的全面教育，这就导致乡村受教育者的发展不仅不完整，而且还千篇一律。

需要强调的是，乡村社会在不断进步，乡村教育也在不断发展，不同历史时期的乡村社会实际和乡村人对教育的需求是存在差异的，因此我们必须随着乡村社会的演进而不断更新乡村教育目的中的全面发展的内涵，立足现实而重新审视乡村教育目的中的全面发展，同时要始终坚持人的全面发展的本质来努力促进各个历史时期乡村居民的全面发展。

2.乡村教育目的服务于乡村发展

在全面建设社会主义国家进程中，我国高度关注"三农"问题，与"三农"问题息息相关的乡村教育问题也受到普遍关注。乡村教育问题中有一个"离农"教育的问题，即为培养高水平技术人才，以城市为中心，培养离开乡村进入城市、融入城市主流文化的人才，而不是培养回归乡土文化的人才。"离农"教育为乡村学生涌入城市接受城市教育提供了可能性，最终导致乡村地区人力资源严重缺乏，加剧城乡教育不平等。"离农"教育也导致乡村教育与乡村社会渐行渐远，最终对乡村的发展造成阻碍。

除了"离农"教育的问题，乡村教育中还存在一个"为农"教育的问题，即让乡村学生扎根乡村，将来为促进乡村建设和乡村社会发展而服务。但是我国乡村家庭基本都希望孩子们能够走出乡村，在城市扎根，因此使

"离农"和"为农"成为城乡二元结构下的一对矛盾。如果从乡村社会自身的发展来看，乡村教育倡导的是"为农"，强调乡村教育的目的是为乡村社会建设与发展服务，缩小城乡教育差距，并以教育为突破口将城乡二元对立结构打破。所以，要对合理的、服务于乡村社会发展的乡村教育目的进行制定，具体从以下两方面来分析。

首先要建立为乡村培养实用型人才的目标。教育目的对教育活动的开展有导向作用，这个导向作用具体体现在促进受教育者知识和技能提升、综合素质提升、生活改善以及自我发展等方面。在"离农""为农"的矛盾中，我们应尊重受教育者选择的自由，在此基础上对个体与社会的关系进行协调，促进个体发展和社会和谐。但鉴于乡村教育的特殊性，我们发展乡村教育，必须面向世界和未来，将城市与乡村的需求兼顾起来，使乡村教育在相对稳定的基础上保持适度灵活，并以此为基础对乡村教育中不符合实际的办学目标进行改革，培养能够使乡村发展需求得到满足的人才，体现乡村教育对乡村社会发展的高度负责。乡村社会的发展离不开乡村人才，更离不开创新型人才，即掌握了先进知识和先进技能的新型人才。因此，设定乡村教育的目的，必须对乡土教育资源加以整合，对创新型乡村人才进行培养。现代社会科技高速发展，传统农耕方式难以使现在的生产需求得到满足，因此必须在新时代背景下对新型农民进行培养，这是制定乡村教育目的要考虑的重要方面。结合我国教育体制而对乡村教育进行改革时，必须加强对乡村教育资源的开发利用，在这个重要的支撑条件下推动农民发展，使其掌握现代农业生产技术，提高农业生产率，促进乡村经济发展。

其次要构建以乡村教师为主导的情感教育空间。乡村教师是乡村社会中的重要知识分子，这个群体以教书育人为职业，以脑力劳动为主要劳动方式，以满足精神需求和实现个人价值为目的，是乡村社会中进行文化传播、建构及创造的重要力量。对科学文化知识的传播及对乡村受教育者智力的培养是乡村教师的主要职责，他们是社会良知的代表。乡村教师的作用不只是教书育人，还能重塑乡村精神，优化乡村风气，营造和谐的乡村环境。乡村教师大都有在城市接受过高等教育、培训或有过生活的经历，他们思维敏捷，见多识广，而且在乡村有了生活经历和经验后，对乡村社会和乡民的了解较为全面、真实，与乡村社会建立了稳固的情感关系。拥有乡村情感的乡村教师能够在乡村教育中发现受教育者乡村情感缺失的问题,并通过情感教育而使广大乡民热爱乡村,努力学习,将来为建设自己的家乡作贡献。

(五)中国乡村教育的发展规律

乡村教育发展的基本规律,是乡村教育系统内部各要素以及乡村教育系统与其他相关系统在运动与发展过程中,存在着本质的、必然的联系。乡村教育作为一种具有区域性特征的教育,有其自身发展的基本规律。

1.社会稳定是乡村教育发展的基础保障

在整个社会系统中,教育是不可或缺的重要组成部分之一,教育与社会的发展是相辅相成的,社会变迁与发展对教育发展的影响很大,乡村教育作为教育的一部分也不可避免地受到社会发展的影响。乡村教育会因为社会动荡而发展不稳定,甚至不进反退,乡村教育的发展离不开稳定的社会环境,社会稳定是乡村教育发展的基础保障之一。

纵观教育发展的悠久历史,其呈现出鲜明的连续性特征,而如果社会动荡不安,这种连续性就会遭到破坏,教育发展的规律和正常秩序就会被打乱。古代的改朝换代、近代的各种革命都对当时的教育产生了深远的影响,如果社会环境动荡不安,那么社会经济、社会文化都会受到严重影响,人们的正常生活也无法得到保障,而在这种情况下教育事业的发展更是举步维艰。只有社会安定,百姓衣食无忧,才能为教育事业的发展营造良好的环境,才能保证教育事业的持续稳定发展,使教育事业呈现出欣欣向荣的美好景象。

社会环境安定与否直接影响乡村教育的发展,反过来,乡村教育的发展也对社会稳定与发展产生重要影响。乡村教育事业发展良好,能够对乡村社会的和谐与安定产生积极影响。在维护社会稳定方面,教育教学发挥着至关重要的作用,这也是古代社会通过道德教化来治国安民的主要原因之一。大力发展乡村教育,培养社会需要的高素质人才,使这些人才直接或间接地参与到乡村社会建设中,促进乡村发展,共建乡村美好家园。此外,在乡村教育中融入思想道德教育、思想政治教育,对社会主流价值进行传递,从而提高青年一代的道德水平、责任意识,使其自觉遵守道德规范和社会准则,共同维护社会稳定。

2.乡村经济是影响乡村教育发展的首要因素

经济是教育发展的第一要素。社会经济发展水平直接影响乡村教育发展水平，没有良好的社会经济，乡村教育是无法发展的。从乡村教育在各个历史时期的发展情况来看，无不以社会经济为基础，这是不可否认的客观规律。乡村教育的发展离不开充足的物力与人力资源，而乡村教育中可用的这些资源有多少，主要由乡村社会经济发展水平所决定。此外，乡村社会的教育观念也直接受社会经济发展水平的影响。乡村社会经济条件成熟是乡村教育得以发展的前提条件和基础保障，乡村教育的发展规模、发展速度、发展结构，乡村人才培养规格以及乡村教育的内容、组织形式以及方法等都是由乡村经济发展水平所决定的。如果乡村社会经济水平高，能够为乡村教育投入大量的资源，那么乡村教育的发展就有了保障，乡村教育有了经济扶持就有希望达到更高的水平。而如果乡村社会经济落后，在乡村教育中投入的经费、人力及物力资源都很有限，满足不了乡村教育发展的需求，那么必然会对乡村教育的持续稳定发展造成严重制约。

在"以县为主"的管理体制下，一个地区乡村教育的发展水平基本上是由县域经济水平所决定的。如果县域经济落后，那么当地乡村教育水平则会远远落后于经济发达地区的乡村教育水平。经济发展水平高的地区往往有较多的就业机会，而且对就业者的文化素质、专业素质以及综合素质都有较高的要求，因而经济发达地区不仅基础教育发展较好，而且也很重视成人教育、职业教育，整个教育事业都呈现出欣欣向荣的景象。

需要注意的是，经济因素是乡村教育发展的必要条件，没有良好的经济条件，乡村教育不可能实现发展，但如果只具备了经济条件而不具备其他重要条件，如稳定的社会环境、健全的教育制度等，乡村教育的发展依然会受到制约。经济因素是影响乡村教育发展的第一因素，反过来，乡村教育的发展也对乡村经济的发展有重要影响。人才是乡村社会发展的重要力量，发展乡村教育，培养社会需要的优秀人才，是乡村社会进步的必要条件，在乡村建设中充分发挥人才的作用，将有利于加快乡村经济发展速度，促进乡村社会和谐稳定发展。

3.传统文化对乡村教育产生双重影响

中国是四大文明古国之一，在漫长的发展历史中积累了丰富而灿烂的文明，其中一些优秀传统文化在海内外广为流传，是中华民族繁荣发展的象征，在中国特色社会主义现代化建设中发挥着举足轻重的作用。我们要辩证地看待中国传统文化，既要肯定与传承优秀传统文化，也要看到那些与现代社会不相适应的传统文化，传统文化本身就具有双重性，优秀的、符合现代社会需求的文化能够顺应时代潮流而流传至今，成为社会发展的助力，而那些与现代社会发展需求不符的传统文化则会阻碍社会进步和发展。

传统文化形成于农业社会几千年的历史中，乡村文化和城市文化相比，变迁速度较慢，乡村文化中很多传统文化一直保留至今。具有双重性的传统文化对乡村教育发展产生的影响也具有二重性，优秀传统文化通过教育及其他路径而代代传承，影响了一代又一代的中华儿女，如重仁义、讲宽和，以诚待人、以心接物，以国家、民族、集体利益为重，助人为乐，勤俭朴素，尊师重教，尊老爱幼，家庭和睦，邻里相亲等。[1]我国是农业大国，人口众多，且乡村人口占到很大的比例，乡村人口是传统文化的重要传承力量，因而在传统文化的传承中，乡村教育起到重要作用。乡村教育理念、教育内容以及教育形式也深受传统文化的影响。

优秀的传统文化对乡村教育的发展起到积极的推动作用，落后愚昧的传统文化则对乡村教育的发展及乡村社会建设造成了严重制约。受一些落后传统文化的影响，一些乡村地区存在"重男轻女"的落后思想观念，这在乡村教育上直接表现为只让男孩上学读书，接受教育，盼望他们出人头地，而不允许女孩上学，剥夺女孩受教育的权利，这对义务教育的普及造成了严重的制约。另外，乡村教育的发展也受到一些封建迷信的制约，从而影响了科学知识在乡村青少年中的普及。

总之，传统文化本身有精华，也有糟粕，因此其对乡村教育的影响既有积极的一面，也有消极的一面，我们应尽可能发挥优秀传统文化对乡村教育发展的积极促进作用，去除愚昧落后的传统文化，避免其对乡村教育产生不

---

[1] 李森，崔友兴.社会变迁中的乡村教育[M].福州：福建教育出版社，2017.

良影响。

4.乡村教育制度影响乡村教育发展

教育的发展离不开教育制度的保障。从中国教育的发展历史来看，不同的历史时期都有相应的教育制度。例如，古代官学和私学的教育制度体系都比较严密，近代时，西方工业文明冲击了中国农业文明，从而导致中国封建教育被摧毁，"新式"教育逐渐兴起，并提出了相应的教育制度，但由于新式教育突然替代了产生于农业社会的传统封建教育，使人们措手不及，因此新式教育制度短时间内很难与乡村现实相适应。尽管很多有识之士一直努力进行乡村教育的改造，但因为教育制度没有建立，所以不会从根本上对乡村教育造成影响。只有适合乡村社会现状、教育现状的教育制度才能够为乡村教育的发展提供一份可靠的保障，推动乡村教育及乡村社会的健康发展。[①]

三、乡村教育振兴的内涵

《乡村振兴促进法》中明确规定"乡村是指城市建成区以外具有自然、社会、经济特征和生产、生活、生态、文化等多重功能的地域综合体，包括乡镇和村庄等"。贺祖斌等人认为农村教育分为广义和狭义的，广义的农村教育是指"发生在农村地区，以农村人口为对象的促进其生长发育和生产生活的一切活动，目的在于增进人知识、技能和经验，使其适应农村社会的生活"；狭义的农村教育是指"发生在学校等场所的正规教育，包括农村地区的学前教育、义务教育和其他中、高等教育"，旨在将受教育者培养成为适应社会发展的新人。[②]

综上所述，乡村教育是指乡村地区的教育，即县级行政区划以下的乡

[①] 李森，崔友兴.社会变迁中的乡村教育[M].福州：福建教育出版社，2017.

[②] 贺祖斌，林春逸，肖富群，等.广西乡村振兴战略与实践:教育卷[M].桂林：广西师范大学出版社，2019.

镇、村落的教育。由于乡村教育所包含的范围较广，难以逐一论述和研究。

2017年10月，习近平总书记在党的十九大报告中指出要实施乡村振兴战略。《中共中央国务院关于实施乡村振兴战略的意见》与《乡村振兴战略规划（2018—2022年）》等政策文件中均强调优先发展乡村教育，推进城乡教育均衡发展。随着乡村振兴的不断推进，乡村教育振兴日益成为热点话题。2019年，中国教育创新"20+"论坛年会聚焦乡村教育振兴主题，积极探讨乡村教育问题和未来发展路径，并呼吁更多的研究者关注乡村教育发展，形成共同体，共促乡村教育振兴大业。[①]

综上所述，乡村教育振兴即在乡村振兴规划中优先发展乡村教育，从办学条件、教育经费、师资配置等均达到国家标准，以实现教育现代化为目标，凸显乡土文化特质，推动城乡义务教育优质均衡发展，促进乡村教育现代化实现。需要说明的是，"乡村教育"一词，也有学者表述为"农村教育"。"乡村"一词立足于城乡关系，"农村"一词着眼于产业关系，"在汉语语境下，二者含义一致，可以交换使用"。因此，在本书中，为保证行文的流畅性，"乡村教育"与"农村教育"会交替使用，所含意义相同。

第二节 乡村教育振兴的科学内涵

一、推动教育公平，破解城乡二元壁垒

促进教育公平是今后一个时期我国基本的教育政策，是保障和改善民生

[①] 人民网.聚力乡村教育振兴 2019 中国教育创新"20+"论坛年会举行[EB/OL].http://edu.people.com.cn/n1/2019/0509/c1006-31076236.html，2019-05-09/2022-04-25.

的一项重点工作。"治国莫先于公",通过教育公平推动社会公平,实现国家的稳定和繁荣,应是时代赋予义务教育的使命和责任,是现代化建设的根基。教育公平既是促进社会公平的重要手段,又是社会公平的重要内容。纵观中国共产党百年教育历程,其先后经历了教育权利公平、教育机会公平、教育过程和结果公平三个阶段。西部地区乡村教育振兴的首要任务是破解城乡二元壁垒,积极构建城乡教育一体化,推动优质均衡,促进教育过程和结果公平。

公平不等于平等,公平是一种质的特性,而平等是一种量的特性。教育平等是对教育资源分配结果或分配状态的描述,它只是回答不同人之间分配的结果是否有差别或者是否有差距,但并不对这种分配结果的"好"与"坏"、"合理"与"不合理"进行评判。公平作为一种质的规定性,是与正义、公正相联系的价值判断。教育公平是用正义原则对教育资源分配过程和分配结果的价值判断。

公平的本质是合理性。对"合理性"的评价因人而异,因此公平观也有多种。但是,尽管如此,人们对教育公平问题或者教育资源配置的合理性问题会形成一些共识,如法律规定人人有平等的受教育权,这是公平、合理的;对于不同天赋和智力水平的人,因材施教是公平的;对于弱势学生,给予补偿教育也是公平的;在教育机会均等的前提下,教育的结果不平等、不均等(如有的考上重点大学,有的落榜)也是公平的。可见,平等与公平是两个相互联系但又有所不同的概念。平等并不一定意味着公平,公平也不完全等同于平等。教育公平涵盖教育平等,但比后者有更宽泛、更丰富的内涵和外延。一是乡村教育振兴聚优质教育资源推动教育公平。教育过程公平是保证结果公平的先决条件,而西部乡村教育衰落的主要原因之一是教育资源配置不均导致的教育过程不公。乡村教育振兴借助国家政策支持加大转移支付,深化教育供给侧和需求侧结构性改革,所以可以通过优化优质教育资源配置、稳定教师队伍推动教育过程公平。二是乡村教育振兴将拥有集资改造乡村教育内外部环境的物质基础。教育资源的配置实际是财力体现,乡村因为有了经济的支持,所以可以通过加大经济投入推动教育过程公平,乡村的教育事业将进入越办越好的良性循环状态。中国进入高质量发展阶段,寻求优质的教育资源是每个父母的愿望。"小城镇"凭借优质的教育资源对人口产生虹吸作用，吸引更多的青年回乡发展，减少乡村人口外流，不再使越来越多的乡村人口因为寻求优质教育资源而离开乡村，从而走上可持续发展之路。

（一）城乡教育二元结构是主要障碍

我国推进教育公平政策面临的最主要障碍是城乡教育二元结构问题。我国目前存在两种形态的城乡教育二元结构。

一种是传统的城乡教育二元结构形态，它与中华人民共和国成立后形成的城乡二元经济结构和社会结构相对应，主要表现是城乡存在的巨大教育差距，城乡居民法定的平等的受教育权不能得到保障。

另一种是伴随城市化进程而产生的城乡教育二元结构的新形态。农民进城务工成为农民工，是对传统城乡二元结构的突破，是对户籍制度的松动，但农民工是农民与市民间的第三个社会群体，是伴随着城市化进程新生的社会第三元，以此为基础，有学者提出"三元社会结构"的概念。当前，社会的三元结构日渐清晰，教育的"三元结构"也随之显现，这种教育的"三元结构"本质上是在城市内部形成的新的城乡教育二元结构，其外在表现是城市内部教育的双轨制，是对农民工及其随迁子女身份的制度歧视，是以流动人口为代表的弱势群体教育的边缘化。

乡村教育振兴具备破解城乡二元结构，推动城乡义务教育一体化的优势。乡村教育振兴的政策支持是其破解城乡二元结构的基本保障。乡村教育振兴在发展过程中，首先得到的是政策的支持，中央层面更是鼓励城乡一体化发展，依靠政策红利积极推动城乡一体化。得天独厚的产业结构是破解城乡二元结构的经济基础。无论是学校基础设施建设，还是人才引进都需要相应的经济扶持，从资源配置角度利用经济倾斜打破城乡二元结构，依托良好的产业结构吸引更多的乡村主体回流，修复乡村教育生态环境。

（二）推进教育的城乡发展一体化

化解城乡教育二元结构、推进城乡教育公平的基本策略是教育的城乡发展一体化。

与城乡教育二元结构的两种形态相对应,城乡教育一体化有两种类型:一种是城乡之间的,一种是城市地区内部的。在我国城市化快速发展进程中,只从城市与乡村两个空间维度来推进教育一体化是不够的。由于农村人口向城市地区的大规模迁移及新生代农民工的出现,城市地区内部的"人口维度"的教育一体化、农民工的市民化和社会融入对于教育公平、社会公正以及社会稳定关系重大。因此,我们需要一个广义的城乡教育一体化,城乡教育一体化中的"城乡"不仅指"城市"和"乡村"两个空间概念,也指共同生活在城市地区的"城市人口"和"乡村人口"两个人口概念。广义的城乡教育一体化不仅要求统筹当地城乡教育发展,缩小城市与乡村的教育差距,也要求统筹城市居民和农民工及其子女的教育问题,缩小城市内部的教育差距。与此相对应,城乡教育一体化的制度建设不仅要求缩小城乡间的教育制度落差,更要求打破城市内部针对农民工及其随迁子女的教育制度歧视。

二、回流乡村主体,修复乡村教育生态

随着社会的发展和信息传递速度的加快,社会交集的频率越来越高,人们为了能够共同生活,迫切需要一个共同认可和理解的价值体系,并为之而不懈奋斗。乡村振兴集优质教育资源、就业机会、社会服务和人居环境于一体,构筑协同发展格局,搭建协同发展平台,建立协同发展机制,打造协同发展氛围。

一方面,乡村的协同发展模式对乡村主体回流起到积极的推动作用。一是宜居宜业的乡村有利于"筑巢引凤"。乡村凭借优美的自然环境和优越的经济基础,以及完善的配套措施、高质量的生活服务和广阔的就业机会,使越来越多的农民从城市回流到乡村发展,寻求新的发展机遇,同时又能享受本土的优质生活。随着回流居民越来越多,随迁务工子女会因为父母的回乡选择在乡村完成自己的学业,留守儿童会因为父母的回乡而健康成长。教师会因为乡村发展空间的增大以及优质资源和生活服务,投身于乡村教育振兴

的实际行动中。二是乡村的人才引培用机制加快主体回流速度。人才是推动乡村政治、经济、文化、社会发展的基础和关键，更是促进乡村教育振兴和教育质量提升的主体和力量之源，为乡村振兴提供智力支持。而教育又是人才培养的基础，发展教育事业更需要人才支持。人才、教育和产业结构之间的协同发展模式，不但能积极推进乡村人才开发和质量提升，而且能有力地推动乡村教育振兴和乡村振兴。

另一方面，乡村的协同发展模式具备强大的生态修复能力。和谐的教育生态对乡村教育振兴具有重要意义，乡村振兴通过推动乡村经济繁荣、政治建设、文化发展和环境改善等，修复乡村教育生态，以发展非教育产业解决教育问题，赋能乡村振兴。例如，学校资源的利用具有整体性特点，当学校只有1个班的时候，它也需要配备各学科教师、教辅人员、行政人员、工勤人员、实验室、图书资料、教学和非教学所必需的各项设施。这时学生的培养成本较高，资源的利用率较低。随着班级和学生人数的增加，资源的利用率会逐渐提高。社会服务和管理也一样，由于人口的集中，管理成本越低，服务质量越高，资源利用率越高。学校内部因为回流主体和资源配置进入良性循环的状态，学校外部也因为人口回流、经济复苏、文化振兴、环境改善和管理提升而进入高质量发展阶段，所以乡村振兴及优化的居住环境有助于提升管理水平和生活水平，更有利于节约资源和预防自然灾害，对教育生态起到良好的修复作用，使乡村振兴和乡村教育振兴协同发展，走上科学的可持续发展之路。

三、重塑乡村文化，探寻科学发展之路

由于人与自然相处总是在政治、经济、文化等多重因素的驱动下持续地交互影响与联系，随着社会的发展，全球在经济、科学、文化和政治方面的相互依赖关系正日益加深，而中国"三农"问题的本质是乡村地域系统的可持续发展问题。乡村教育振兴旨在盘活乡村政治、经济、文化、产业、人口等元素，保持各元素长期的定力和活力，建立一种各元素协同发展的可持续

发展之路。

乡村教育振兴有助于重塑乡村文化。乡村是华夏文明的摇篮，乡土智慧充盈着中国优秀传统文化。冯友兰先生说过"中国人最关切的是中国文化和文明的继续和统一"。乡村教育振兴离不开乡土文化的精神孕育和价值引领，振兴乡村文化对于中华民族的血脉延续、精神弘扬和文化重塑有着不可替代的作用。乡村教育振兴过程中的人力资本是实现文化振兴的主体保障，大量回流的人力资本成为文化传承的主体，发挥乡村居民的智慧有助于推进文化建设体制机制创新。乡村既有杂居又有聚居，通过乡村教育实现多民族文化融合，有助于振兴乡村文化生态，实现乡村文化振兴的应然状态，铸牢中华民族命运共同体意识。乡村的教育是实现文化振兴的不竭动力和主要媒介，通过推动乡村教育振兴进而激发文化传承的内生动力。教育还是文化传承之血脉和创新之枢纽，是文化进步的助推器、文化新人的摇篮、新文化的塑造者。乡村教育更是承续乡土文化、弘扬民族精神的重要手段。乡村教育将本土文化作为价值追求，将其融合在教育教学中实现本土文化的代代相传，实现乡村文化认同。学校在传承传统文化中还应将本土文化与现代文化相互融合，实现优秀文化的传承，以其强大的生命力对乡村文化进行传承、改造和创新。乡村的内在管理和外在形象是实现乡村文化振兴的基本平台，文化是乡村的元素，更是乡村的符号和外在形象，乡村教育振兴通过建立乡村文化共同体来保护、传承和活化乡村文化。乡村的经济基础是实现乡村文化振兴的物质保障。

乡村教育振兴通过推动各元素的协同发展寻求可持续发展之路。一是教育将成为实现可持续发展的动力和建设美好世界的关键。教育是提升民族素质的奠基工程，其培养的人能够进行社会再生产，同时能够以和谐的方式与他人、社会和自然相处，推动社会发展。通过振兴乡村教育，实现乡村人才培养、集聚和高质量发展。二是推动乡村教育振兴的同时寻求各元素的全面发展，在以经济建设为基础中寻求产业结构、基础服务、政治稳定和文化结构同频共振新模式，创建人居环境优美、经济繁荣、产业结构合理、文化欣欣向荣、管理高效的新乡村环境。乡村教育振兴还利于防御自然灾害，解决乡村振兴与乡村教育振兴等多项生态系统的现实问题，保护生态环境的稳定性，在推动西部乡村教育振兴的同时落实生态环境综合治理，助力西部乡村早日实现"产业兴旺、生态宜居、乡风文明、治理有效、生活富裕"的新目标。

推动乡村教育振兴的同时,紧紧围绕教育事业推动教育公平,提升教育质量,多渠道畅通使乡村主体回流,推动乡村经济发展,激发乡村活力,重塑乡村文化精神,使西部乡村教育走上新的可持续发展。

四、建构乡土知识,激发乡土情怀

在乡村振兴战略背景下,在乡村基础教育和其他教育的多维协同下,以促进乡村人力、社会及文化等资本的优化与提升为主要目标,以乡土生活常识、学科知识、就业技能、职业技术为重要内容,以乡村义务教育、普高教育和职业教育等教育体系为主要依托,通过课堂教学、远程教学、定制教学、模拟教学、实训演练而促成了乡土知识生产和实践空间的建构。[1]下面从两个方面进行分析。

第一,乡村教育通过社区教育的主体嵌入、乡土资源的内容纳入、乡土技艺的意义重构,建构了乡土技术知识生产场景与实践空间,以及乡土技术知识生产—消费—再生产的链条,使乡土技术知识生产区间得到有效延展,促进了乡土技术知识的"再生产"。

第二,乡村教育通过乡土文化场景的"设置"、乡土文化实践的推进、乡土伦理秩序的文化释义、乡土风俗习惯的时代赋予而建构了乡土文化知识生产场景与实践空间,促进了乡村文化保护与开发、乡村风俗习惯的内化与传承,推动了乡土文化知识的"再生产"。

乡村教育不仅有建构乡土知识的重要意义,还有激发乡土情怀的情感层面的深层意义。在学校教育、家庭教育和社区教育的协同下,依托新媒体技

---

[1] 王巍,曾芙蓉.新时代乡村教育的意义旨趣——基于生产逻辑的审视[J].湖南第一师范学院学报,2020,20(05):46-50.

术，以增进情感为主要目标，以乡土历史、乡土人文、乡土民俗为重要内容，通过人文课堂、民俗活动、社区共育促成乡土情感空间的建构。乡镇政府和乡村学校紧密协同，通过在"历史场景"中开展情景教学，有效发挥乡土文化的感染力，建构乡土文化符号表达空间，催化受教者对乡土文化的认同感、归属感。同时，通过构建政府、学校、社区、教育公益组织多主体协同的乡村家庭教育支持体系、教育监护体系（以乡村学校为中心），由社区与教育公益组织开展乡村"社区共育"活动，有效填补了乡村家庭教育的主体"缺失"，重构了乡村儿童的"家庭"情感空间。

第三节 乡村教育振兴的理论基础

影响乡村教育的理论主要包括终身教育理论、生活教育理论以及教育公平理论。首先，在终身教育理论中，倡导人们终身学习、终身成长，以这种方式适应于社会变化，提升自身的素养。实际上，乡村地区的各类生产经营活动具有基础性与全程性，这与城镇中专业化的细致分工不同，农业生产者需要完成生产劳动，并且掌握一定的经营知识，实现生产与经营的一体化，在这种情况下以家庭为单位的农业生产活动，或者小规模的农业企业能够获得较好的收益。终身教育可以适应于农村生产生活的需求，需要得到重视。其次，生活教育理论是由我国的著名教育家陶行知提出，该理论受到杜威教育理论的影响，认为现实的生活是接受教育的最佳场景，教育来源于生活并且服务于生活。借助这一理论，能够认识到乡村教育特色形成的重要性，需要以乡村的生活为基础发展乡村教育。最后，教育公平理论来源于著名学者罗尔斯对于社会公平的探讨，乡村教育水平处于待发展状态，这与城乡二元结构的结构性不公平存在联系。因此，在地区的教育实践中，需要适度向乡村地区倾斜教育资源，缓解教育中存在的结构性不公平。下面通过综合，笔者认为可以总结为如下几点理论。

第一章 乡村教育振兴的基本概念、科学内涵及理论基础

一、教育公平相关理论

（一）教育公平理论

教育公平理论经历了从古至今、从西方到东方、从重视教育起点公平到重视教育过程公平的发展历程。我国古代就有孔子的"有教无类"的教育公平思想，西方也有科尔曼、胡森等人的"教育机会均等"、帕森斯的"教育资源公平分配"和罗尔斯的著名的两个正义原则（指平等自由原则、机会公正平等原则和差别原则的结合）以及在此基础上的"补偿教育"等一系列的教育公平观点，并形成了当代西方教育公平理论。我国的教育公平理论是在引进西方教育公平理论的基础上进一步拓展而来的。但无论是西方的教育公平理论还是我国的教育公平理论，都有其共同的观点和核心内容，即教育公平是社会公平价值在教育领域的延伸和体现。就其本质而言，教育公平强调"合理的平等和公平的尺度"；就其性质而言，教育公平可分为均等性的公平和非均等性的公平[1]；就其代表观点而言，教育公平主要有教育机会均等、教育资源分配及补偿教育等；就其内容而言，教育公平包括起点公平、过程公平和结果公平，分别表现为教育权利的平等、教育机会的平等和受教育者成就机会的平等。

（1）起点公平，主要是指每个人不论种族、民族、性别、职业、家庭、财产状况及宗教信仰如何，都享有法律规定的平等的受教育权利。起点公平包括国家制度层面和公民价值维度两个方面，其核心是教育机会和教育权利的平等，意味着国民教育的平等性，即每个人都享有平等的接受教育的机会和权利。我国《宪法》明确规定每个具有中华人民共和国国籍的公民都享有平等的受教育权，使学生接受义务教育得到法律保障。教育起点公平是实现教育机会和教育权利平等的前提条件，也是实现教育过程和教育结果公平的

---

[1] 翟瑛.义务教育均衡发展政策问题研究：教育公平的视角[M].杭州：浙江大学出版社，2010.

基础。

（2）过程公平，指教育制度和政策应确保平等地对待每一个学生，并且应设法扫除因家庭贫困、地理位置和学生个人等因素造成的障碍。过程公平主要保障学生个体在接受教育的过程中受到平等的对待，包括在起点不公现实中的整个教育过程的宏观层面和师生互动关系的微观层面的公平。教育过程公平可以体现为三个方面：首先，是国家对学校教育资源的投入，主要指教学基础设施、物质条件和师资等软硬件的总和达到同类学校的平均标准水平，从而满足学校正常的教育教学活动的需要；其次，教学过程中无论是课程设置还是教学内容既要有利于学生的身心健康发展，又要尊重他们的个体性差异，要求务必做到因材施教；最后，要求教师在教学的过程中应该平等地对待每一个学生，应注重学生德、智、体、美、劳的全面发展，而不能仅仅以成绩的好坏来评价一个学生，更不能因学生的家庭贫困对其采取冷漠的态度。

（3）结果公平，是指在确保每个学生都有受教育机会的基础上，注重个体的差异性，使人人都享有同等机会受到不同形式的教育。具体来说，是指每个学生在接受了教育起点和过程公平之后，都能获得与自身智力水平相符的学习成绩、知识储备能力、道德发展程度和寻求就业机会的能力。教育结果公平最终体现在学生学业成就方面的公平，意味着目标层面的平等，其实质是教育质量的平等和人的自由全面发展。在现实中，教育起点和教育过程的实现相对容易些，而教育质量的公平，即实现结果公平，让人人受到高质量的教育则很难做到。

（二）城乡教育公平与乡村教育

我国提出乡村振兴战略的根本目的就是进一步解决乡村地区在发展中所存在的问题，采取行之有效的措施推进乡村地区的可持续发展。而在乡村振兴背景下，乡村地区管理人员需要围绕乡村在发展中所存在的问题进行全面的分析。经过研究发现，在目前乡村地区发展过程中，其教育质量还不够理想，城乡教育公平问题尚未得到有效的解决，对于乡村地区的发展很难产生明显的积极影响。因此，在乡村振兴战略背景下，管理人员需要进行深入的

第一章　乡村教育振兴的基本概念、科学内涵及理论基础

思索，着力改善目前乡村地区的教育现状，缩小城乡之间的教育差距，推动我国教育工作的高质量进行。

城镇和乡村地区的经济发展存在着明显的不均衡现象，所以城镇与乡村之间的教育也会受到影响，出现非常明显的教育差异。而随着现代社会的不断发展和进步，我国对于乡村教育工作的开展重视程度越来越高，为从整体上保证目前教育工作的质量，进一步保证乡村问题得到有效解决，我国提出了乡村振兴战略。在乡村振兴战略背景下，作为管理人员需要深入剖析乡村地区教育现状，研究城乡教育公平所存在的实际问题，在有效调整的前提下进一步缩小乡村与城镇教育之间的实际差异。

1.城乡教育公平

城乡教育公平这一概念主要强调的是在城镇和乡村范围内统筹配置不同的教育资源，打破城镇和乡村地区经济结构和社会结构的束缚，构建动态均衡、良性互动的教育体系和机制，推动教育的经济功能、政治功能、文化功能和管理功能的实现，广泛地提高城乡劳动者的素质，促进城乡协调发展，最终实现教育机会均等、教育过程公平、教育结果公平等，完成不同教育层次的均衡协调发展。在现代社会不断进步的背景下，我国对于教育工作的关注度越来越高，也取得了比较明显的教育成果，但是我国在教育投资方面还存在着明显的不平衡现象。比如，在发展教育事业的过程中，我国可能更加关注发达的城市地区，没有考虑到一些偏远的乡村地区，导致城乡地区的教育差距被逐渐拉大，对于我国整体教育质量的提升很难产生明显的帮助。而在推进城乡教育公平的过程中，管理人员能够重新进行资源分配，结合当前乡村地区的实际教育情况给予更多的帮助，以此能够有效地降低乡村地区的辍学率，扫除文盲。

推进城乡教育公平，也是进一步落实我国乡村振兴战略的有效举措。为了进一步改变乡村地区的发展情况，乡村地区管理者需要对乡村地区发展中的各个产业进行分析，除了发展不同的产业，以提高其经济能力之外，当地管理人员还需要着重提升乡村人民的个人素质。在提升个人素质之后，让他们能够运用自己在接受教育过程中所学习到的一些知识和内容来围绕着乡村地区的发展提供更多有效的建议，以此能够为当前乡村振兴工作的开展储备

更多优秀的人才力量，推动我国乡村振兴目标的早日实现。

2.城乡教育公平的问题

为了进一步实现乡村振兴目标，推进城乡教育公平尤为关键。但在具体的教育工作推进环节，仍然还遇到了很多明显的问题。

第一，与乡村地区相比，城市地区本身所拥有的教育资源更为丰富，师资力量更强大，教育设施更完善。因此，在组织教育工作的过程中，城镇地区仍然占据比较明显的优势。比如，在推进城乡教育公平的过程中，当前我国进行了均匀的资源分布，将同样的教育资源分发给农村及城镇地区，但是城乡经济本身会存在一定的差距，在拥有同等的教育资源的前提下，城镇地区能够在原有的基础上不断地去扩大自己的优势，改善教育条件，所以其教育事业发展速度更快，而乡村地区因本身所拥有的原有教育资源还不够充足，导致其在发展教育事业的过程中，会受到地理位置、教育资源、师资力量等多方面的限制，使教师很难有序地去拓展教育工作，从而制约了发展速度。

第二，在推进城乡教育公平的过程中，还未进一步完善当前的教育政策内容。为了进一步均衡城乡地区的教育资源，我国开始发布了不同的教育政策，但是在现阶段的教育政策发布过程中，还存在着明显的不完善情况。比如，作为相关政府部门、教育部门，没有围绕目前城乡之间的实际差距进行深入的分析，所提出的一些政策内容无法进一步促进城乡义务教育公平目标的实现。例如，为了进一步推动乡村地区教育事业的发展，当前我国提出了就近入学政策，这一政策的提出就是为了避免乡村地区的学生大量进入城市学校。但实际上，这一政策的提出对于当前乡村地区教育工作的开展并未产生明显的帮助。在提出了这一政策之后，我国并没有提出与之相关的配套政策体系，只是简单地限制接受教育人员之间的流动，但是学生在接受教育的过程中很难得到有效的引导，从而进一步加剧了当前我国存在的城乡教育不平等现象。

3.推进城乡教育公平的路径

为了进一步解决当前乡村地区所存在的不同教育问题，推进城乡教育公平目标的早日实现，教育部门、政府部门还有乡村地区的管理人员需要围绕

第一章 乡村教育振兴的基本概念、科学内涵及理论基础

现阶段城乡教育之间的实际差异进行深入的分析,并且能够选择有效的干预措施来进行调整,围绕乡村教育工作的开展提出更为有效的策略,推动乡村地区教育事业的可持续发展,培养出更多优秀的人才。基于此,下面就围绕乡村振兴战略下推进城乡教育公平的实际路径进行探析。

(1)发展经济,奠定良好基础

在推进城乡教育公平的过程中,我国需要进一步解决乡村地区教育问题。而在目前的乡村地区教育事业发展过程中,还存在着教育资源不丰富、师资力量不充足及教育设施不完善等诸多问题,虽然当前我国政府部门还有相关一些教育部门开始加大扶持力度,推动乡村的教育事业的发展,但在发展乡村教育事业的过程中,如果只是依赖我国所发布的一些政策或者依赖政府或者教育部门提供资源,对于乡村教育工作的开展可能很难产生明显的积极影响,不利于教育事业的长久发展。乡村振兴战略提到,我国要推进产业兴旺,要优先发展乡村地区经济,进一步增强乡村地区的经济实力,让乡村地区能够引进更多优质的教育设备,弥补以往教育中的不足。因此,在发展经济同时,对于乡村地区教育事业的发展也能够产生明显的帮助,同时乡村地区管理人员能够将更多的资源投入教育之中,从而缩小城乡地区在教育资源上的实际差异。因此,在现阶段的乡村教育实施过程中,作为当地的管理人员,需要围绕农村地区的产业结构进行有效的调整和优化,结合当前农村地区的一些独特优势来进行分析,推出不同的特色产业,合理地调整产业结构,在发展农村地区产业的过程中不断地增加其经济实力,为乡村地区的发展奠定良好的基础条件,打破教育资源的城乡二元结构局面,保证教育工作的高质量开展。

(2)立足实际,明确教育方向

在乡村振兴战略下推进城乡教育公平的过程中,并不意味着我国只是一味地按照目前城镇教育的实际开展情况来规划乡村地区教育事业,因为本身城乡地区的教育存在差距,受教育群体也会存在明显的差异。为了进一步解决城乡教育公平问题,在现阶段的乡村教育事业发展过程中,当地管理人员必须要结合乡村地区的实际情况进行分析,能够构建更为完整的教育体系,不能以城市教育目标为主,要考虑乡村地区人民的实际情况。比如,在开展乡村教育的过程中,除了导入基础的一些教育内容之外,当前还需要进一步

凸显乡村地区的特色文化等内容，让学生在接受教育的过程中进一步了解到乡村地区的独特优势，并且能够在了解文化之后运用自己所学的知识去推动乡村地区的发展，以此能够以教育带动乡村地区的振兴，推动乡村地区的可持续发展。

（3）完善内容，发挥政策优势

为了进一步改变乡村地区教育现状，当前我国提出了许多不同的政策，其中就近入学政策就是非常典型的一种。就近入学政策的出现就是为了让更多的人民群众有机会去接受教育，但是在就近入学政策实施过程中，相关政策发布人员必须要考虑不同政策的具体可行性，并且完善相关的一些配套政策，只有这样才能够进一步解决城乡教育发展过程中所存在的实际问题。例如，就近入学政策的出现本身就是为了避免乡村学生过多流向城市，导致乡村地区教育资源变少的现象。这一政策虽然没有直接地促进教育公平，但是能够有效地防止城乡教育出现不公平选项。但就这一政策内容而言，还存在明显的不完整性特点。因此，在现阶段的乡村教育事业发展过程中，当地政府部门和教育部门可以有效协商，在原有的教育政策基础之上提出更多具体的新的政策内容。例如，在推行就近入学政策之后，可以围绕着不同乡村地区的实际教育情况和学生群体情况来引入不同的配套教育资源，当地的管理人员可以尝试着分析不同区域的教育情况，结合乡村地区教育现状来进行科学的资源分配，在分配之后，让教师可以更为有序地去组织教学，并且在推进就近入学政策的过程中，乡村地区也可以尝试着重构乡村地区学校的布局。比如，考虑有些乡村学校学生数量较少或者地处偏远地区，那么当地管理人员可以合理地进行布局调整，能够将几所学生数量较少的学校合并为一所，让学生能够完成集中式的学习，以此对于乡村地区教育工作的开展能够产生明显的积极影响。不仅如此，在完善当前我国政策内容的过程中，作为政府部门，还需要合理地出台一系列的扶持政策。比如，在乡村地区，可能还缺乏一些优质的师资力量，对于乡村地区教育事业的发展很难产生明显的帮助。因此，在推进城乡教育公平的过程中，当前政府部门还可以出台一系列的优惠政策，如通过提高教师待遇、给予教师补贴等不同的方式来吸引更多的教师进入乡村地区任教。在吸引了更多优秀的师资力量之后，教师能够围绕现阶段乡村地区教育事业发展中所存在的问题进行全面的分析，并且能够合理地组织教育改革活动，采用更多新颖、科学的教学方法来对学生进行指导，让学生在接受教育的过程中可以有更为深刻的学习感受，以推动目前乡村地区教育工作的有序进行。并且，在发布了不同政策之后，作为当地的管理人员也需要进行深入的分析，能够研究这些不同教育政策所发挥的实际作用，结合在教育过程中所存在的不完善之处有效地进行调整。

在乡村振兴背景下，为了进一步解决城乡教育公平问题，管理人员需要深入地进行构思，着力找到影响城乡教育公平的一些不同因素，并且能够从不同的视角来实施更多可行的计划，能够构建出更为完整的教育体系，有序投入教育资源，在逐渐缩小城乡教育差距的前提下让乡村地区教育质量能够不断得到提升，培养出更多优秀的现代人才，推动我国乡村振兴目标的早日实现。

（三）基本公共服务均等化与乡村教育

改革开放以来，我国社会主义建设事业取得了重大成就和丰硕成果。但基本公共服务发展不均的现象以及城乡差别、地区差别依旧存在。党和政府高度重视全民基本公共服务均等化，坚持"以人为本"和"共同富裕"的发展理念，不断优化财政资源，从体制、机制和制度上保障重点领域与薄弱环节的有效供给，通过精准施策努力实现全民基本公共服务均等化。

1.基本公共服务均等化的概念及内涵理解

基本公共服务均等化是指国家在治理、建设和发展过程中，基于公平正义原则，为全体社会成员提供的大致均等的公共服务。基本要素在于不分民族、地域和户籍制度的限制，全体社会成员在个体的生存与发展中能享受到最基本的均等服务产品，包括居住环境改善、公平接受教育、医疗保障、特困救助、就业创业、适龄退休保障等方面。

基本公共服务均等化是"共同富裕"的内涵与外延[1]，追求的是在基本

---

[1] 袁威. 基本公共服务均等化的政策逻辑与深化：共同富裕视角[J]. 中共中央党校（国家行政学院）学报，2022，26（04）：56-63.

公共服务内容不断丰富完善的基础上，实现广大人民群众物质生活和精神生活的共同富裕。物质生活富裕和精神生活富裕都是全体人民共同富裕不可或缺的组成部分，国富民强体现的是物质生活和精神生活相统一的全面富裕，二者相辅相成、缺一不可。革命历史唯物主义的哲学观认为，经济基础决定上层建筑，因此共同富裕立足于物质富裕，物质富裕构成精神富裕的重要支撑。人，作为生命个体，组成了世界和社会，是推动生产力发展和改造世界的最具决定性和主导性作用的因素，这就充分彰显出人的精神富裕是人全面发展的一个重要标志，社会全面进步和物质富裕离不开精神富裕的支撑。

2.基本公共服务均等化建设面临的问题

（1）制度供给不均

长期以来公共服务制度的城乡户籍二元化制约着基本公共服务的均等化。国家虽然强调统筹城乡协调发展，但受多方面因素的影响，目前在基础教育、医疗服务和社会保障等方面的基本公共服务的城乡两极分化现象依然存在。比如，实行多年的新农合医疗制度存在明显的不公现象，一直被农民怨声载道。虽然这一制度的设计初衷是为广大农民解除"大病致贫"的后顾之忧，但作为六亿多的农民群体其大病概率并不占多少比例，而平常最多的普通疾病需要在乡村诊所或医院门诊付费治疗，但这类普通疾病并没有被纳入医疗保障范围内。显然，新农合医疗保障制度与全面医疗保障的城镇医疗制度存在很大的差别。新农合的疾病保障范围是重大疾病，在普通疾病的保障方面是存在显著差异的。另外，新农合缴费数额逐年上涨，当年清零不能积累，与城镇医疗制度相比，也存在不均等之处。同时，农村地区的公共服务管理人员、设备和设施的供给方面也存在或多或少的不均等现象，在义务教育和医疗卫生领域表现较为突出，无论是公共服务的供给数量还是质量，与城市相比都还有差别。

（2）事权、财权与财力不对称

事权实际上指的是政府为社会经济事务进行支出的权力和策略，财力是指财政的支出能力，是建立在相应的财政收入基础上的，而财权则决定着财

第一章 乡村教育振兴的基本概念、科学内涵及理论基础

政收入的状况[①]。因此,三者之间互为联系、相互促进。目前,在我国基本公共服务领域,面临着财力纬度和经度上的不对称。

首先,是财力纬度上的不对称。财力纬度基于政府管辖的范围,客观上存在中原、东西部、沿海地区之间的财力差异,就最低公共服务水平而言,中原地区和东部地区的财力相对比较雄厚,而西部欠发达城市和地区的财力相对匮乏。由于西部地区的自然资源环境、经济发展基础和人口规模状况等因素的局限,导致西部地区的财政自给率较低。从政策导向来看,近几年国家虽然加大了对西部地区的财政倾斜力度,但"体外输血"毕竟十分有限。西部地区自身造血功能不足,在国家对中、东、西部输入同计量的状况下,西部地区的财力仍然存在一定的差距,实际上也是一种地区之间公共产品的成本差异。

其次,从财力的角度上来看,也存在一定程度上的财政供给不对称。财力经度自上而下,中央集权掌控的财力是留有"余地"的,任何情况下,中央财力略有库存,而地方政府掌握的财力大多是"入不敷出",财政来源满足不了本级政府的支出需要,在重点公共服务领域建设中往往是"拆东墙补西墙",出现财政"赤字"的现象,这样就导致基本公共服务的涉及面及实效性较差。由于中央政府担负着收入分配与经济稳定的责任,留有的"余地"主要是便于有充足的财力来保障宏观调控,而地方财政则需要一分钱当成两分钱来花。

(3)财政供给不均

改革开放以来,国家倡导"工业反哺农业、城市扶持农村"的大政方针,并逐步提高了地方财政在分配中的比例,为乡村振兴和解决"三农"问题增添了强大动力,在农村基础教育、社会保障、公共卫生、环境保护等基本公共服务领域的财政扶持力度不断加大,取得了显著成效。但这一改革红利只有经济发展省份或地区得到了充分的享受,而大多数省份的财政收入没有明显好转,特别是市县一级的财政收入仍然是举步维艰,难于支付各种基

[①] 黄剑宇. 社会组织参与公共服务的实现路径探析——基于供给侧改革视角[J]. 辽宁师范大学学报:社会科学版, 2021 (02): 30-35.

本公共服务所需的资金。地方财政供给不均,致使基层基本公共服务建设顾此失彼。在整体经济发展趋缓的背景下,部分农村地区和偏远地区地方政府重点税源增长较少,财政支出压力较大,需要承担"保运转、保工资、保基本民生"等方面的刚性支出,再加上购买服务改革走在事业单位改革之前,进一步增大了这些地区基层地方政府的财政压力。这些地方的政府财政收入不足,使地方政府在提供基本公共服务时"心有余而力不足",影响了地方基本公共服务的公平性。

二、教育生态理论

(一)教育生态学理论

教育生态学最早由美国教育家克雷明(Cremin)提出,将生态学与教育学相结合,是研究教育内部各因子结构和教育与外部环境关系的一门综合学科,旨在把教育看作是一个有机生态系统,其内部各要素相互联系、相互作用,且与外部生态环境发生联系,呈现出一种统一与矛盾、平衡与失衡的状态。生态系统包括生物种群和生态环境,而生态环境由生态因子构成,生态因子按照功能可以分为主导因子、入侵因子和限制因子。其中,限制因子指的是能引起其他生态因子、生态种群和生态环境发生变化的因子。

(二)教育生态理论与乡村学校生态化教学

与企业生产活动相比,教育活动的特殊性在于以促进人与社会的主体性发展为旨归,正因如此,生态型的乡村教学必须选择能够彰显人的主体性发展的知识内容,从而确保教学实现终极性价值。当前,部分乡村学校的教学过程存在较为严重的线性化倾向,师生关系存在生态失衡,教学内容与评价方式的匹配度低。

第一章　乡村教育振兴的基本概念、科学内涵及理论基础

1.教育生态学视域下乡村学校生态化教学的现实瓶颈

（1）师生关系存在生态性失衡

"控制论"的思维长期主宰着课堂教学，这种思维方式背后的哲学基础是"主客二元对立"哲学，也就是说，主体将本来就是主客一体化的存在经验看作超脱于主体的经验对象，并且主体根据自身思维去限定经验对象的行为。被"控制论"所主宰的课堂教学到处充斥着主客对立关系，导致教学过程出现明显的"主客两极对立"与"主体、中介、客体"统一模式，而无论是哪种模式都只承认教师是唯一的主体，教学是教师通过一定的中介对学生产生影响的过程或者是教师直接作用于学生的过程，显然，教师就是教学过程中被动的客体，师生之间构成"对象化"的主客关系，教师可以将自己的目的、意识与能力等施加到学生的身上。这种关系中的客体成为满足主体需求的手段，因此对象化关系是"目的与手段"的关系。

"主客对立"的思维方式的背后是"人主宰自然"，而生态学思维努力消解这种主客绝对对立的思维方式，反对将人与自然、人与社会的认识论关联泛化到整个世界之中，而是力主在限定的特定框架之中认识这种绝对的、单一主体化的主客关系。生态学虽然承认人在实践活动中的能动性与创造性，但认为主客体之间并没有纯粹的认识活动，而是相互依存与相互作用的关系。人既可以利用和改造环境，又对环境系统中的其他存在物负有责任与义务；同时，其他物也具有一定的能动性，会根据自身需要形成独特的生存方式。

（2）教学内容与评价方式存在非生态性

课堂教学离不开知识教学，并且知识观会对教学内容的选择与评价方式产生影响。长期以来，在教学内容和评价方式上存在片面化和标准化的现象，这种现象的产生源于实证主义的知识观主导了教育观。

任何教学都离不开教学内容，没有内容的支撑，教学只会成为空洞的口号。教学内容是"教"与"学"相互作用过程中需要传递的主要信息，其载体或表现方式是课程标准、教材和课程设置等。但是，部分乡村教师并没有厘清教材和教学内容的联系与区别。有些乡村教师抛开教材，完全按照课程标准的要求进行教学，课程标准要求什么就教什么；有些乡村教师完全按照教材进行教学，即所谓的"以教材为中心"。实际上，教材仅仅是知识事

实、概念和原理等的集成体。收集在教材中的事实都是确定的或已经发生、发现的事物，而非捏造或想象的；教材中的概念是基于事实进行理性加工的结果；教材中的原理是已经被验证公认且无须论证的命题，是教材科学性的保障；教材中的事实、概念和原理之间存在内在联系，构成一个有机整体。教材是教学内容的"载体"，教学内容才是真正发挥教育作用的因子。教学内容不应该是静态的教材，师生必须根据实际需要对课程与教材内容进行综合加工。教学不能像传统教学一样以教材为"天律"，而是需要根据自身需要与价值立场对教材进行选择、取舍与加工。因此，教材并不等同于教学内容，充其量只能算是教学内容的重要组成部分。在生态学的关照下，乡村学校教学需要从本体性意义与生成性意义两个角度对知识、文化意识和全人发展的内容进行优化。

2.教育生态学视域下乡村学校生态化教学的破解路径
（1）乡村学校生态化教学内容的优化策略
①知识的选定。知识的选定相对比较容易，至少在资料选择上比较固定，但是知识的选择需要遵循以下基本原则。

第一，重视基础性与交际性的统一。"学海无涯而生有涯"，这就要求学习者在学习过程中选择合适的学习内容，产生高效率的学习效果。知识浩如烟海，学习者即使穷尽一生也不可能掌握全部知识，因此"如何选择知识"或者"选择哪些知识"就成为需要思考的问题。根据教学的要求以及学生发展的需要，应该重视夯实基础知识和技能，这有利于学生未来的职业需要与生活提升。

第二，关注时代性与规范性的统一。教师在选择教学内容时需要关注"哪些知识最有用"，这意味着"在现时代哪些知识最有用"，即教学内容的选择应该关注在当今时代或未来社会最具生存意义的知识内容。知识随着社会文化的变迁而动态发展或建构生成，并不是一成不变或固态性的。鉴于此，教学内容的选择应当反映时代性。

第三，强化趣味性与思想性的统一。学习可以是枯燥的，也可以是有趣的，其中的区别在于教学材料的趣味性与学习方式的有效性。如何精选生动有趣的教学材料促使学生在趣味中学习是教师必须思考的问题。因此，教师

第一章 乡村教育振兴的基本概念、科学内涵及理论基础

需要深入思考，精心选择符合学生兴趣爱好的教学内容，使其在学习中真实地体验到学习的快乐与成就。这不但有利于学生学习积极性的提升，还可以避免由于课程内容的枯燥而导致的学习倦怠。

②文化知识的遴选。基于生态观的教学对教学内容的遴选必须在西方文化与本土文化之间取得平衡。既要选择西方文化知识，也要增加本土文化知识的相关内容；既要有文化输入，也要有文化输出；既要有西方文化的发展，也要有本土文化的提升，让学生在文化知识上能够达到"中西贯通"。

教学改革的深入必然会带来对教师要求的日益严格，甚至会使很多教师的专业发展遭遇前所未有的挑战，同时也会带来难得的发展机遇。对于课堂教学而言，教师在很大程度上成为决定课堂变革能否成功的关键。特别是生态化教学对传统教学中的目标、方法、模式、手段与内容的重新定义，对乡村教师的专业能力提出了更高的要求。面对新的时代要求，乡村教师应该顺应新时代教学理念，从单一的知识"传道者"角色，融入多元化的教学角色之中去，并进一步强化自身专业能力，提升教学水平。

（2）乡村学校生态化教学遵循的原则

①基础性原则。知识本身是巨量的，而人的学习时间与精力有限，那么应该选择哪些知识才能很好地促进学生的主体性发展呢？2003年世界经济合作与发展组织（OECD）出台了《核心素养促进成功的生活和健全的社会》的文件，指出在21世纪，教育的关键是提升学生的"核心素养"，即"适用于个人、社会和职业等特定情境的知识、技能和态度的综合，并且是可迁移的、多功能的，是每个人发展自我、融入社会及胜任工作所必需的"。

②积极性原则。教育是有立场的，这种立场就是一种价值性，教学的内容选择也应该有价值立场，即选取符合社会价值主流又能激发学生积极向上精神的材料作为内容，进而帮助学生建立正确的价值观念体系，特别是把握好利己与利他、个人与集体间的平衡，为学生全面自由发展与人生价值的实现奠定基础。

③前瞻性原则。学生的发展既在当下，更多的是在未来，因此有学者认为教育学是未来学，意指教育学指向学生的未来发展。从教育史来看，教育始终在为未来的社会培养新人，而教师就承担着培育新人的重任。教学内容是教师培养新人的中介，其前瞻性在某种程度上决定了教育能否很好地为未

来培养优秀人才。毋庸置疑，教育水平决定了国家和民族未来的发展，所以，乡村教师必须要有超前意识来引领时代发展的方向。在教学内容的选取上应该具有前瞻性，要选择能促进学生整体发展的知识，采用先进的教学思想与理论，不仅要让学生学到提升生存能力的知识，而且要让学生从课本、课堂与学校围墙的束缚下解放出来，培养其发现意识与批判精神、自助精神与自制能力，让学生能始终走在时代前列。

（3）乡村学校生态型师生关系的和谐发展

课堂是充满了生命活力与个性特征的生态系统，教师不再是课堂的主宰者，课堂教学也不再是"教师处于知识的高地"单向度地向学生进行灌输，而是师生和生生之间达成"主体间性"，通过互动交往、交流启发以及相互补充的教学过程。从这个意义上来说，生态型教学是一个"师生共同体"，在这个共同体之中，不但教师是主体，而且学生也是主体，二者是互为主体的关系，彼此以"道德、责任和情感"为支柱，共同朝着相同的目标与追求努力，并在此过程中彼此互动成长，师生成为对立统一的矛盾体。师生在这个共同体中能够形成"相互尊重理解、彼此接纳关爱、坦诚相待"的生态型关系，这种关系主要体现在以下两个方面。

第一，从知识传授向共同学习转变。传统乡村学校课堂是以教师对学生的知识传授为主的场所，师生间是一种知识传授与被传授的关系。教学课堂之所以成为师生的学习共同体，主要体现在师生通过教学构建一种课堂学习文化。这种文化在某种程度上就是师生通过合作、共享、对话和协商等方式共同构建的"思想共同体"，并从根本上对师生的学习方式与思维模式产生变革性的影响，并且在变革过程中使师生的认同感与凝聚力得到明显的提升。师生通过学习过程构建与强化"依赖"与"依存"的关系，实现共同进步。"师生学习共同体"是生态型师生关系的体现与回应，其构建需要通过多种途径来实现。

"尊重与信任"是构建"师生学习共同体"的第一要义。"尊重与信任"是建立良好人际关系的基础，更是构建"师生学习共同体"的前提条件。"师生学习共同体"和谐与持久的关键在于教师要排除传统的"学生不如教师"的观念，要有"人人皆可成才"的宽容理念，尊重并鼓励学生在知识与权威面前表达自己的观点甚至质疑，并要对学生敢于挑战权威的勇气表示尊

第一章　乡村教育振兴的基本概念、科学内涵及理论基础

重与欣赏。在教学过程中，师生在平等交往中聚集双方智慧，碰撞思想火花，加强了有效沟通，从而有助于构建生态型师生关系。"目标的统一性"为"师生学习共同体"的发展提供动力方向。"师生学习共同体"的持续存在必须使所有成员之间达成共识，形成统一的目标，这就需要师生通过协商交流、彼此尊重信任而形成较强的向心力，所有成员能够以目标为导向，彼此配合与帮助，使学习共同体朝着同一方向发展。另外，师生通过共同学习达成同一目标，在这一过程中全体成员都要自觉审视和反思自身行为，同时督促其他成员，相互提醒、相互监督、相互帮助，最终实现全体成员的共同成长。

第二，从教师对学生的身体规约向师生生命共生转变。乡村学校教学中的师生关系的构建需要以"生命成长、生命质量"为核心，主要从以下几个方面着力。

首先，以提升生命质量为焦点。"师生生命共同体"在本质上就是"命运共同体"，一是要尊重师生作为生命体存在的基本事实，只有师生都是健康的生命体才能借助"教育"这一中介彼此联系在一起；二是尽管教师与学生在年龄结构、生活阅历与社会责任等方面存在不同，但其对人生价值追求的坚守、幸福美好生活的追求具有一致性。因此，"师生生命共同体"需要关注师生积极的人生态度、良好的道德品质、健康的生活情趣等方面的追求，打破功利主义思想桎梏，摒弃"只见知识、不见人性"的教学实践，在师生关系中添加和生成"真善美"，让师生在教学过程中感受到快乐与生命的意义。

其次，提升师生之间的亲和力。维系"师生生命共同体"的核心因素是情感因素，"亲和力"是滋生彼此情感的重要途径，只有借助师生之间的亲和力才可以缩短师生之间的情感距离，增进相互信任与理解，使双方形成对彼此的期待。师生之间的亲和力主要体现在两个方面：一方面是教师言语的亲和力，另一方面是学生对教师劳动的尊重与认可。让教师最具幸福感与成就感的就是自身的付出得到学生的认可，以及学生对自己的依赖与认同。教师的鼓励与欣赏也会对学生产生积极的促进作用，同时还会提升学生对教师的好感与认同，有助于师生之间建立友好、尊重、认同与愉悦的关系，从而获得精神层面的快乐，师生也更加相互依赖。

最后，提升教师与学生在师生关系中的"自由度"。"师生生命共同体"的自由度包括教师的自由度与学生的自由度两个方面。教师的自由度即教师的教学自主权，包括积极与消极的教学自主权，前者是指教师自主建构、选择适合学生的教学内容、教学方法、教学手段与教学模式的教学自由权；后者是指教师可以阻止妨碍教学的外来干扰。概括而言，教师在遵守教育规律与学生身心发展规律的基础上，自由地选择最适合的方式进行教学或管理。同时，学生也应该在师生关系中拥有较大的自由度，即学生能够自由地表达思想与看法，并能够平等地与教师进行交流和互动。学生拥有自由评价的权利，特别是敢于发表与他人不同的见解、勇于质疑与探索新的观点。另外，教师要对学生耐心引导与包容，而不是对学生的错误认识或不同观点进行训斥与排斥。

（三）教育生态理论与乡村中小学教师信息素养的提升

1.乡村教师信息素养问题生态学诊断

生态位是指生态系统中的一个物种在群落中的时间和空间的位置、地位、机能作用。教师生态位指教师在教学系统中在时间和空间上所处的位置、地位和机能作用。

首先，在我国中小学课堂教学中普遍存在着生态位失衡现象，教师在教学中处主导地位，而学生更多的是被动接受知识、完成作业，他们的生态位被严重削弱。这种情况形成的原因，一方面是由于在应试教育的背景之下，教师一般意味着知识教授的权威，难容学生的质疑，而学生习惯于对教师指令顺从，缺乏课堂主体意识和创新批判精神；另一方面在于课业压力大、课堂容量有限，缺乏时间和空间让学生参与进来。

其次，信息技术在乡村的大量应用更是抑制了学生的生态位，导致教师和信息技术两个生态因子面临着生态位重叠的状况。大部分乡村教师把信息技术课程的教学应用重点大多放在课件、视频的制作与展示上，并显现出对课件的过分依赖。信息技术虽然在中小学课堂被普遍使用，但只是低值使用，缺乏深度。在教师教学过程中，教师用电子白板等现代化设备代替传统

第一章　乡村教育振兴的基本概念、科学内涵及理论基础

黑板展开教学，形式上有所革新，但在内容上却没有本质改变，甚至表现出信息技术与教师生态位重叠。可见，教师在使用信息技术时缺乏主观能动性和创新的信息意识，不能恰当地将信息技术融入教学中，仅仅是片面地使用信息技术替代教师主体教学。而且，乡村教师在信息技术的教学应用中对信息知识的掌握程度不够到位，缺乏教学相关信息检索及实践应用的能力，一些最新的信息资源，如微课教学、翻转课堂、MOOC式混合学习在乡村教学课堂的应用几乎没有。如果无法进一步改善乡村教师的信息知识和信息意识，乡村教学中的单一信息技术应用很可能会挤占教师生态位，替代教师主导位置的作用，而且造成对课堂效果的抑制作用，这时候信息技术也成了课堂的限制因子。

2.乡村教师信息素养提升的生态路径探析

（1）重构乡村教师生态位，提升教师信息知识和信息意识

信息技术既是入侵因子，也是生态因子，一方面它打破了原有的生态平衡，另一方面极大地促进了教育现代化的进程。为了更好地适应崭新的生态环境，教师必须首先重构生态位，增强信息素养意识，只有这样才能恰当地符合"适者生存"的生态学原理。重构乡村教师生态位，应明确"教师主导，学生主体"的课堂教学思路，教师和学生之间应当保持相互配合、相互合作的关系，在思想和情感上进行交互，共同参与到知识的生产、分解、转换和评价中。同时，教师应全力拓宽本身的生态位，树立符合时代发展的教学意识和教学理念，在教学过程中灵活利用信息技术高效率整合好网络学习资源，全面推进自己课堂教学生态和信息技术的融合。重构乡村教师生态位，是培养乡村教师信息素养意识的首要条件。教师的信息素养意识决定着信息素养与教学的融合程度，也对学生的信息素养水平具有重要影响。乡村教师应通过明确自身责任和反思过去教育失误，不断增强教学信息知识和信息意识。一方面，乡村教师应转变传统教学理念，强化信息获取的敏锐性和信息技术应用的便利性，不断提升利用新技术解决教学问题的自觉性和主动性。另一方面，乡村教师在教学过程中要注意课程生态反思和职业危机反思，促使教育危机倒逼教师信息素养意识增强，以不断优化教师教学活动。

（2）保持活水效应，不断提升乡村教师信息整合能力

保持活水效应是维持新一轮生态平衡的必要条件，也是提升教师信息素养的重要途径。与时俱进的信息技术仿佛一股活水，教学生态可以得到充分净化和革新。乡村教师应牢牢把握这个机会，优化教学生态因子，拓展教学生态圈，将掌握信息技术知识和应用新技能内化为自身信息素养。

第一，乡村教师应学会自主学习最新的新媒体应用技术，充分利用MOOC、SPOC等自主学习平台筛选获取优质资源，并积极参与线下各种现代信息技术培训和混合式教学竞赛，在合作中弥补最新知识技能，在竞争中挖掘提升自身潜能。

第二，构建起学生共同体，反向推进乡村教师信息素养提升。如今中小学生早已成为互联网时代的原住民，乡村教师可以精心设计学生融媒体课程活动，组织学生自主利用新媒体技术展开探索性学习。这种方式不仅能够加强学生的自主探究能力和合作交往能力，还能够反向提高乡村教师课堂教学的信息技术利用率和信息技术融合水平。在学生融媒体课程活动中，教师可以充分利用信息技术对学生合作学习活动展开引导、支持、监测和反馈，教师信息技术应用的自觉性和主动性得到极大提高。

第三，构建教师共同体，加强教师之间的沟通联系，以实现教师相互促进共同成长。乡村教师可以利用不同的社交软件组建不同层次的共同体，包括年级组成员之间，学科组成员之间，甚至也可以是跨学校、跨地区的交流，以真正实现资源共享和整合创新。例如，小规模共同体可以利用微信群的即时交互性，展开线上密切交流；而较大规模的学科教学研讨可利用腾讯会议、ZOOM直播间等线上公开平台开展，以实现不同地区教师的广泛参与。信息技术的应用不仅为教师交流搭建了载体，还在交流过程中加强了乡村教师的信息素养意识和能力。

三、可持续发展理论

（一）可持续发展的由来

远古时期，人类和动物一样，也是动物群中的一分子。后来，人学会了直立行走，视野扩大，制造工具进行劳动，于是狩猎业、原始农业发展起来了，人类正式与动物界分离形成人类社会。此时，人类劳动对自然界也有破坏，但程度微弱，自然界的再生能力使环境得到恢复。进入奴隶社会、封建社会，人口大量繁殖，农业和手工业实现了大规模生产，人类社会走向繁荣文明的同时对自然的破坏也在增大。古巴比伦文明、玛雅文明的消失、我国西部沙漠的出现就是这个历史时期发生的事。

但是对整个地球来说毕竟还是局部性的破坏。进入19世纪，特别是20世纪以后，世界人口增长加速，掠夺性开发导致资源枯竭，尤其"温室效应"引发极地和青藏高原冰川减少，海平面上升，气候变化，水资源短缺，臭氧层破坏，森林大面积萎缩；大气污染、水污染、环境污染、海洋污染，不仅影响当前的生活，甚至威胁到人类的生存。在这种背景下，人们日益感到掠夺性的开发带来的严重后果，不得不重新认识人与自然的关系，寻找生态、经济、社会的协调性和整体性。[①]

20世纪70年代初，"罗马俱乐部"发表了震动世界的《增长的极限》，提出人类社会经济无限增长是不现实的，出路是协调发展。1972年在瑞典召开的生态与经济联合国人类环境会议通过了《人类环境宣言》，主张把污染问题与人口问题、资源问题、工艺技术等问题作为一个整体来探讨。1987年，联合国世界环境和发展委员会发表了题为《我们共同的未来》长篇报告。该委员会在1989年提出可持续发展定义。1992年，世界各国政府首脑在巴西里约热内卢召开会议，发表纲领性文件《21世纪议程》。从此，可持续发展成为世界各国追求的目标。

---

①《生态与经济》编写组编.生态与经济[M].呼和浩特：内蒙古大学出版社，2006.

（二）可持续发展理论阐释

世界环境与发展委员会提出的可持续发展的定义是：既满足当代人的需要，又不对后代人满足其需要的能力构成危害的发展。可持续发展的本质是对实践主体行为的规范，要求在组织社会经济活动中，使当前的经济发展与未来的经济发展相协调，当代人的经济福利与后代人的经济福利相协调。其核心是人们的经济活动不能超过资源和环境的承受能力，注重生态合理性，实现经济发展的眼前利益与长远利益、局部利益与整体利益、个体利益与共同利益有机结合和协调发展，推动人类社会经济健康稳定地发展。

可持续发展这一经济学概念，包含以下思想。[①]

（1）公平性。可持续发展要求在环境资源选择机会上实现当代人之间、世代人之间的公平。同一区域内对从事生产、交换、消费中对资源和环境造成破坏的人们，不能危害不从事这一活动的其他人；不同区域之间，一个区域的经济活动对资源的削弱和环境的危害，不能影响别的区域的人。同时，要求当代人不能耗竭资源，毁坏环境，使后辈子孙无法生存。

（2）协调性。可持续发展要求在生态系统中人与人和谐、人与自然和谐。整个社会、个人和小团体常常围绕自己的目标开展活动，虽然各不相同，但在实现社会整体目标时，应当互相帮助，互相支持，协调一致。人与自然之间，人是有智慧有创造能力的主体，但人不能脱离自然而孤立存在。自然界的资源和生态环境是人类的生存和发展的基础。人类要自觉地调整自身的价值观，规范自身的行为，使自然界生物得以生存的生态系统不断进化，实现人与自然的和谐发展。

（3）高效性。可持续发展要求物质和非物质的生产与交换中有高效率。在物质生产与交换中以尽可能少的投入换取尽可能多的成果；开发利用自然资源，时刻不忘节约，在保证生态系统整体性允许范围内，达到时空上对资源的最大利用率。对于非物质生产和交换来说，高效率意味着吸收和利用人类创造的一切先进文明成果，是实现社会价值和经济运行的最佳机制。在生

[①]《生态与经济》编写组.生态与经济[M].呼和浩特：内蒙古大学出版社，2006.

态经济系统运行中,公开、协调、高效的综合作用使可持续发展变成现实。

(三)可持续发展理论与乡村教育

当前,全球范围内可持续发展教育的推进速度仍待提升。目前很多国家尚未将ESD纳入主流教育,存在缺乏全国性政策、没有足够经费、缺乏相关的教师培训课程,以及缺少对于学习者参与ESD课程的评估等问题。此外,可持续发展教育也面临其提倡的价值观和行为模式与主流相矛盾的挑战,包括提倡节省、节约和促进消费、增加生产的矛盾,课程内容和实际生活难以结合,教育理念侧重学科成绩和以老师为中心而对人的全面发展和以学生为中心的参与式教学方式缺少关注等。

在中国农村学校教育中,有关可持续发展教育的内容也存在类似问题,主要表现在:学校课程单方面偏重学科知识,缺乏与学生的生活、环境、文化相关的课程,以致学生不能通过学校的教育了解和关心自己的家乡;教师的评审和学生学科考试成绩挂钩,教学工作重点在于考学,缺少对学生全面发展的关注;"撤点并校"后,学生很小就住校,离开父母、乡村,家乡认同感淡薄。

另外,农村的成人教育中也欠缺与环境保护、乡土文化传承等可持续发展相关议题的短期培训,乡村里和乡村环境、文化、生产生活相关的书籍、视频不足,电视节目大都未能与农村生活结合,消费文化深深影响着农村人的价值观和行为模式。

创建可持续发展的未来社会将是一个漫长的过程。眼下,可持续发展教育在全球、在中国,尤其是在农村的正式教育、非正式教育、终身学习范畴中都亟须得到快速提升,推进可持续发展教育的任务不仅必要而且紧迫。

促进可持续发展,教育是最有力的工具,但教育需要有新的方向、内容和方式:第一,教育促进可持续发展是培养每一个人对于可持续发展领域重要议题的知识、态度和技能,培养学习者的社会责任,使他们参与到可持续发展的行动中来;第二,教育的内容要和学习者生活、生产的环境相结合,以学习者为中心,使其关心了解生活的乡村或者社区;第三,培养学习者的批判思维和系统性思维,使其能够辨识不利于可持续发展的信息;第四,要进行终身学习，做到在学校教育、成人教育、正式教育、非正式教育、非正规教育中倡导随时学习。

中国滋根乡村教育与发展促进会近30年来扎根农村，从2010年开始，由支持偏远贫困农村教育扶贫项目，转向重点推动将可持续发展教育融入农村九年义务教育及成人教育中。对于在农村学校和乡村教育中融入可持续发展教育方面，中国滋根总结出两条关键经验：在可持续发展教育框架下，开发多层次培训课程；建立绿色生态文明学校和乡村，作为可持续发展教育进课堂、留村寨的试点示范基地。

第二章　乡村教育的历史嬗变

"以史为镜，可以知兴替。"站在乡村振兴的新局面新起点上，要坚定不移推动乡村教育常态化长效化，从中汲取智慧和力量，以史为鉴、开创未来，在新征程里砥砺奋进，在新时代奋勇争先，积极作为。

第一节　远古—1840年：古代乡村教育的发展历程

乡村教育的起源可以追溯到奴隶社会，虽然那时候没有"乡村教育"一词，但最初的教育与人们的日常生活有着极为密切的联系。在漫长的原始社会里，生产力水平低下，人类社会组织比较简单，城市还没有出现，教育是和整个人类社会的生产和生活结合在一起的，没有城市教育与乡村教育之别。传说中的伏羲、神农、黄帝、尧、舜等都亲自教人如何劳动和生存。随着生产工具的改进，生产力水平的提高，人类生存环境有所改善，并逐渐进入了牧猎—农耕时代，教育也有了相应的发展，这时的教育可以说是原始社会的乡村教育。因此，从这一点上可以说乡村教育的诞生应该早于城市教育。[1]

西周以前是我国乡村教育的萌芽时期。在夏商以前，远古先民由采集经济到渔猎经济，进而到种植（农业）经济，教育也由教民"钻木取火"到"教民以猎"，进而"制耒耜，教民农作"，并由"结绳而治"到"易之以书契"。在夏商时代，我国不仅有了国学，而且已出现了乡学。在商代，畜牧业在经济生活中也占有重要地位，马、牛、羊、猪、犬、鸡等已俱全。从农牧业生产的状况来看，不难想象商代农业生产劳动教育非常活跃。

西周至秦代是我国乡村教育的形成与发展时期。西周以后，随着社会经济的发展，乡村教育初具雏形。春秋战国时期，私学兴起是当时教育领域的新现象。随着私学的兴起，出现了儒、墨、道、法、名、农诸家，各家各派都办有私学，聚徒讲学。农家许行有"徒数十人"。各家讲学内容各不相同，有的会讲授一些耕战之类的知识。

秦汉至宋代是我国古代乡村教育的确立与巩固时期。秦汉时期官私并设的乡村教育体系的出现标志着我国古代乡村教育的确立。秦统一后，在乡设

---

[1] 李森，崔友兴.社会变迁中的乡村教育[M].福州：福建教育出版社，2017.

第二章 乡村教育的历史嬗变

三老,以掌教化,"三老掌教化,凡有孝子顺孙、贞女义妇、让财救患及学士为民法式者,皆扁表其门,以兴善行",两汉时期官私并立的乡村教育体系正式确立。汉代的乡、州设立的官学分别叫庠、序,庠、序各置《孝经》师一人,乡的《孝经》师隶属于司隶校尉。同时,还设乡三老对人民进行教化,灌输封建道德。

汉代家学也很盛行,其所教内容十分广泛,程度也高低不一。有的只是启蒙教育;有的在父辈指导下,与诸兄弟一起诵读一般经书。家学中不仅传授知识、技能,而且讲究治学态度和方法,尤其重视为人处世、待人接物等伦理道德教育。

三国时魏国有官立乡学。三国时期的私学规模比较小,教授的内容主要是儒家经学。西晋的地方官学有乡校等乡村学校。两晋的乡村私学也有很多,设立私学者多是当时学术上很有造诣的学者。

南北朝时期,私学相当发达,许多著名学者纷纷创立私学。例如,南朝的沈道虔,"少仁爱,好《老》《易》,居县北石山下。乡里少年相率受学,道虔常无食,无以立学徒"。北朝的李铉,"年二十七,归养二亲,因教授乡里,生徒恒数百人,燕赵间能言经者,多出其门"。

唐高祖武德七年下诏兴学,令"吏民子弟有识性明敏,志希学艺,亦具名申送,量其差品并即配学,州县及乡各令置学"。唐代一些名流学者,涉猎经史,远离官场,开设学馆,从事著述和讲学活动。如王恭,"少好学,博学《六经》。每于乡里教授,弟子自远方至数百人"。自此,我国古代乡村教育官学与私学相互补充,形成了较完整的乡村教育体制。隋唐以后,随着我国封建社会的发展与繁荣,乡村教育也更趋完备。

从宋代开始直到明清,是古代乡村教育的发展时期,但随着中国封建制度的逐步衰落和瓦解,古代乡村教育也随之由盛转衰。这一时期的乡村教育,一方面积极维护社会的稳定,另一方面十分注重劝导生产。无论是乡学、私学,还是社学、庙学、义学等,都极力宣传封建伦常礼教,培养顺民,并出现了一些"乡约""宗规""家规""家训"以及一些有关农业生产方面的书籍。

元代开办乡村教育的一个重要措施是创立了社学。至元七年,元政府下令在全国立社。辽、金、元时私学形式多样。这一时期的乡村教育在宋代奠定的基础上，进一步制度化，诸如"庙学"被广为提倡，庙学专门宣传儒家的基本道德伦理学说，在民间产生了相当大的道德和礼法教育的影响，促进了社会稳定。

明朝建立后，明太祖在洪武八年诏令天下立社学，"乡社之民未睹教化，有司其更置社学，延师儒以教民间子弟，导民善俗，称朕意焉"。于是，每五十家设社学一处。明初社学主要由各级地方官吏兴办。明朝还有一些乡校、村学、义学、家塾以及私设的经馆和书院，这些学校对于善乡俗、育人才以及教育普及也起到了一定的作用。

清初沿袭明制，设有社学。后来，义学取代社学成为乡村主要的教学形式。义学，是明清时期为民间孤寒子弟设立的教育机构。清代的义学是从旗人子弟和边省地区义学发起的，乾隆以后内地亦广泛设置义学，直至清末，义学一直为清代乡村蒙学的重要组成部分。清代的私学教育，也非常兴旺，私塾在民间广泛设立。到清朝末年，随着近代新式学堂的建立，古代农村教育形式逐渐瓦解。

我国古代乡村教育经历了形成、确立、发展直至瓦解的发展历程。在这一过程中，乡村教育的规模不断扩大，内容不断丰富，形式逐渐多样，制度不断完善，取得了一定的成绩。但古代的乡村教育仍然比较落后，广大农民受教育的权利还十分有限，他们所受到的教育大多是社会伦理道德教化以及关于生产生活的基本知识。

第二节　1840—1919年：近代乡村教育的发展历程

1901年清政府开始实行"新政"，1902年颁布了第一部具有近代资本主义教育性质的学制《钦定学堂章程》，但没施行。1903又颁布《奏定学堂章程》，规定每四百家应设初等小学校一所，并开始在全国实行四年制义务教育。此外，还开设了初等农业学堂、中等农业学堂、高等农业学堂以及农业教员讲习所等。这两个章程既是近代资本主义学校教育体系建立的标志，也是古代乡村教育向近现代乡村教育过渡的重要标志。

近代教育变革，创办新式学堂，改变了传统教育制度，可以说是中国教育史上具有革命性质的改革，开启了乡村社会现代化的大门，自上而下来看，这场改革无可厚非，乡民抵制新学阻碍了乡村教育现代化的发展。然而在近代历史条件下，自下而上来看，这场教育变革对于多数乡民来说，更多的是利益受损。他们强烈抵制学堂，这种抵制绝非完全因其保守、顽劣，而是追求、维护其自身利益的表现，是对教育现代化改革缺失的有力回应。

20世纪前期的教育改革为我们提供了丰富的经验与教训，乡村社会有其不同于城市的生产生活实际，当代表先进、文明的改革者试图改革乡村社会的时候，应当首先了解乡村、了解乡民，在制定改革政策时洞察乡村，尊重乡民，能够从乡民的视角考虑问题，维护乡民的实际利益，否则，必然会适得其反，遭到乡民强烈抵制。

近代乡村教育思潮和运动，在中国乡村教育史上有着重要的影响。它产生于多灾多难的中华民国初期，即北洋军阀统治后期，蹒跚发展于危难丛生的中华民国中期，转轨于抗日战争和解放战争时期，最终融入新民主主义教育之中。

第三节　1919年至今：现当代乡村教育的发展历程

中国现代乡村教育，是伴随着中国政治革命以及近代乡村社会的改造而形成的。在这一过程中，主要推动者当是中国共产党。因此，考察近代乡村教育的生成与发展，必然要从中国共产党领导的乡村教育谈起。中国共产党领导的乡村教育，发端于革命根据地教育，是在战争环境中逐渐发展起来的。中国共产党创立之后，共产党员在开展农民运动的过程中，创办农村小学，通过农民学文化的过程，传播革命思想。共产党员在领导农民运动的实践中在家乡创办农民夜校，组织农民协会。国共之间的合作破裂后，共产党人在全国展开了武装斗争，建立农村革命根据地。在党的领导下，农村教育进入了一个新时期。各革命根据地以面向劳苦大众，为土地革命战争、社会解放服务，教育与生产劳动相联系为指导思想，在农村开展扫盲教育、职业教育、干部教育、社会教育，并开始对根据地旧私塾进行改革，使其成为国家小学的重要组成部分，为新中国成立后乡村教育的改造与现代教育的生成开辟了道路。革命根据地教育以革命政治教育为主轴，对农民进行思想政治教育、阶级教育，教育农民积极参加革命，革命教育是当时农村教育的主要内容。革命根据地教育的开展途径灵活多样，采取多种方式对广大农民及其子女进行教育。

1949年中华人民共和国建立后，全国教育事业百废待兴，当时全国大学、中学、小学总共只有35万余所，学生2577万余人，全国80%以上的人是文盲，乡村地区文盲的比重更大。因此，发展乡村教育是重中之重，在中国共产党的领导下，我国乡村教育进入了新的发展时期。

1950年9月20日，第一次全国工农教育会议在北京召开，会议修订通过了《工农速成中学暂行实施办法》，并通过了《关于开展农民业余教育的指示》，决定通过多种形式发展乡村教育。这次会议标志着中国现代乡村教育的全面开始。此后，各地广泛开展多种形式的乡村教育，工农速成中学、农民业余学校、农业中学、农民中等专业学校、半农和半读的高等或中等农业院校如雨后春笋般在全国涌现。应该说中华人民共和国成立初期的这一系列举措，对发展乡村教育起到了重要的作用。这一时期的乡村教育虽然主要还是一种扫盲教育和技能训练类的教育，但其对整个乡村社会经济的发展、对整个人口素质的提高起到了不可估量的作用。[①]

---

① 李森，崔友兴.社会变迁中的乡村教育[M].福州：福建教育出版社，2017.

第二章　乡村教育的历史嬗变

　　新中国的乡村教育在社会主义教育方针指导下，紧紧围绕教育的政治方向、培养目标、教学内容，进行了旨在适应社会主义革命和建设需要的教育改革。1951年后，乡村教育起起伏伏，并一度陷入困境。1961年提出"八字"方针，为改变教育和国民经济不相适应的状况，调整教育事业，缩小教育规模，提高教育质量，协调教育内部各种关系，使乡村教育重新走上了正轨。但好景不长，几年后乡村教育又陷入了崩溃的边缘。

　　1978年召开的十一届三中全会，恢复了实事求是、一切从实际出发的思想路线和政治路线。会议确定全党工作的重点转移到以经济建设为中心的社会主义现代化建设上来。1977年5月，邓小平发表"尊重知识，尊重人才"的重要讲话，并开始了教育战线的拨乱反正。1983年，邓小平发出教育要"面向现代化，面向世界，面向未来"的重要指示，确定了新时期教育改革与发展的根本指导方针。1985年，中共中央做出《关于教育体制改革的决定》，明确基础教育实行"分级办学、分级管理"的体制，提出以国家为主体，社会、企业和个人等多渠道筹措教育经费的措施和办法。这一系列改革措施给中国乡村教育发展注入了新的活力。1986年，《中华人民共和国义务教育法》的颁布，标志着乡村教育的发展进入了新的历史时期。1993年中共中央发布《中国教育改革和发展纲要》，明确了到20世纪末中国基础教育的发展方向和基本方针。1999年初国务院批准教育部制定的《面向21世纪教育振兴行动计划》，计划经济体制的教育模式开始向市场经济体制的教育模式转型。

第三章 乡村教育与乡村各要素的逻辑关系

现代乡村教育的振兴与乡村社会发展的各个层面密切相关。从历史的视角看,乡村教育是在国家权力与地方社会的长期互动中实现的。我国乡村振兴战略的核心内容是乡村教育的振兴,是全面建成社会主义现代化国家以及推进社会主义现代化强国奋斗目标实现的关键举措。对乡村教育振兴的研究必然包括对与之相关的乡村社会各个方面的彻底认识和了解。本章深度剖析乡村教育与乡村各要素的逻辑关系。

第一节 乡村教育振兴与乡村人口

一、乡村人口的发展现状

与西方一些发达国家相比，我国农民的文化程度普遍较低。法国7%以上的农民具有大学文凭，日本为5.9%，根据国家统计局的官方信息，截至2016年，我国从事农业生产经营人口为3.1亿，其中具有大专及以上文凭的仅为1.2%。由于农业的特殊性，我国的农民长期以来都以从事务农活动为生活生存方式。所接受的教育以义务教育为主，较少涉及高等教育、职业培训和其他技能的再教育。另外，乡村地区的经济较落后、意识观念陈旧，也是制约农民提高受教育程度的原因。因此，长期来看，我国的农民距离乡村居民还有一定的差距。

由于受教育水平的有限，导致我国农民在新时期的社会生产建设中表现出很大的局限性，这不仅影响着农民群体的发展，也制约着我国对乡村、农业的快速发展，乃至影响着整个社会的协调发展。农业人口在我国的人口总量中占据着很大的比重，因此农民的整体文化素质水平对我国的持续发展将发挥举足轻重的作用。就目前看来，乡村人口面临着以下几方面的问题。

首先，农村劳动力短缺成为制约农村发展的重要因素。随着年轻人口外出务工，农村地区的劳动力供给急剧减少，导致农业生产、农村产业发展等领域受到限制。缺乏足够的劳动力支持，农村地区的农田耕作、农产品加工等生产活动受到影响，农业现代化进程缓慢。

其次，农田荒芜现象逐渐加剧。随着农村人口外流，大量农田被废弃或转为荒地，农业生产面临严重衰退风险。这不仅影响了农民的收入来源，也加剧了土地资源的浪费和环境问题。荒芜的农田难以恢复，使农村地区的粮食安全和农产品供给受到威胁。

最后，农村老龄化问题也日益突出。随着年轻人口外流，留在农村的主要是老年人和儿童，农村老龄化程度逐渐加剧。老年人口的增加给社会养老、医疗、社会保障等方面带来了压力，同时也限制了农村经济的发展。老年人口多数依赖农田自给自足，缺乏新鲜的劳动力支持，限制了农村经济的创新和增长。

二、乡村人口对乡村教育的需求

（一）对自身的教育需求

随着社会的高速发展，农民中的年轻一代已经意识到自身的文化水平是限制其发展的核心因素。他们开始自觉主动地寻找机会提高自身的技能水平，有意愿提高自身的文化知识素养，希望通过提高文化与技术来提高生产水平和生活水平。他们越来越注重乡村教育的质量，关注接受乡村教育能否为他们带来实惠或效益。农民已经意识到有没有知识会直接影响着他们接受新技术的快慢和质量。在外界的客观环境和内在的自我要求的共同刺激下，使得现代的农民有了更强的求知欲，他们希望自己掌握一定的文化知识，希望能学到新技术。当他们看到身边有知识的人能更快地掌握新信息，获得更多的机会，获得较高收入时，他们产生通过获得知识而提高收入的愿望。但与此同时，也应该注意到，农民的这种学知识、学技术的积极性，主要是从自身的经济利益出发，他们要学"有用的"知识，要能很快从自己的收入水平中得到体现。

（二）对子女的教育需求

以往，农民的教育观念薄弱，他们对子女的教育预期较低，更重要的是能生产劳动，因为种植生产才是农民的本分。尽管有相当大一部分人将子女接受教育视为改变命运的唯一渠道，但农民的愿望同时也是务实的，朴素的。他们少有希望子女通过接受教育而出人头地的愿望，他们更多的是希望子女通过接受教育获得生活的本领和技能，且愿为此付出成本。新时代的农民在对子女的培养观念上也在悄然发生变化。他们自身已经尝到因没有文化而难以改变命运的苦，故不希望自己的孩子再重复自己的一生。因此，他们关注乡村教育的质量，关心孩子的学习成绩和学习动力。很多农民节衣缩食、进城务工就是为了挣钱给孩子攒学费，尽管很辛苦，但是为了孩子能成为有知识的人，他们"俯首甘为孺子牛"。

（三）对教育形式的需求

除了青少年儿童在接受义务教育以外，还有很多的青年和成年农民也有接受职业培训的需要，这也是乡村居民的一大进步。他们由于没能考上大学或者在读书时没有意识到知识的重要性，在进入社会后发现没有知识技能很难取得实质性的发展。但是，他们对成人高考之类的学习动力不足，一是自学需要一定的基础，二是需要相当的自觉性，这对于大多数农民来讲是一个很大的挑战。更重要的是，这些成年农民的学习目的非常务实，他们中有不少人已经成家，因此他们学习的目的不是离开乡村进入城市，而是能学到实用的技术技能，能够切实地帮助他们获得更多的机会和收入。他们更需要的是贴近日常生产与生活的技能培训，他们需要立足自身现状来进行提高，从而改善生活水平和提高生活质量。由此可见，这样一批青年农民具有明确的学习目的，他们通过学习和成长或许可以成为乡村建设的重要力量。

第二节 乡村教育振兴与乡村政治

一、乡村政治的发展现状

（一）农业农村的多功能化和泛功能化问题

乡村治理的目标大致经历了从关注农业生产的经济功能到生态保护功能、文化传承功能以及以发展为导向的土地功能的变迁。对农业生产而言，重点目标也由早期的单纯追求产量发展为包含高产、优质、高效、生态、安全等诸多绩效在内的综合性目标。许多传统的农业生产经营承包户变成了组织化生产者，由当初的同质化单元变成了多样化的异质性经营单元，农业农村的多功能化、泛功能化扩大了乡村治理的外延接触面，新时期乡村治理事务呈现治理目标多元化、治理任务密集化等特点。不同目标背后体现的是不同的治理逻辑，农业农村治理目标的多维度化和复杂模糊的利益关系，加大了乡村治理的复杂性，简单的治理架构很难实现或者兼顾现实语境下农业农村的多重目标，亟须建构包括村民、政府和市场主体在内的治理框架。

（二）基础设施和公共服务不健全、人才数量和结构存在缺口

中国有50多万个行政村，村情差异很大，面临的挑战各有不同，乡村治理的中心任务也不一样。但从总体上讲，农村面临的共性问题包括以下方面：大多数乡村的农田水利设施等农业生产基础设施建设尚不能满足农业生产的长久性可持续性发展要求；基本公共服务体系也有待完善，农民的医疗保险、养老保险以及农户个体农业险等社会保障的普及适应性有待加强；受城镇化的影响，单向度的乡村人口流向城镇导致老人、妇女、儿童、弱势群体等成为"留守族"，更引发了乡村治理体系中主体结构"失却"、乡村治理能力不足和兴趣不浓等问题。

（三）乡村发展的不同阶段对乡村治理的要求不同

乡村治理的主要任务和目标具有时代性和阶段性。自2015年中共中央、国务院颁布《中共中央、国务院关于打赢脱贫攻坚战的决定》，全国自上而下建立起了以贫困治理为导向的超常规的治理响应体系。如今，我国脱贫攻坚战已取得全面胜利，"三农"工作的重心历史性转向全面推进乡村振兴。脱贫摘帽不是终点，而是新生活、新奋斗的起点。打赢脱贫攻坚战、全面建成小康社会后，要在巩固拓展脱贫攻坚成果的基础上，做好乡村振兴这篇大文章，接续推进脱贫地区发展和群众生活改善。实现巩固拓展脱贫攻坚成果同乡村振兴有效衔接，需要深入分析把握这两个阶段政策的内在逻辑和演变规律，形塑与市场经济制度相适应的服务乡村振兴战略的治理体系，更好地平衡政府、市场、乡村社区等乡村治理角色。在微观政策接续方面，过渡期间需要在延续主要帮扶政策的基础上，结合治理目标、治理内容和治理方式的转变，推动政策由集中资源支持脱贫攻坚向全面推进乡村振兴转变。

二、乡村政治对乡村教育的促进

（一）接续推进乡村全面振兴

打赢脱贫攻坚战、全面建成小康社会后，要进一步巩固拓展脱贫攻坚成果，接续推动脱贫地区发展和乡村全面振兴。《习近平谈治国理政》（第四卷）中指出，坚持把解决好"三农"问题作为全党工作重中之重，举全党全社会之力推动乡村振兴，促进农业高质高效、乡村宜居宜业、农民富裕富足。乡村振兴，教育先行。实施乡村振兴战略离不开乡村教育振兴，要充分认识乡村教育在乡村振兴战略中的基础性、先导性作用，提升乡村教育发展潜能，激发乡村教育发展活力，提升乡村教育现代化水平，进而实现国家教育整体的现代化。

党的十八大以来，习近平总书记十分重视乡村教育，对乡村学校的建

第三章　乡村教育与乡村各要素的逻辑关系

设、乡村教育的发展等提出明确要求，给予重要指示。乡村教育发展成就显著，学校的布局得到了优化，办学硬件得到了根本改善，师资队伍建设得到了加强，文化生态得到了改观，乡村居民的教育观念发生积极变化，乡村振兴有了切实的教育保障。

教育兴则国家兴，教育强则国家强。我国已经开启全面建设社会主义现代化国家的新征程，没有乡村的现代化，就不可能实现我国的全面现代化。现代化建设的核心是人的现代化，这就更需要教育继续发挥作用，需要进一步强化乡村教育现代化建设。在脱贫攻坚战中，教育自始至终都在发挥着重要作用，推动构建公平而有质量的教育体系，更有效阻断农村贫困代际传递，大力提高乡村人口素质等等。乡村教育也成为推进乡村经济社会可持续发展、优化乡村文化生态、增强乡村发展综合能力、推动实现乡村现代化的关键一环。

乡村教育还有助于激发农村群众内生动力。在脱贫攻坚战中，我国实行扶贫和扶志扶智相结合，既富口袋也富脑袋，贫困群众依靠勤奋双手和顽强意志摆脱贫困、改变命运。在全面推进乡村振兴战略阶段，我们更要坚持振兴乡村教育和教育振兴乡村"双轮驱动"，补齐乡村教育发展短板，找准乡村教育的发力点，强化乡村教育与乡村其他发展环节的结合，强化高水平乡村教育体系建设，并调动社会各方面的积极性和有效资源，形成全社会的合力，共同推进乡村教育高质量发展，提升脱贫人口内生发展能力，形成乡村教育与乡村振兴的良性循环。

当前，我国的乡村教育振兴面临新时期持续深入推进的挑战。《2022年乡村教育发展报告》指出，乡村教育整体呈现乡村学校和学生数量减少、寄宿制学校占比较高、小规模学校发展滞后、城乡教育差距仍然存在特征；乡村教师面临音体美及理化生类教师不足、任教学科重多方面问题；乡村学生在身体素质方面明显进步，但在心理健康和社会情感方面不容乐观；乡村学校与家庭的协作缺乏有效机制和专业资源，需要社会支持等。乡村教育发展事业是乡村振兴战略的重要组成部分，没有乡村教育的全面发展，就不可能实现乡村的全面振兴。奋斗新征程，应对新挑战，我们必须更好地统筹推进乡村教育振兴和教育振兴乡村工作，促进乡村教育高质量发展，巩固拓展脱贫攻坚成果，实现同乡村振兴有效衔接。

一是坚持党的全面领导，深刻认识乡村教育在乡村振兴战略中的重要作用。国之大计，教育为本。党的十八大以来，以习近平同志为核心的党中央高度重视教育事业，坚持把教育摆在优先发展战略地位，对教育工作作出一系列重大决策部署。脱贫攻坚战中，教育扶贫作为脱贫攻坚精准扶贫方略的重要组成部分，从顶层设计到具体实施都具有系统性和科学性，为打赢脱贫攻坚战发挥了积极推动作用。在全面推进乡村振兴战略阶段，我们要继续坚持党的全面领导，准确把握新形势下乡村教育的时代要求，做好巩固拓展脱贫攻坚成果、实现与乡村振兴有效衔接，切实发挥乡村教育在乡村振兴战略中的基础性、先导性作用。

二是坚持从实现人的现代化出发，激发乡村振兴内生动力。要回答好人的现代化对乡村教育提出的新要求，强化"人才+教育"的发展模式，强化高水平乡村教育体系建设。应培育新型职业农民，引导农民学习新思想、新技术，提升农民的综合素质和职业能力，鼓励"能工巧匠、民间艺人"等乡土人才进课堂，开设技能学习班，既面向学生，也面向成人，以专业技能丰富乡村教育内容；对创新人才采取柔性引进管理办法，对于支持乡村振兴的人才，在人才发展政策上给予一定的优惠和倾斜；建立完善乡村教师培养激励机制，加大乡村教师教育培训力度，提高乡村教师的综合素质；不断促进各类教育均衡发展，探索乡村教育内涵式发展路径，多在涵养精神文明、提高教育质量、维护教育公平上下功夫，满足人民群众多层次、多样化的教育需求。

三是坚持统筹推进，谱写乡村教育大文章。乡村振兴是包括产业振兴、人才振兴、文化振兴、生态振兴、组织振兴的全面振兴，是一项复杂艰巨的社会系统性工程。面对新任务、新挑战，我们要始终坚持将完善保障措施与建立长效机制相结合，坚持多措并举与精准发力相结合，坚持行政推动与社会参与相结合，合理把握进度与力度，多元统筹立体推进。要继续依托各类教育资源优势，尤其是高等教育资源集中的优势，持续提升教育服务乡村振兴的能力水平，为乡村振兴注入更多发展潜能与动能，写好乡村教育这篇大文章。

第三章　乡村教育与乡村各要素的逻辑关系

（二）推进"双减"政策

2021年7月，"双减"政策一经发布就引发了全社会的热烈讨论。"十四五"时期，我国将全面实施乡村振兴战略。如何将二者有机衔接、配套发展是一个具有实际意义的问题。立足全社会，"双减"政策具有宏观上的现实必要性。聚焦乡村地区，"双减"政策在改革乡村基础教育、推进乡村教育现代化、促进城乡教育公平方面具有独特意义。关于"双减"政策助力乡村教育振兴的实践路径，留守儿童关怀、人才引进机制以及与职业教育融合发展将会是可行的切入点。

2021年7月24日，中共中央办公厅、国务院办公厅印发了《关于进一步减轻义务教育阶段学生作业负担和校外培训负担的意见》（简称《意见》）。作为教育领域的重大变革，《意见》回应了进入新时代以来人民群众关切的教育重要问题。

1.构建课后延时服务与留守学生关怀相融合的机制

目前，我国留守儿童存在的突出问题主要是学习教育质量低下、身心发展缺陷、道德品质滑坡以及安全保护薄弱。《意见》指出要"对有特殊需要的学生，学校应提供延时托管服务"，要"为学有余力的学生拓展学习空间，开展丰富多彩的科普、文体、艺术、劳动、阅读、兴趣小组及社团活动"。这些举措对于缓解留守儿童的突出问题具有针对性意义。

"双减"政策在乡镇地区的落实要适应当地学生的特殊需求，注意共性与个性的关系。例如，在延时托管服务中注重基础知识的夯实以解决学习教育问题，开展丰富多彩的课后活动，增加了学生的在校时长，一定程度上对学生行为习惯的养成及学生安全保护有积极意义。留守学生的教育问题是乡村振兴中的重要民生问题，也是城市化进程中长期存在的症结。简而言之，"双减"教育政策的落实不仅是教育领域的举措，还能够从一个侧面推进乡镇民生问题的解决，助力乡村振兴。

2.完善吸引教育人才的乡村人才引进机制

"双减"政策是我国立足长远发展对教育市场的宏观调整，用以人为本的逻辑取代了资本逻辑。行业调整会在一定程度上带来生产要素在全社会的重新整合。具备高水平教学能力的教培从业人员，本身就是优质教育资源的代表，值得高度关注。在城市教育资源相对丰盛、教培行业发展受限的背景下，这批高素质教育从业者需要把握时代脉搏，以寻找新的发展契机来发挥自己的价值。

当前，我国已进入全面建成社会主义现代化强国的新征程，乡村振兴战略被摆在了重要的位置。乡村振兴在于人，而人的振兴在于教育的振兴。乡村教育振兴对于高素质的教育从业者而言，无疑是新的发展机遇和发展方向。《意见》指出要"积极推进集团化办学、学区化治理和城乡学校共同体建设，充分激发办学活力，整体提升学校办学水平，加快缩小城乡、区域、学校间教育水平差距"。面对"双减"政策下这一教育人才流动的新趋势，各地各级政府应完善教育人才引进政策及机制，积极利用好高质量的且具备现代化素质的教育人才，发展当地教育，构建高质量的城乡学校共同体，使"双减"政策的落实与乡村振兴战略配套衔接，相互促进，共同发展。

3.促进"双减"政策落实与职业教育融合发展

职业教育对于助力乡村振兴有着重要作用，主要体现在结合产业优势，因地制宜培养新型职业农民和专业化人才、提升乡村人口文化素质、优化乡村社会治理等方面。然而，职业教育的重要性并没有在国民中得到应有的认识。这就需要扭转全社会对职业教育意义的认知，让国民重新审视职业教育在国民教育中的重要地位。

"双减"政策的落实是对教育本质的回归，也是对教育认知的纠偏。"重学历、轻技能"是国民教育认知误区的主要方面。目前来看，职业教育是我国教育体系中的相对薄弱环节，这直接导致了国民对高等教育的偏向以及对职业教育的偏见。

"十四五"时期，我国将立足新发展阶段，贯彻新发展理念，构建新发展格局。经济发展方式将由粗放型向集约型转变，以提高经济增长的质量和效益。高质量发展不仅需要通过科研人才进行新技术的创新，也需要更多高素质的劳动者和多层次的人才，以适应我国在现代化新征程中产业结构升级的需要。职业教育的重要性由此被摆在了突出的位置。2021年10月，中共中央办公厅、国务院办公厅印发《关于推动现代职业教育高质量发展的意见》。

同年11月，国务院学位委员会发布《关于做好本科层次职业学校学士学位授权与授予工作的意见》，体现出新时代上层建筑对经济基础发展需要的适应。同时，也需要国民树立起对高等教育和职业教育同等地位的认识。综上所述，"双减"政策的落实不仅是教育领域的变革，更是对化解新时代社会主要矛盾的回应。它有利于乡镇地区基础教育的改革，促进城乡教育公平、乡村教育现代化、协调区域经济的平衡发展，是关乎中华民族伟大复兴事业的切实举措。

"双减"政策在乡村地区的落实要紧扣当地实际，有针对性地解决乡村发展的特殊问题，与乡村振兴战略的发展目标接轨。乡镇地区要紧紧抓住新时代教育发展的新形势，吸引教育资源，完善教育结构，培养全面人才，为第二个百年奋斗目标积蓄智慧、贡献力量。

（三）加强乡村思政建设

在乡村振兴战略背景下，要想坚定农民群众的政治理念、发展乡村文化、培育公民现代观念，就必须高度重视对基层农民的思想政治教育工作。应认识到思政教育的艰巨性、必要性和时代性，并要积极投入到思政教育体制机制的建立和完善中，对我国乡村地区农民思想教育的内生动力进行提升，进一步增强思想政治教育效能，将思政教育在乡村振兴发展中的作用充分发挥出来。

1.当前乡村思想政治教育面临的困境
（1）思政教育资源配套有待进一步完善

精准扶贫为我国乡村振兴提供经验建立了基础，但在乡村有效治理探究时还存在思政教育体制机制构建不够完善，思政教育人员队伍不足问题。首先，缺乏完善的教育机制，乡村地区思想政治教育工作的开展需有专业人员作为保障，但就目前来看我国乡村地区普遍存在着缺乏思政教育工作人员的问题，现有思政工作者多是党员领导干部兼任，同时乡村地区一般只会注重将财政资金投入基础设施建设中，这就导致了思想政治教育工作开展存在经费缺少、人才短缺、不完善的问题，思想政治工作开展成效无法得到有效保障。其次，基层党组织重视程度不足。基层党组织是党在乡村工作的基础，多与群众紧密联系，应能够积极发挥引领作用，向人民群众开展有效的思想政治教育。但现阶段我国很多基层党组织对此项工作重视程度并不高，组织宣传不到位，致使农民思想政治教育工作的开展仍然有很多不足之处。最后，目前我国乡村地区在开展思想政治工作时主要采取一味宣教方式，久而久之，农民群众会对此感到疲倦，因此也无法获得良好的宣传成效。同时，宣传工作缺乏专业，不注重方式方法也会影响思想政治教育工作最终取得成绩。

（2）农民群众缺乏思想教育内生动力

随着经济快速发展，网络广泛普及，导致我国人民群众的思想观、价值观受到极大影响，个人主义、享乐主义大行其道，这也使得乡村思想政治教育工作环境逐渐趋于复杂化。现阶段我国农民群众在文化层次以及综合素养上存在参差不齐现象，文化素养普遍较低，因此其在接受思政教育中的领悟也会有所不同。此外，在我国乡村地区生活生产当中小农思想依然占据重要地位，普遍缺乏较强的集体以及合作意识、法律意识，也不愿积极参与到乡村政治生活中，尤其是一些公共事务，加之部分农民理性认知偏颇，所以对于思想政治教育存在抵触、排斥的情绪，而这也对乡村地区思想政治工作顺利开展带来较大的影响。

自媒体和网络的普及，导致乡村地区也涌入很多难辨良莠的信息，加上铺天盖地的宣传内容，导致很多农民群众丧失了基本的判断能力与选择能力，使其身心受到较大干扰，甚至出现行为失当的现象，而这些问题存在都会对乡村精神文明建设造成直接影响。时至今日，我国乡村地区思政教育工作开展依然存在载体单一、方法陈旧等多项问题，导致思想政治教育成效不佳，无法对乡村居民价值观、道德观更好地进行引领。首先，部分乡村地区在开展思想政治教育活动时仍存在教育载体单一的情况，很多思政教育工作者在进行思政教育工作时以口头传授为主，整体较为枯燥乏味，群众只能被动接受。其次，因缺乏多元化载体，所以群众参与积极性并不高，同时思想政治工作人员也未对农民需求有所了解，没有思考如何更好地在活动中融入思政教育，导致思政教育成效不高。最后，很多思想政治教育者采取的教育方式不接地气，宣传内容缺乏现实性，农民在接受时存在困难，同时一些思

第三章 乡村教育与乡村各要素的逻辑关系

政工作人员宣传的思想内容与现阶段农民自身发展状况并不符合，不贴近民意、民声和民情，宣传教育缺乏感染性和实在性，未能将其对农民群众思想道德素养提升的效果发挥出来。此外，不同农民群众在文化程度、经济条件、思想上会有所不同，但思政工作者在实际工作采取千篇一律的教育方式，未准确认识基层地区思想政治教育规律，使得农民群众内生动力得以弱化，思政教育效果低效或无效。

（3）政府重视程度不够，专业型人才缺失

首先，改革开放以来中国共产党高度重视"三农"工作的开展，为了推进农业乡村的现代化，各个地区的政府都高度重视乡村经济的发展。但一些基层干部由于认知上的偏差，认为脱贫攻坚、乡村振兴主要是带动农民群众经济上富起来，且这样更容易干出政绩，从而忽视了农民思想政治方面的教育，未带动农民精神上的富足。

其次，部分基层党组织缺乏思想政治教育的人才、机构、经费等，导致思想政治教育工作的开展因条件不成熟而不能顺利开展。许多思想政治教育工作的开展只能由村干部代为执行。每个人的时间和精力都是有限的，部分村干部缺乏思想政治教育方面专业知识的系统培训，容易出现精力不足、理论知识不高、方法创新性差等问题，导致了乡村思想政治教育工作存在缺失。

最后，随着我国经济的发展，城市化、信息化程度越来越高，许多受过专业思想政治教育的高校毕业生在毕业后都选择留在城市发展，忽视了为乡村服务的价值所在，导致乡村思想政治教育专业人才的缺失。为此，在乡村振兴战略背景下，国家鼓励高校毕业生服务基层，弥补乡村思想政治教育人才的不足，为乡村振兴注入新鲜血液。

（4）农民主体意识不强，受教育主体不全面

乡村振兴战略、乡村思想政治教育等活动的开展都离不开活动的主体——农民。在我国乡村中部分农民的受教育程度低、解决问题的方式简单。根据马斯洛需要层次理论，部分农民在考虑自身需求时首先关心的是个人的生理需要和安全需要，很少有人会主动关心个人的自我实现需要。这就导致部分农民在接受思想政治教育时主体意识的缺失，影响其思想道德水平、价值理念的提升，进而影响乡村思想政治教育工作的开展。

随着城市化、信息化的发展，乡村与外界的联系越来越频繁，许多乡村青年为了能够改善家庭的经济状况选择外出务工，在锻炼自身能力的同时获得经济收益。乡村青年是乡村发展的主力军，在乡村振兴的过程中发挥着重要的作用，而他们的外出务工使得乡村在发展的过程中面临人才缺乏和劳动力缺失的现象。乡村青年外出务工导致之前对乡村人口进行集中教育的优势消失，乡村的受教育主体不全面。外出务工农民因长期在外，乡村的基层党组织也很难直接对其进行思想政治教育。再加上一些农民工在城市中居住，很难被纳入本地的思想政治教育中，对于这些青壮年农民工的思想政治教育仍然处于真空地带。务工青年由于未系统接受思想政治教育，其价值观念、道德素质等方面可能与主流意识文化存在偏差，影响其健康成长。

（5）教育载体单一化、内容形式化

当前信息化发展迅速，利用传媒载体、文化载体等现代载体进行教育的形式屡见不鲜，但许多乡村在进行思想政治教育时仍然采用口头传授、开会等传统载体。利用传统载体进行思想政治教育会导致主客体之间缺乏交流与沟通，难以激起大家学习的热情和积极性，而且口头传授、开会等形式多为教育主体单方面进行知识的灌输，而乡村人口的文化水平普遍较低，对知识的消化吸收能力较差，这都会使思想政治教育的效果大打折扣。

一些领导干部进行思想政治教育仅是为了完成上级安排的任务，多注重形式、流于表象，与农民的实际生活相脱离，实效性差。在将党的各项方针政策、政府文件等向农民传达时多照本宣科，没有采用大众喜闻乐见的方式，不考虑受众的需求和接受程度，难以获得大众的支持与信任，会让大家对思想政治教育工作产生错误的认知，不能从根本上解决农民群众的思想问题，不能提高其道德修养。部分地区个别领导干部为了响应上级的号召，盲目照抄照搬，不考虑自身的实际情况，造成了人力、物力、财力等各方面的浪费。同时，还有部分村干部假借对党员进行思想政治教育的由头，组织党员同志到各地游玩，并且利用多媒体等形式进行宣传，这在农民群众看来都是形式主义，容易引起民众反感，降低思想政治教育工作的公信力，侧面影响乡村思想政治教育工作的实效性。

第三章　乡村教育与乡村各要素的逻辑关系

2.乡村振兴视域下乡村思想政治教育工作思路

（1）建立健全思政教育体制机制

各地区相关部门应结合乡村社会发展来对思想政治教育机制及时进行调整，进一步完善体制机制，以提供良好的思想保障，推动乡村振兴战略的落实，将农民投入乡村振兴的热情充分发挥出来，为乡村振兴战略的落实奠定基础。

首先，要进行工作体制机制的建立与健全，将思政教育作为我国乡村地区党组织的重要工作内容，应意识到此项工作开展重要性，并要坚持以党的政策方针作为主要导向，积极开展思想政治教育工作，使基层农民能够逐渐形成正确的发展观、良好思维与行为习惯。基层党组织也要积极投入到思想政治素养提升中，并要根据农民群众的具体情况有张有弛、有力有度地开展思想政治教育，确保思想政治工作健康开展，为乡村振兴战略的实现奠定良好的思想基础。其次，应对思想政治教育队伍机制进行健全。政府部门应加强对乡村地区思政工作的支持力度，并要积极构建一支既有思想政治教育能力、又了解农民群众的人才队伍，让此项工作能够顺利开展。同时，要给予足够财政支持进行软硬件设施配套建设，促进思想政治教育工作高效高质地开展。最后，还应进行思想政治教育评价反馈机制的构建，可借助网络媒体工具，结合新时代农民群众的思想发展趋势科学进行思想政治教育方案的制定。当然，农民群众也可将自身存在问题和建议及时反馈给基层党组织以及思想政治工作人员，让他们在了解实际情况的同时适当调整和完善思想政治教育机制，创新思想政治教育方法体系，最大程度地调动农民群众参与思想政治教育活动的积极性。

（2）引领文化建设，推动乡风文明建设

乡村文明建设应以乡村文化作为支撑，而乡村文化建设可进一步推动乡风文明。首先，政治教育本身属于文化的遗传因子，其具备塑造观念形态的精神文化功能，也可进一步推动乡村文明建设。所以，在开展思想政治教育时一定要传承和弘扬邻里互助、团结友爱等传统优秀的乡村文化，树立起正确的乡村价值观共识。其次，乡村社会习俗部分内容已经无法适应时代发展，所以应对陈旧观念和传统东西进行摒弃，避免影响制约乡村文明建设。思想政治教育要将移风易俗的功能充分发挥出来，引导乡村习俗朝着正确方向发展，同时要将乡村社会新风气、家风家训等大力宣传下去，构建新时代文明乡风。最后，还要将乡村文化的创造以及引导价值充分凸显出来，弘扬乡村特色文化合理成分，批判和引导不合理文化内容，将主流文化在乡风建设中的引领作用充分发挥出来。思想政治教育应做到整合和再造多元化乡村文化，以增强我国乡村社会文化的凝聚力和引导力。

（3）净化乡村环境，提高思政教育效能

首先，要使乡村地区思政教育工作获得良好成效，就必须要有良性的乡村环境作为保障。因此，基层党组织以及思想政治教育者应结合农民实际情况采取多元化方式将党的政策、路线传播给农民群众，以对这种教育进行深化，在乡村内营造良好的社会文化环境。其次，还要对主流媒体监督意识进行强化，使主流媒体人具备较强的职业道德素养，避免其出现违背社会主义核心价值观、散播网络不良信息的现象。应进行媒体监督体系的构建和完善，使网络与媒体能够传播更多正能量价值以及乡村振兴内容，以对乡村网络媒体环境进行净化，使农民群众能逐渐具备较强政治觉悟。最后，还要加强网络治理，确保乡村地区网络环境的肃清，通过完善网络规章制度的建立，营造良好网络环境，发挥网络宣传引导作用，促进乡村思想政治教育活动的顺利开展。

（4）持续推进乡村经济发展，夯实物质基础

我国脱贫攻坚取得成效，要在巩固其成果的基础上推动与乡村振兴战略的有机衔接，继续稳步推进乡村经济的发展，这是建设新时代乡村文明新风尚的物质基础，同时也为乡村思想政治教育的开展提供了经济支持。

首先，在资金充足的前提下，应该设立专门进行思想政治教育的场地，并安装多媒体等现代化设备，让思想政治教育工作可以以更丰富的形式开展。其次，经济上的富足可以开阔农民的视野，转变其思考问题的方式，要根据农民思想观念的转变运用现代化的手段和方式对其进行教育。最后，由于乡村经济一直处于较为落后的状态，部分农民对物质利益的重视要高于精神方面的奖励，因此在思政工作开展的初期可以先对农民进行适当的物质奖励，调动其参加思想政治教育活动的积极性，方便思想政治教育工作的开展。以上活动的开展均需要丰厚的资金支持，因此要继续推进乡村经济建设。

第三章　乡村教育与乡村各要素的逻辑关系

（5）加强重视，干部带头，人才引进

首先，要加强政府对乡村思想政治教育的重视程度。乡村振兴战略不仅要促进乡村经济、政治的建设与发展，同时也要推进乡村的乡村教育振兴和教育现代化。因此，政府和乡村干部要重视乡村思想政治教育，加大对思想政治教育的人力、物力、财力的投入，对进行思想政治教育的基础设施加以完善，并通过定期举行思想政治教育活动提高农民的思想觉悟，使其在深入了解社会主义核心价值观、共产主义远大理想的基础上提高思想觉悟、道德修养，在思想上同党中央保持高度一致，为乡风文明建设打好基础。

其次，发挥领导干部的带头作用。乡村领导干部大多没有进行过理论的系统学习，基础较为薄弱，因此要加大对领导干部队伍的教育投入，组织其对思想政治教育相关理论进行系统的学习，加强其对专业知识的把握，并将所学知识与实践经验相结合，更好地开展乡村的思想政治教育工作。

最后，要加大对高校优秀人才的引进力度。城市化、信息化的发展使得许多高校毕业生在毕业后选择留在大城市工作，乡村缺乏专业的青年人才。要实施积极的人才引进政策，吸引青年毕业生投身于乡村建设，努力构建一支专业素质过硬、政治信仰坚定、全心全意为人民群众服务的思想政治教育工作队伍，并不断通过注入新鲜血液、搭建平台等方式保持这支队伍的生机与活力，让这支队伍真正地投身于乡村的思想政治教育建设中，为乡村振兴战略更好地开展贡献力量。

（6）增强农民主体意识，提高青年群体参与度

部分农民群体文化水平较低，对乡村思想政治教育的重要性认知不够、主体意识不强、参与度低，可以将思想政治教育活动与农民生产生活紧密结合，加大思想政治教育成效。例如，通过将思想政治教育与农业知识相结合，引起农民的兴趣，提高其参与度；通过在日常生活中利用党的思政理念服务广大农民，让农民意识到思想政治教育对农民日常生活、生产的重要性，从而增强其主体意识。

部分青年群体在外务工，无法系统接受乡村的思想政治教育。基于此，可以利用抖音、微博等多媒体创建官方账号，定期发布关于思想政治教育的短视频、文件等，鼓励青年群体进行线上学习。同时，也可以创建微信群，邀请所有在外青年或者需要接受教育的群体加入，及时将有关乡村建设的相

关政策在群里进行通知，让广大青年也可以及时了解家乡的各项政策、新变化，提高其对乡村思想政治教育建设的热情。

增强农民主体意识，提高青年参与度，要求相关人员能够具体问题具体分析，根据群体特性有的放矢，有针对性地进行思想政治教育，这样不仅可以提高效率，还能提高参与成员的道德素质和文化水平。

（7）教育载体多元化，内容实用化，方法多样化

教育载体的多元化指在进行思想政治教育的过程中，不仅可以使用口头表达、开会等传统载体，还可以利用传媒载体、文化载体等现代载体，充分利用电视、电影、视频等传媒载体对人们进行教育，弘扬新思想，传递正能量。这不仅提高了思想政治教育的时效性，还在潜移默化中促进了乡风文明建设，为思想政治教育建设创造了良好的社会环境。

要摆脱以往形式主义的倾向，增强内容的实用性。对农民进行思想政治教育时要考虑农民的文化水平，党中央、政府的一些文件中涉及的一些晦涩难懂的部分要在领导干部消化吸收之后以通俗易懂的语言传递给农民，有利于提高思想政治教育的效率。

要促进思想政治教育的方法多元化。首先，以双向沟通代替以往的单向灌输。进行双向沟通可以让主客体之间彼此交流意见，进行深度沟通，提高工作效率，在进行思想政治教育的同时了解群众的真实需求。其次，以戏剧文化代替口头宣讲。以往口头宣讲的形式枯燥乏味，以优秀传统戏剧文化进行思想政治教育的宣传可以增强活动的趣味性，同时以更加生动的形式吸引人们参与其中。再次，可以挖掘当地的红色资源，利用红色文化进行宣讲，让农民群众深入感受，提高思想觉悟。最后，建立健全思想政治教育的工作机制，确保工作的顺利开展，让农民群众切实感受到思想政治教育活动对个人以及乡风文明建设的意义。

我国是农业大国，"三农"问题一直是中国共产党工作的重中之重，关系国计民生。乡村振兴战略在推动乡村经济发展的同时，也通过对村民进行思想政治教育提高其政治素养，帮助其树立正确的道德观念，让农民在充分了解党的各项政策的基础上更好地配合国家的各项工作，为乡村振兴战略顺利开展提供支持。

第三节　乡村教育振兴与乡村经济

一、乡村经济的发展现状

（一）乡村经济的结构调整需要

1.乡村经济发展进入结构调整的阶段

近年，我国主要农产品生产能力得到了明显的提高，但是农民的增收却仍然较为困难。从经济结构理论来看，影响农民增产不增收的深层原因是乡村经济结构不合理，这种不合理体现在市场上就是农产品供给结构不适应市场需求结构。例如，生产规模小、组织程度低、二元结构束缚等，核心问题是知识、技术和人才问题。传统的农业劳动对农民的要求仅仅是身体健康、年富力强，只要因循长辈根据过往的经验总结出来的生产方法，掌握一些主要技能就完全可以胜任。而现代乡村经济结构的调整则需要农民掌握一定科学知识和科学技术，还需要具备一定的视野，不能仅局限于自己的一亩三分地，它更多的是一种综合素质，对国家战略部署、国际形势、生态环境、相关的科技成果、经济发展规律等等都要有基本的辨别能力和分析能力，才能做出较为客观和理想的判断。乡村经济的结构也从简单的种植、养殖发展成为集生态、产业化、高端科技、环保，甚至农业旅游、休闲娱乐等多元结构于一体的综合产业。

2.结构调整对农民提出较高要求

在乡村经济现代化进程中，农民所受的教育水平是乡村经济增长缓慢的核心因素。国外的学者对农民的受教育水平和农业生产率之间的关系进行了研究，发现当今发达国家在乡村经济转变或乡村经济结构调整的过程中，极为重视对农民的教育，投入对农民文化科学知识和先进的乡村经济技术的教育，是加快现代乡村经济结构调整的重要因素，因为农民站在乡村经济生产的第一线，他们的思想意识和技术能力直接影响着农业生产率，他们也是进行乡村经济结构调整的主体，提高农民的文化知识和技术水平，特别是提高中高级专门人才的数量和比例，将会有利于农业生产效率的提高，有利于推进乡村现代化进程。

3. 乡村经济结构调整需要专门人才

在乡村经济结构调整的过程中，科技要素起到了举足轻重的作用。其实农业生产发展到一定程度，比拼的就是科技能力，或者说在乡村经济结构的转型期，也是对高度专业化的技术提出要求的关键时期。这就要求农民工不仅要具备基本的文化知识，还要对自己的生产有较高的研究，掌握高水平的技术技能。比如，近邻日本，他们的可耕作土地面积非常小，但是由于日本注重技术的研发和投入，并且重视向农民传授知识和培训，因此日本农民使用新知识和新技术的能力非常强，很多农民本身就是专家，其农业生产率自然得到了提高。

4. 乡村经济结构调整需要综合人才

在乡村经济发展中，人是关键因素，农民的技能和知识水平决定了乡村经济的发展程度。在乡村经济结构调整的需求下，除了需要高新技术人才之外，还需要具有一定市场思维能力、掌握先进的农业知识、具有一定的创新意识和科学工作方法的农业企业家。他们是一群既有技术背景又懂得经验管理的综合人才。乡村经济结构的调整需要大量的农民都达到中等知识水平，同时更需要一群高级的专门人才、善于经营管理的农业经营人才。因为乡村经济结构的很多调整都涉及决策能力，如能够预判种植、养殖的品种、数量、规模，以及何时引进新作物、新品种、引进哪些品种、放弃哪些品种等都需要综合的知识和判断能力。他们要懂得经营管理，掌握市场经济知识和经营管理知识。

（二）现代农业的产业化经营方向

现代农业进行产业化经营已经成为趋势，这对提高农民生产效率有直接的帮助。因为一些有市场竞争力的公司把分散的小农户与现代的大市场连接起来，让农户有了进入市场的流通渠道，这样农民只需专心做好自己擅长的事情，如种植、农产品初加工等等，而市场、物流、渠道、营销等对于大多数农民来讲比较陌生的部分交给专业的公司来运营，这样大家各司其职、互相合作，从而形成产业化经营模式，提高了农业的综合效益和农民的收入。在推进农业产业化的过程中，需要扶持和发展龙头企业，以新型合作经济模式为依托，带动农民从事专业化生产，并逐步养成农民的合作意识，摆脱自给自足的封闭观念，并通过利益共享、风险共担的利益共同体形式实现增产增收。并且，在进行农业产业化经营的同时，对乡村经济结构调整也有一定的促进作用，使千家万户的个体小农户不断融入市场的运营体系，并跟随市场的节拍和需求调整生产活动，使原本松散的、弱势的个体农户生产活动逐渐纳入整个产业结构的供需逻辑中，从而实现提高生产率、增加收入的目的。在这个过程中也会不断提高农民的组织化程度，不断推进现代农业产业化发展。

（三）现代生态农业的初步发展

生态农业是从保护生态系统的高度，要求现代农业在发展过程中要因循生态规律进行农事活动，在追求增产的同时不能过度开发利用资源，更不能破坏资源，实现生态系统的良性循环是现代农业发展的一个主要议题。生态农业的重点内容之一是积极推进科学技术，引进适当的科技手段使农业实现现代化生产和生态化生产。发展生态农业需要农业资金的大笔投入，建设生态农业基础设施和生产设施等硬件设施，但重中之重是培养掌握生态科技的高级人才，生态农业的核心是科学技术，应以科技创新、技术进步为着力点，坚持发展高科技，加大科技创新力度，大力发展规模化、集约化、设施化的高科技农业，以及产加销一体化的市场农业和高度开放的外向型生态农业。因此，必须培养高级的专门人才，在乡村教育的战略部署中，要把发展生态科学和农业工程科学重视起来。

二、乡村经济对乡村教育的需求

（一）乡村经济结构调整对乡村教育的需求

乡村经济结构的调整是一项庞大的系统工程，它对乡村居民提出了很多具体的要求。需要我国农民从自然耕种逐渐发展成为掌握科学知识和技术、营销知识、管理知识和创新意识的现代农民。而这一切是建立在乡村教育的基础之上实现的。乡村教育在这个过程中肩负着重要的使命，它不仅要针对当前社会的发展趋势对农民进行全面的综合素质教育，同时还要切合实际需求完成具体明确的能力培养和训练，从乡村经济结构调整的角度看，具体包括以下几个方面。

首先，要培养农民掌握先进的农业生产技能，了解新品种的特性，对新的生产方法和新的农用技术要保持开放的态度和敏感的意识。可以定期举行相关的职业技能培训，邀请专家和研究人员普及最新的农业相关的生产技术，帮助农民解决在生产中遇到的实际问题，提高农民的生产效率。

其次，在乡村经济结构调整的大背景下，还要求农民自身具有捕捉生产信息和市场机会的眼光，要有辨别时机并适时增产或减产的决断能力，这实质上是一种农业企业家的能力，是一种较强的综合能力的体现。因此，乡村教育中要加大培养市场型人才和营销型人才的比重。

最后，要培养具有农业经营管理能力的人才，要有能够启动资金并进行有效配置的实业家，他们具有了解市场"游戏规则"和对环境准确判断的能力。因此，乡村经济结构调整不仅需要科技人才，还非常需要具有营销能力和市场开拓能力的高级人才。

（二）农业产业化经营对乡村教育的需求

农业产业化经营过程中的企业生产，需要较高的科学技术含量，需要经营者能及时有效地引进先进技术。这就需要经营者具备一定的技术，能够以市场为导向开拓产品市场。作为农业产业化经营者需要对国内外的经济市场保持敏感，能够准确地判断市场风向，并及时进行布局和调整。这对我们的乡村教育提出了非常高的要求，要努力培养一批既懂科技又会经营的高层次、高素质人才，只有这样才能肩负起农业产业化经营的重任，才能充分利用资源和投入，进行有效的经营。

要实现农业产业化经营做强做大，还需要培养一批具有国内甚至国际农产品市场营销能力的人才，这首先要求他们要有开阔的国际视野，要善于借助国际营销网络，积极开拓海外市场，让我国优秀的农产品走向世界。

（三）现代生态农业对乡村教育的需求

首先，生态农业的实现，需要培养掌握生态科技的人才，更需要培养绝大多数农民都具有生态意识和环保观念。在我国大多数乡村地区，伴随着经济和人均收入增长的，还有日益严重的环境问题，乱砍滥伐、过度耕种、滥用农药等都和人们缺乏生态意识和环保观念有关。因此，我们的乡村教育首先要做的就是对所有参与农业生产活动的人进行生态环保的知识普及，从生态发展的角度增强农民整体的素质和意识。

其次，在有了环保意识之后，还要掌握具体的生态基础知识。农业生态是一个需要长期维护和努力的事业，它需要培养生产者理解这些知识背后的原理和逻辑，真正认识到生态是关系到每个人以及我们的后代的生存条件的大事。这需要我们的乡村教育要涉及非常具体的农事生产环节。

最后，生态农业也需要高层次的专业管理人才。一些发达国家的生态农业起步较早，其主要原因就是注重人力资源的储备与培养，注重对农民的教育培训，注重培养农业高级人才。从生态农业发展的角度看，应积极发展科学技术教育事业，提高农民的科技知识的比例，同时，择优培养一批高层次的管理人才，使他们成为生态农业发展的带头人。通过乡村教育不断挖掘和培养具有影响力和感染力的管理型人才，能够带动农民逐步自觉地发展生态农业生产，提高他们对生态农业的接受性，改变落后的价值观和狭隘视角，将生态农业的意识和技术不断深化到每个农户的思想观念之中。

总之，乡村教育需要适应现代生态农业的发展需要，从思想观念到科学知识，从对所有人的全面普及教育，到对高级管理人才的选拔和培养，这些都是现代农业发展对乡村教育提出的新的需求。

第四节 乡村教育振兴与乡村文化

一、乡村文化建设的现状

乡村文化是实现乡村整体发展的必由之路，乡村文化的构建是一个不断变化的过程。今后一段时期，在推进乡村社区文化的发展过程中，必须面对新的难题和新的问题。持续扩大的城镇化导致乡村文化的低落，受到发展观念的制约，重视经济发展，忽视文化的发展，文化建设的人才短缺，这些都阻碍了乡村文化的发展。

（一）注重经济发展，忽视文化发展

对事情有一个准确的认识，既是做好工作的先决条件，又是打破传统思维的桎梏，创造新的工作环境。没有充分地意识到强化乡村文化的作用，就无法成功地塑造出一个好的乡村文明。

首先，乡村基层组织缺乏对"五位一体"发展思想的理解。乡村基层党组织历来重视发展，将发展的速度当作工作评价的一项主要内容，对房地产和招商引资等具有显著效果的项目给予了高度重视。尽管这样做对乡村的建设和乡村的生产和居住问题都是有益的，然而在这一进程中，乡村的文化建构往往向乡村的发展退却，而作为乡村文化载体的地方资源则很可能遭到毁坏。

其次，乡村群众的总体道德素质和文化教育水平还需要进一步提升，而集体意识比较滞后。

（二）乡村文化教育的发展相对落后

首先，由于对乡村文化建构的主体认知上的偏差，造成了乡村居民的主体性的丧失。乡村是一种特殊的社会现象，它不仅是一种享受，更是一种传承与革新，对乡村居民进行文化建构的主体性觉醒具有十分重大的意义。但由于种种原因，许多乡村居民并没有把自己视为文化建设的主体，没有意识到乡村文化和他们自身生活的联系，以及乡村文明建设对于他们自身行为有多么重大的影响。

其次，乡村文化的人才没有得到充分利用。乡村文化的乡村文化人才对乡村文化、乡土环境有着清楚的认识，与乡土有着天生的亲近之情，对乡村文化有着浓厚的归属感，是乡村文化的得天独厚的条件。但是，乡村文化教育在选拔乡村文化建设方面，却常常偏重于职业、教育等方面的问题，使得当地的文化教育资源无法充分利用。

最后，乡村文化人才的引入与激发还不健全。乡村的文明建设离不开专门的人才。而在贫困、欠发达的中西部，尤其缺乏足够的资金投入、乡村的相应的文化服务设施，以及专业的人才。

二、传统文化对乡村教育的滋养

中国历史悠久，幅员辽阔，是一个由多民族组成的文明大国。多元文化的共存造就了中华文化的丰富性和多样性，各个民族、各个地域都有其独具特色的文化传统，在历史的演变过程中，不同文化之间又发生着互动和彼此影响，产生了极其丰富、博大的文化生态。尤其是我国广大的乡村地区，它们既是文明的发源地，也是至今仍保存着大量文化传统和文明生态的土壤。在乡村教育振兴的研究中，传统文化是一个无论如何也不可能绕开的重要因素。中华文化对乡村教育具有双重影响，几千年孕育的乡土文化凝聚着优秀的文化传统和民族精神。和城市相比，乡村社会更为封闭和自成体系，因此受到传统文化的影响也更为深远，然而这种影响是一把双刃剑，既有文化精髓，也有文化糟粕，既对乡村教育给予了深厚的传统文化的加持，同时也在乡村教育的现代化改革中存在着一定的制约作用。

（一）传统文化提供丰厚的文化滋养

中华文明源远流长，我国的传统文化如儒家、道家、法家等对我国具有直接而深远的影响。以起源于山东地区的齐鲁文化为例，是中国传统文化的重要组成部分。以儒家学说为代表的齐鲁文化，在齐鲁大地上迅速繁衍、广泛传播，并逐步跃迁为中国传统社会学术文化的核心地位。

1.中央官学系统

中国古代的教育主要表现为以朝廷为中心、在各地兴办的官学系统为主。地方官学始于汉代，后经唐宋元明清的逐步发展完善，我国古代的官学系统已经形成非常成熟的机制和规模。从皇权中央所在地到各府、州、县、乡村都有其机构的设立。官学在古代对我国的文化传承以及为朝廷培养官吏人才发挥着至关重要的作用。

2.民间私学系统

与官学并行的是分布于民间的各种类型、不同教学程度的私学。私学主要由著名的学者开办。教学内容可分为两大类：一类属于启蒙教育，包括私塾、义学、冬学、社学等学校形式；另一类属于经典的深度讲学，类似于今天的大学，如一些经馆、书院。以书院为例，它一方面继承了古代的私学传统，同时借鉴了官学的教育经验，形成了一种与官学并行发展且具有相当的独立性的一种教育制度。中国古代著名的书院有应天府书院、岳麓书院、白鹿洞书院等，它们是中国传统文化的精华所在。而遍布于广大的乡村社里的塾学机构，则发挥着重要的启蒙教育功能。在塾学读书的学生，年幼者四五岁，年长的有十几岁，但无论塾学的规模大小，学生程度如何，基本上采取由易到难、循序渐进的授课方式。比如，乡村中最为常见的是村塾，一般是由几户人家集资聘请一位私塾先生，对村里的孩子进行最基本的启蒙教育。

（二）传统文化对伦理道德的规范

中国的传统文化蕴含着丰富、质朴却放之四海而皆准的道德观念。比如，《大学·礼记》中的"修身齐家治国平天下""格物致知"，《论语》提出的"己欲立而立人，己欲达而达人""己所不欲，勿施于人"等思想观念，都是中华文明的伦理道德的核心思想。

传统文化中的社会道德伦理，包括安邦定国、诚实守信、兄弟义气、礼貌待人、尊老敬贤、慈悲博爱和容仪有整等等，都是要求个人在社会生活中要遵循的道德品质，它也是我国几千年文明实践的道德精华总结，至今仍然是国人社会生活中自觉遵守的最核心的道德修养行为规范。同时，中国传统文化中对道德规范采取一种宽容和发展的先进思想，它并非清规戒律般要求人们只能服从不容有任何过失，而是尊重人的思想认识的发展规律，给人以很大的成长空间，因此它还强调知耻而后勇，给人以改过自新的自我道德拯救，它倡导人会"自知屈辱，继而发奋图强"。总之，中国传统文化提供的社会道德伦理是一套完整的指导个体在社会生活中的道德约束体系，同时也体现着中庸、包容的中华文化的特色。今天，在我国乡村地区的社会生活中还能看到非常明显的这样的社会道德约束的例子，如乡村生活中有更为浓厚的睦邻友好、生产互助、隆礼重德的传统。乡村的人情味更浓，农闲时亲戚邻里之间相互串门、走动、拉家常以增强感情；而在农忙时，大家齐心协力互助生产，不计报酬地抢种抢收，以争取时间和提高效率，努力获得最佳的农耕效益。有些特别贫困地区，一家的孩子考上大学，全村集资凑学费等现象屡见不鲜，这些都是优秀的传统文化对道德规范的体现。

（三）传统文化倡导和谐自然的发展观

在两千多年前，中国古代的思想家、哲学家庄子，就提出天人合一的哲学思想观。尊重自然客观规律、不违农时地进行农业生产是我国传统乡村文化的重要内容。主张人们的生活生产要顺应天道天则，所谓的天道就是自然规律，这体现了我国古代朴素的唯物主义思想，在民间自古有"百亩之田，勿夺其时""不违农时，谷不可胜食也"的思想和观念。人们遵循自然规律安排农事活动，以自然节气的规律指导着种植业、畜牧业等的发展。顺应天时、和谐自然的生活与生产是民间最朴素的文化价值观。比如，清明前后点瓜种豆；春分时节，早稻先后浸种、催芽、覆膜育秧、晴天播种；端午节前后，收割小麦，储水准备插秧。民间还有春季不打鱼狩猎的约定俗成，就是要因循动物繁衍的自然规律，无论耕种打猎都讲求时节，才能延续衣食有余，让子孙后代都能享有大自然的恩惠。

第五节　乡村教育振兴与乡村生态

一、乡村生态文明建设的意义与现状

（一）乡村生态文明建设的意义

乡村要想振兴，首先就要促进乡村经济的发展，只有经济发展起来了，才能有效实现乡村振兴，而要做到绿色的可持续发展就必须注重乡村生态文明建设，在保护生态环境的前提下去进行生活和生产。因此，生态文明建设是乡村振兴战略中的重要环节，也是其追求的重要目标。

1.生态文明建设是乡村振兴的驱动器

所谓的"绿水青山就是金山银山"，要想发展乡村经济就要学会把生态优势转化为发展优势，相反以破坏生态环境为代价的生产和发展是不长久的。只有乡村的生态环境越来越好，乡村的经济发展才会越来越好。所以，

第三章　乡村教育与乡村各要素的逻辑关系

只有生态文明建设得以有效推进,才能推动乡村振兴的进一步实现。

2.乡村生态文明建设推动乡村振兴战略的发展

"三农"问题是关系到乡村振兴的根本性问题。乡村振兴,人才是最关键的。所以,乡村要实现生态文明建设,就要坚持以人为本,坚持人与自然和谐发展。其中农民不仅是乡村振兴的关键,更是乡村生态文明建设的参与者。只有正确处理好"三农"问题,促进其和谐发展,才能更好地推进乡村生态文明建设,从而推动乡村振兴战略的发展。

3.乡村生态文明建设是满足人民对美好生活需要的重要举措

随着社会的进步和科技的发展,人民的生活水平也得到了很大的提高,丰富多样的生活用品以及现代化的物品也逐渐进入到乡村以及人民的生活中。这些物品的出现在给人们带来便利的同时也给乡村环境带来了一定的污染。随着人民生活水平的提高人民的环境保护意识也日渐提高,对生活质量以及生活环境的要求也随之提高,不仅仅满足于以前的吃饱穿暖,大部分人开始追求更高的生活质量,希望自己生活的环境是一个绿色、舒适、宜居的生活环境。乡村生态文明建设是满足人民对美好生活需要的重要举措。提高居民的整体素质和环境保护意识,是乡村生态文明的前提和重要途径。只有居民的环保意识提高了才能更好地保护我们居住的环境,加快乡村生态文明建设,从而满足人民对美好生活的需要和向往。

（二）乡村生态文明建设现状

1.农民的生态文明意识淡薄,生态文明宣传力度较弱

由于乡村地区的经济相对落后,很多农民把重心放在经济的发展和致富上,从而忽略了对环境的保护和生态文明的建设。例如,很多农民缺乏种植经验,为了提高农作物的产量就一味地施肥和喷洒农药,从而导致土地资源和水资源遭到破坏。长期不适宜的耕种方式会造成土壤坏死,这些都是农民缺乏文化和生态保护意识造成的。再如,日常生活中,农民长期以来形成的随处乱扔垃圾和随地吐痰不良习惯;平时的生活垃圾不仅没有分类,而且随

处乱扔或者露天焚烧垃圾；农户自建猪舍、鸡舍，随意排放其粪便以及污水等等。这些都是由于农民缺乏生态文明保护意识，从而导致对环境的破坏。乡村由于教育条件和资源有限，所以农民文化水平普遍较低，再加上一直以来受封建思想以及祖辈不环保做法的影响，很多农民觉得祖祖辈辈都是这样过来的，并没有觉得有什么不对和不好的地方。长期以来养成的习惯很难短时间内去改变，而且他们也意识不到环境恶化所带来的各种问题。由于乡村远离城市，地理位置僻远，导致生态文明宣传不及时，且形式单一，内容简单，从而导致宣传效果不理想。宣传标语悬挂得很少，且长时间没有人及时更换和更新，农民也很少有人去看更别说去实施了。在悬挂标语和更新标语的同时应组织村民进行集中的学习，带领村民一起参与到生态文明建设的实践中。把理论和实践相结合，从真正意义上做到让习近平生态文明思想深入人心，从而推动生态文明建设的进一步发展，实现乡村振兴。

2.乡村生态文明建设的资金短缺

乡村经济发展相比城市落后很多，农民的收入主要依靠养殖和种植，养殖和种植的周期长而且前期需要资金的投入，产量和收益又不太稳定，受天气、价格等各种因素的影响较大。农民的收入只能保障自己的日常生活开支，没有多余的资金可以用来进行生态文明建设，无法购买用于生态文明建设的基础设备，如垃圾桶、喷灌和滴灌设备等；先进技术和优秀人才的引进也因为资金短缺的原因无法引进。这些都直接影响乡村生态文明建设的实施和推进。乡村生态文明建设的资金无法从乡村的经济发展中获得，只能争取外界的支持和帮助。由于企业和乡村经济发展不起来，导致政府的资金也出现不足，所以当地政府的资金援助也是非常有限的。由于以上种种原因导致乡村生态文明建设的资金短缺，从而导致乡村生态文明建设无法有效推进。

3.乡村生态文化建设缺乏科技创新，专业人才匮乏

广大农民在种植方面主要依靠自己长期以来的经验和祖祖辈辈传下来的方法，如有虫了就喷洒农药，叶子黄了，生长缓慢了就施肥，过度施肥和喷洒农药往往没有真正地解决问题反而造成土壤被过度破坏。要想直接有效地解决种植过程中遇到的问题，提高产量，就要引进种植方面的先进科技和专业化人才。通过专业人才的指导和先进科技、设备的帮助，从根本上解决种

植方面的各种问题，提高产量，促进经济的可持续发展和生态文明建设。

但是由于现在的年轻人普遍怕苦怕累，不想深入乡村开展工作，所以学习相关知识的人员较少。而科技的创新和设备的引进需要大量的资金，部分农民不愿意花钱引进用于种植的喷灌、滴灌等先进科技设备。由于技术无法大规模地推广、引进和使用，导致大部分乡村地区仍然在使用传统且效率低下的生产方式。

4.乡村生态文明建设基础服务设施不足

由于乡村基础服务设施不足导致生态文明建设无法有效推进。例如，由于没有投放相应数量的垃圾桶，导致广大居民随意乱扔垃圾，更别说垃圾分类了。一走进乡村，随处可见生活垃圾，那些无法降解的垃圾由于无人清理，长期以来堆积在河道旁、田埂上，不仅影响环境的美观，而且对生态环境的破坏也是十分严重的。如果能加大投入基础服务设施，就能在很大程度上有效促进乡村生态文明建设。比如，在村头、村尾或者其他地方定点投放垃圾桶，集中收集和处理广大居民产生的生活、生产垃圾，将会大大减少各种垃圾对生态环境的破坏。只有基础服务设施的投入和完善才能真正有效地改善居民的生活环境，进而促进乡村生态文明建设的发展。

二、乡村生态对乡村教育的需求

（一）持续培养提供专业人才

新时代乡村振兴需要立足地方实际情况，结合地方的特色自然生态资源，发展具有地方特色的新兴产业，并以此来带动地方产业的发展。而围绕着地方特色资源发展新兴产业肯定需要对现有的传统农业进行升级和优化，需要一批懂技术、善经营的复合型人才来充当主力军。随着互联网的发展和智能手机的普及，乡村电商得到了快速的发展，生态旅游等特色产业也逐渐崭露头角。基于乡村振兴的时代背景来看，在今后的乡村产业发展、乡村建设、生态环境治理、生态旅游发展等领域对专业人才的需求将会持续增加，这就需要地方高校积极培养乡村振兴人才，特别是"懂农业""会管理""爱乡村"的复合型专业人才将会成为乡村振兴的关键力量。对于地方高校来讲，涉农专业需积极与其他相关农业配合，打破专业壁垒，不断攻克专业技术瓶颈，联合培养有专业知识、有技术技能的专业人才，为乡村振兴战略的实施提供科技人才保障。

（二）开展乡镇干部生态教育，提高乡村管理站位

从我国的行政结构来看，地方乡镇干部作为我国的基层干部，他们工作在一线基层，是国家和地方政府与乡镇村民沟通的桥梁和枢纽，是国家的治国理念、方针政策和规章制度的宣传员和沟通员。那么就需要加强乡镇基层干部的生态文明教育，以"绿水青山就是金山银山"为指导，以生态文明建设为抓手，不断提高乡镇干部的生态理念和绿色发展站位，让广大乡镇干部认识到乡村生态振兴的可持续性和重要性，帮助其立足工作岗位，做好国家"两山"理念的讲解员，积极宣传国家的生态环境保护法律法规；争做乡村绿色可持续发展的践行者，努力挖掘乡村生态价值。高校可以开设乡镇干部培训班，进行生态环境保护知识讲座，解读乡村生态振兴有关文件精神，普及绿色环保的生产技术，对乡镇干部的生态环保意识加以塑造，不断提高其生态站位。此外，还需建立长效的生态文明教育机制。具体来讲，高校可以主动对接地方政府和相关部门，寻求政策和财政支持，为持续开展乡村干部生态教育培训提供机会；同时可向地方政府和有关部门积极建言献策，在各单位开展生态模范先锋带头作用，在各部门各乡镇内部进行生态模范评选，建立生态环境保护"红黑榜"制度，表扬生态先锋和标兵，对生态环境保护不到位的组织或个人给予通报，形成良好的生态保护示范作用。

（三）通过开展农民培训助力乡村产业振兴

在乡村振兴背景下，对从业者的生产理念、文化知识、技术技能等提出了更高的要求，乡村新兴产业的发展亟须培养大量新型职业农民。在服务地

方经济发展的过程中，地方高校拥有专业化的专家团队、技术设备等资源条件，对新时代背景下的职业农民发展素质研究更为充分，对于新型职业农民的培训，高校具有专业人才优势，也有丰富的培训方法和经验，也能更符合农业发展实际。在对农民开展培训时，地方高校要基于自身相对传统本科大学在场地设备、职业技术技能培养方面的优势，结合地方政府发展规划，基于地方产业发展特色，根据当前批次农民职业培训的具体需求来组建师资培训团队，以地方特色产业发展为目标来制定培训计划，根据农民的学习特点创新培训方式和构建培训体系。一是建设乡村振兴培育基地。高校可联合具有一定发展基础的乡村，依托高校和对口科研院所建设乡村振兴培育实验基地。二是组建培训队伍。地方高校可联合省市农业乡村及各行业建设专家，根据各自理论或实践等优势，组建理论指导和实践操作相结合的专家梯队。三是要创新培训方法与体系。培训教师要根据当地生态资源实际情况，结合当地产业发展需求，充分考虑参与培训人员所处的行业领域、文化层次和接受能力，进行差异化分层分类培训。

（四）联合培养多领域复合型优质人才

随着乡村振兴步伐的推进，我国的农业和乡村的现代化进程也在不断加快，对乡村人力资本的要求也提出了更高的要求，因此急需一批接受具有较高文化水平和专业技术技能的建设者。然而，目前乡村的大部分从业人员的整体素质还有待提高，亟须对其进行专业技能训练培训和工作能力提升，才能满足乡村振兴的人力资本需要。从乡村振兴当前实际人才需求来看，可以分为当前阶段急需的带领农民干的、帮助农民干的和自己独立干的三类农业人才。一是农民带头人，主要是指一些跟农业相关的企业家，他们在未来的一段时间内都能依靠自身的资源带动身边的农民朋友发展和建设家乡的创新创业人才。二是科技服务工作者。这部分人主要是拥有先进的科学、技术、生产设备等，能够在一定程度上帮助乡村企业进行生产、销售，如提供选种、育种、生产经营等环节的技术技能人才。三是乡村电商人才。受互联网购物的影响，乡村旅游、农副产品的销售也发生了重要变化，在农业产业的文化品牌推广及乡村电子商务等方面急需创新创业类人才。当前乡村在这三类主要人才整体素质有待进一步提高，人才缺口依然很大，这就需要地方高校，特别是涉农农业要发挥自身专业优势，利用其师资力量为乡村这三类人才开展培训工作，在乡村的生态环境改善和产业上助力乡村人才素质和能力提升。

（五）科技助力乡村环境改善和产业发展

地方高校应基于专门人才培养职能的基础之上，充分发挥高校发展科学和为社会服务的职能，积极调动全校师生的力量提供农业科技服务。一是学校应鼓励各学院的师生，结合自身专业设置组建乡村振兴系列研究团队。围绕着具体乡村振兴战略规划、生态建设和产业布局等方面开展专项研究；鼓励各专业围绕乡村振兴举办创新创业大赛，通过各项社会实践活动来培养学生的社会实践能力，提高教师的理论知识和专业技术水平，为乡村振兴提供理论支撑。二是推进乡村振兴实验基地建设。以设立的乡村振兴试验基地为基础，组织师生深入乡村开展实地调研，通过深入乡村，接近农民，感受自然，进一步拓宽师生的乡村农业发展视野，积极开展乡村生态示范建设规划，为当地的乡村振兴建言献策。三是开展生态科普和农技培训。地方高校应基于生态保护和产业发展，主动承担乡村生态振兴的人才培训工作，以乡镇干部和农民为主要培训对象，通过社会服务等手段，加强生态环保意识的树立，以绿色环保、可持续发展的理念来发展乡村产业；以先进的农业生产技术，助力乡村产业效率提升。

乡村生态振兴强调了环境整治、绿色发展的重要地位，要充分发挥乡村生态资源的价值，发展好乡村生态产业。地方高校在专业学科、人才培养等方面具有明显优势，应充分发挥好人才培养职能，主动对接国家重大战略和区域经济发展需要，以乡村生态环境保护为前提，以绿色可持续发展的理念助力乡村产业发展，打造更好的乡村生态环境，大力发展生态产业，实现人与自然的和谐发展。

第四章 乡村教育与学校教育治理

　　随着政府与社会对乡村教育关注度与重视度的提升,有关乡村教育改革的工作正如火如荼地进行着,但乡村教育改革的计划与设想要有课程资源的支持才能变成现实。因此,在乡村学校教育课程改革中,积极有效地开发课程资源已成为一个焦点。本章着重对乡村教育与学校教育治理展开研究,主要内容包括乡村教育的内容与教学改革、乡村学校教育课程资源的开发与建设、乡村学校师生关系的改善与学生发展、乡村教师专业发展与乡村教育重塑。

第一节　乡村学校教育的内容与教学改革

一、乡村学校教育的内容

在乡村教育系统中，乡村教育内容是不可或缺的重要组成因素，是居于核心地位的要素，其对乡村教育目标的实现乃至乡村建设质量都有重要影响。根植于乡村地区的乡村教育主要面向的对象是乡民及其子女，其内容主要包括乡村基础教育内容与乡村职业教育内容。

（一）乡村基础教育内容

1.乡村基础教育的概念

乡村基础教育是师生在乡村从事的基础教育事业，其指向范围界定为户籍属于县城以下的乡村，是留守乡村从事农业或以农业为主、牧业为辅或外出打工人员的子女在乡及村级的教育机构接受的基础教育。[1]在乡村教育系统中，乡村基础教育发挥着重要的奠基性功能，从根本上保证了乡村适龄儿童享受义务教育权利，促进了乡村青少年儿童的发展，并推动了乡村社会建设与乡村人口素质水平的提高。

2.乡村基础教育内容的类型

按照不同的分类方式，可以将乡村基础教育内容划分为不同的类型，下面主要从形态、功能和谱系三个维度进行分类。

（1）按形态进行分类

以乡村基础教育内容的呈现形态为依据，可以将其划分为两种类型。

---

[1] 李森，崔友兴.社会变迁中的乡村教育[M].福州：福建教育出版社，2017.

第四章　乡村教育与学校教育治理

①教科书形态内容

教科书形态内容既有优点，也有缺陷，见表4-1。

表4-1　教科书形态内容的优缺点

	教科书形态内容
优点	（1）准确的教育目标定位 （2）结构编排有较强的逻辑性 （3）内容科学 （4）为学生学习提供便利 （5）可明确评价教学效果等
缺点	真实的乡村生活情境过于抽象和书面化，缺乏多样性，而且生动性和鲜活性也不足，使学生在学习这部分教育内容时无法产生深刻的情感体验

②活动设计形态内容

学生应该形成什么样的思维方式，养成什么样的行事习惯，这在国家课程标准中有明确的要求，教师依据这些要求设计的那些能够使学生以体验的方式所掌握的内容就是活动设计形态内容。这种内容形式在三级课程（国家、地方和学校）中都占有一定的比例，是基础教育课程改革中重点强调的一类基础教育内容。乡村基础教育也以此为突破口将自身的教育内容资源优势展现出来。

在活动设计形态内容的教育中，对教科书的依赖性并不强，而强调教师要从乡村实际出发设计与策划基础教育活动，使学生通过亲身参与、深入体验而获得感悟。

（2）按功能进行分类

为乡村青少年儿童健康成长、全面发展奠定坚实基础，为乡村社会发展打好基础，这是乡村基础教育多元功能中的一个核心功能。要发挥乡村教育的功能，就要将乡村基础教育内容作为重要载体。从乡村基础教育的功能出发，可将基础教育内容划分为两种类型，见表4-2。

表4-2　乡村基础教育内容按功能分类[①]

按功能分类	次生类别	
社会发展促进类内容	新型文化引领类	基于国家课程标准，根据城乡社会发展的实际情况，开发符合时代要求的基础教育内容，如将社会主义核心价值观或"互联网+"等新文化融入乡村学校教育内容和社会发展实践活动中
	乡土文化传承与保护类	乡土传统节日、传统习俗等
	新型生产理念、方式与技术传播类	乡土传统手工艺等相关内容
学生成长促进类内容	文明习惯与学习、生活方式养成类	立足国家课程标准，通过国家课程的乡土化来达成相应教育目的
	学习方式与思维发展类	设置与乡土自然情况相关的研究性课程

（3）按谱系进行分类

以乡村基础教育内容的不同谱系为依据，可将其划分为下列两种类型。

①学科类内容。对乡村教育资源进行挖掘、开发及利用，在学科基础知识的基础上将所开发的资源充实到学科内容中，在学科教学中融入乡村生产生活的元素。然而，因为受学科结构内容局限的影响，学科类乡村基础教育内容的范畴不够广阔，只有较少的专门性乡村教育资源才能被整合运用到学科教学中。

②跨学科类、综合类内容。这类乡村基础教育内容具有鲜明的跨学科性，这主要表现在教育内容中的一些重要概念、重要观点以及表现形态等方面。这类基础教育内容中有些部分具有地方特色和校本色彩，这些特色化内容资源涉及某一或某几个知识点，将它们穿插在教育内容结构中，可以最大化地利用本土教育资源，这也能够拓展乡村基础教育内容的范畴，不管是国家课程标准所涉及的内容，还是乡村教育资源，都包含其中。

---

① 李森，崔友兴.社会变迁中的乡村教育[M].福州：福建教育出版社，2017：162.

（二）乡村职业教育内容

1. 乡村职业教育的概念

乡村职业教育，是以乡村知识和技能为基础，结合现代化农业和相关产业的知识与技能为主要授课内容，旨在为乡村经济发展培养实践人才（主要是第一产业技能突出的人才）和提供后备人才，为提高乡村生产力发挥自身优势的教育形式。[①]

我国是世界闻名的农业大国，乡村职业教育在我国职业教育体系中占据重要地位。我国大力发展乡村职业教育，旨在使"三农"问题从根本上得到解决，推动乡村经济发展，为实现乡村振兴的战略目标和加快新型城镇化建设提供重要的智力支持，而要实现这些目标，就要不断丰富与完善乡村职业教育内容。

在乡村振兴和新型城镇化建设的大环境下，基于对城乡二元结构这一社会现状的考虑，可将乡村职业教育的重点确定为促进乡民生产技能的提升和促进农业技术的推广和运用。乡村职业教育内容广泛，只要对促进乡村社会经济发展、提高乡民文化素质及收入水平有积极作用的职业教育内容都可纳入乡村职业教育内容范畴中。例如，对转移乡村剩余劳动力有利的培训内容可纳入乡村职业教育内容体系中，这部分内容有助于提高乡村人力资源的利用率，促进乡村就业和乡村经济发展。

2. 乡村职业教育供给与需求

从目的上分析，乡村职业教育的有序开展有助于开发乡村人力以及提升乡村人口素质水平。在新的时代发展背景下，职业教育是培育新型农民的重要途径。针对乡村职业教育过程中存在的供给与需求难题，相关工作人员必须要正确分析供给需求主体，认清供需矛盾，积极探究职业教育发展路径，正确处理好职业教育在实际供给与需求方面存在的问题，为乡村经济发展奠定坚实基础。

[①] 李森，张鸿翼.当代中国乡村教育研究[M].广州：广东教育出版社，2018.

（1）乡村职业教育供给与需求的主体

①乡村职业教育的供给主体。目前，我国的乡村职业教育已经形成了初具规模的供给体系，且供给渠道与途径也具有多元化的特点。就供给主体而言，主要分为三种类型，分别是学校行为、民间行为以及政府行为。具体来说，学校行为供给一般是指学校在校教育或者是面向农民开展的相关科技推广活动或者是职业培训活动。对于政府行为供给来说，往往是指各级政府组织开展的，目的在于传授或者是提高乡村专业技术知识的相关培训手段，包括政府部门合作举办的科普专家讲座、技术推广活动或者是科技下乡活动等。就民间行为供给而言，通常是指村民自发地借助自身条件广泛吸纳知识技能，从而大力提升自身知识技能的方式，属于自主行为供给之一。民间行为供给的常见形式有自主学习以及师徒传授等。基于上述论述可知，乡村职业教育会因供给主体不同，存在供给方式差异。从特征上分析，学校供给是相对正式的教学活动，一般需要根据市场需要进行相关专业的合理安排与设置，非常重视科技成果转化与人才优势发掘；相对而言，政府供给强制性更强，供给内容往往是以农业技术为主的，而且还具有力度大以及普及范围广的特点；在民间供给内容设置方面，要求相关工作人员及时分析市场需求规律，认识到民间供给实用性强的特点，充分发挥民间供给优势。

②乡村职业教育的需求主体。根据需求主体的不同，能够将教育需求划分为两种，一种是个人需求；另一种是社会需求。具体来说，个人需求主要是指因个人收益预期而出现的支付能力需求；与此同时，教育效用具有多层次的特点，不仅包括教育个人需求，而且还包括教育社会需求，该需求形式是政府从经济社会发展实际出发，认真分析劳动力要求之后提出来的。从某种程度上讲，不管是个人需求还是社会需求，本质上都是对教育机会或者是教育产品的实际需求，只是一个属于对起点的需求，而另一种是对终点的需求。

实际上，教育个体需求与社会需求两者是息息相关的，不仅存在必然联系，而且还存在特定冲突矛盾。我们可以将个体需求及社会需求作为有机体，正确看待两者相辅相成以及相互影响的关系。具体来说，二者联系一般体现在以下两个方面：首先，个体需求属于社会需求的重要衍生，是个体化的社会需求，同时也是社会需求的关键组成部分之一；其次，个体需求能够

第四章 乡村教育与学校教育治理

借助一定的教育途径进行转化,相应地转化成经济驱动力以及社会生产力两种,同时也是社会需求的潜在发展形势。但是,个体以及社会在教育需求方面的受制因素却是存在较大差异的,二者有的时候也会出现利益冲突。此外,二者的出发点以及目标存在差异,从而使其需求数量或者是质量也存在诸多不同之处。我们将其具体到乡村范围的职业教育中来可知,国家需求是从社会整体发展入手的,在综合考虑根本目标的前提下形成的期望,而个体需求必须要着眼于个体性目标诉求,其中包含一定的局部性。基于此,二者发展存在不协调以及不对等的问题是必然的。

(2)乡村职业教育供给与需求存在的问题

①供需错位明显。从某种程度上讲,乡村职业教育以及乡村两者的关系,实质上就是供应主体与需求主体两者的关系。现阶段,尽管我国是非常注重乡村职业教育健康发展的,然而从长远看,乡村职业教育在供需关系方面的重视度是远远不够的,容易出现供需错位问题。第一,政府供给以及个人需求的错位。乡村很多劳动力缺乏生产技术支持,且职业素质也有待提高。实际上,农民是非常渴望进行职业学习的,希望学习到更多的生产技能,不断提升自身文化水平。但是,乡村短期职业技能培训在供给方面存在短缺的问题,且培训内容也比较落后,甚至出现教学方法与实际相脱离的问题。此外,政府针对上述问题不能够及时干预,难以提供符合要求的职业教育;第二,学校供给以及社会需求存在错位问题。目前,一些职业学校过度追求高就业率,大力开设就业面广以及"短平快"的相关专业,减少了涉农专业的实际招生数量。但是乡村是需要大批专业人才的,这样就会导致职业学校不能够提供足量的乡村所需人才,在人才质量以及数量方面都不能够满足乡村发展的实际需求;第三,家庭供给以及学校需求出现错位问题。乡村职业教育在经费支付主体方面,往往以政府、个人为主,尽管政府设立了相关资金支持职业教育发展,然而却不能够满足职业院校涉农专业实际办学需求,此外,学生上学费用是农民家庭的不小开支。如果家庭难以支付,就会要求学生提前就业,这样就会造成乡村职业教育存在生源供应不足的现象,阻碍乡村长远发展。

②供给结构失调。从供给结构失调上进行分析,主要包括三个方面的问题。第一,全日制教育与职业培训发展存在不平衡的问题。就完整职业教育

来看,不仅要包含中等职业教育,而且还应该包含短期职业培训教育。目前,中等职业学校是乡村职业教育的关键组成部分之一,发挥着主要作用,相对而言,职业培训机构产生的积极影响就比较小了。第二,专业设置失调。在乡村职业教育中面向传统林业以及渔业等专业相对较多,而新产业专业相对偏少。也就是说,乡村职业教育在专业设置上存在缺乏创新性的问题,从而很难培养出适合乡村经济快速发展的应用型人才。第三,乡村职业教育在理论教学以及实践教学的关系处理方面存在不当之处。乡村职业教育致力于学生职业能力的培养,促使学生操作技能的提升,相对来说,忽视理论知识学习。但是,乡村职业教育若是一味注重实践教学,最终结果就是学生理论知识素养相对较低,进而影响学生职业能力的发展,最终不利于实践技能的掌握。

③供给质量不高。乡村职业教育是教育以及乡村经济发展的重要桥梁,同时也是现代化以及产业化发展的支持力量,有助于为乡村产业转型提供有力保障,从而更好地提升农民综合素养。但是,从发展现状来看,人才供给端不能够很好地适应形势需要,难以为乡村经济发展输送高素质人才。具体表现在乡村产业结构以及乡村职业教育并不具备呼应关系,人才供给质量不高,培养出来的人才不能够紧跟乡村结构转型步伐,难以很好地为新乡村建设提供优质服务。

(3)乡村职业教育供给与需求矛盾解决措施

①完善教育协同机制。第一,提高认识,促进思想观念的转变。对于地方政府或者是相关管理部门来说,必须要正确认识乡村职业教育在培养人才上的优势,从而更好地推动城镇化发展,为乡村经济发展贡献力量。与此同时,相关部门应该借助媒体以及网络等手段不断加大宣传力度,让更多的人了解乡村职业教育,并提升农民大众群体在面对职业教育时的认知水平,最大限度为其展现乡村职业教育胜利成果。特别是接受了职业教育的学生,受到国家资助,包括免学费与生活补助等,已经顺利走上社会,拥有了满意的工作岗位,收入也比较稳定,真正实现了脱贫,在一定程度上形成"羊群效应",从根本上增强农民群众对于乡村职业教育的实际认可度。

第二,强化校企合作,大力实施产教融合。相关教育部门必须要积极协调社会企业,并鼓励企业自愿对接职业教育工作。从市场发展及技术需求入

第四章 乡村教育与学校教育治理

手,成功对接乡村职业教育具体专业设置,使学生毕业之后可以到相应的企业中工作,坚持实践就业原则,可以邀请企业专家举办讲座,通过课堂授课的方式进行技能实操指导,让学生真正掌握先进技术,还可以采取"定向式培养"以及"订单式培养"等培训方式,为岗位就业提供扎实保障。

第三,重视区域内规划与合作。相关人员必须要重视"强强"结合,强化"强区域"对于"弱区域"的帮扶,在沟通交流的基础上,实现全面发展。与此同时,搭建职业院校扶贫平台是非常关键的,不断强化东部地区与中西部地区在教育技术或者是人才上的交流合作,广泛交流经验,实现共建共享教学资源。此外,要重视师资交流,扩大乡村职业教师教学队伍,促使高校教师以兼职教师身份进入到乡村职业教育队伍中,并采用支教互助方式实施对口援助,从根本上帮助乡村群众转变思想观念,学习到更多的技术技能。借助政府统筹规划以及市场总体协调,强化学校间的交流合作,在多渠道以及多维度发展模式的支持下,不断完善教育协同发展机制。

②增加经费投入。从某种程度上讲,充足经费投入有助于确保乡村职业教育工作有序开展。为了有效解决资金短缺问题,要求政府从三个方面入手,采取有效措施。第一,增加财政拨款,从而更好地帮助学校不断改善教学条件;第二,寻求多样化经费来源渠道,包括吸纳民间资本以及各类公益基金等,并鼓励社会力量有效参与到实际投资、办学以及教学等工作中;第三,重新核算教学成本,并制定出科学合理的教学收费标准,确保收费范围是农民可接受的,从根本上提升学校教育水平。

③整合教育资源。乡村职业教育必须要做好资源整合工作,协调好不同主体间利益。对于政府来说,必须要充分利用教育中心平台,发挥积极作用,围绕职教中心积极开展相关工作,最大限度提高教育资源供给率。作为乡村职业教育的相关院校,必须要重新审视办学目标,对课程设置进行优化调整,加大师资力量,不断强化学生实践能力培养。此外,民间形式支持下的乡村职业教育必须要发挥辅助作用,加强与政府或者是学校的合作,创新办学模式,大力开展"国有民办"或者是"民办公助"等职业教育。

④构建乡村职业教育信息化体系。第一,加大信息化设备设施的投入。从某种程度上讲,世界发展过程中信息已经成为最重要的财富,也就是说谁拥有了信息,则谁就拥有最为强大的力量。现阶段,当务之急在于强化乡村

职业教育信息化网络建设，在计算机硬件或者是多媒体设备等方面强化资金支持，构建跨区域以及跨城乡的资源共享化网络，促使乡村职业教育发展为"看世界"的重要信息化平台。

第二，积极开展信息化教学。借助先进的信息化以及网络化新技术，采取"线上+线下"以及"理论+实操"等新型教学模式，积极开展乡村职业教育。具体来说，线上教学可以跨越时空限制，具有培养规模大以及成本低的特点，而且见效快，比较适用于理论学习，对于线下学习来说，情境性更强，有助于师生互动交流，在实践操作学习方面可以发挥积极作用，这种混合教学模式，可以更好地实现资源共享，达到教育公平目的。与此同时，相关教育工作者可以借助大数据不断收集以及显示信息，建立专家数据库，在网络技术以及监控技术的帮助下，实现资助户以及专家的视频通话，做到实时在线以及随时帮扶。

第三，在信息技术支持下不断提高帮扶效率。从专业角度出发，职业教育不仅需要得到适当扶贫，而且还应该借助信息化手段进行精准识别以及精准对接，从而更好地进行精准培养，最终培养更多符合经济发展的高素质信息化人才。在大数据统计以及筛选的基础上，可以增强帮扶对象的精准性，而且还能够针对对象需求实施精准培训以及精准评价反馈，最终提升实施效果。此外，借助信息化体系开展职业教育，还能够培养更多技术型人才，为乡村产业结构升级奠定坚实基础。

总之，在社会经济快速发展的背景下，乡村职业教育面临新的使命与发展机遇。目前，乡村职业教育具有长期性以及艰巨性的特点。在乡村职业教育过程中，相关工作人员必须正确处理好供给以及需求两者的关系，针对供给内容不平衡以及保障体系不完善等问题，通过内外协同改革，不断提高供给能力，顺利解决人力资本储备不足问题，最终提升乡村职业教育水平，实现共同富裕目标。

3.职业教育推动乡村振兴面临的问题及策略

共同富裕的主要组成部分就是乡村振兴。自改革开放以来，国内社会经济快速发展，国民生活品质得到显著提升，城镇化建设成就非凡，乡村建设与发展也在快速跟进，但也不能否认城乡差距，需要做好研究分析

第四章 乡村教育与学校教育治理

工作。

推进乡村振兴，需要提高农民生活水平，缩小城乡差距，推动农业产业转型升级。职业教育可以培养乡村振兴所需要的人才，解决乡村地区人口就业问题，提高人口综合素质。因此，有必要做好职业教育推动乡村振兴的研究工作。

（1）职业教育推动乡村振兴的必要性

职业教育与社会经济发展存在密切联系，与乡村振兴相互耦合，是推进全面乡村振兴的主要力量。当前正处于脱贫攻坚向全面乡村振兴的关键过渡期，职业教育需要对乡村地区构建常态化帮扶机制，寻求实施常态化帮扶的有效措施，可以有效巩固脱贫攻坚成果。大量实践表明，职业教育是帮助贫苦家庭子女与贫困劳动力掌握劳动技能的重要渠道，也是实现稳定就业、全家脱贫的主要渠道。尤其在全面实施乡村振兴战略背景下，发挥职业教育在乡村振兴中的作用，提高教育质量，可向社会输送高质量的技术人才。全面乡村振兴的主要保障就是发展乡村职业教育。推进乡村职业教育发展，可以培育乡村人才，加快农业乡村现代化建设。就目前来说，在乡村振兴背景下乡村职业教育有着良好的外部发展条件，但也面临着诸多现实困境。鉴于此，下面以全面实施乡村振兴战略为着眼点，分析乡村职业教育的作用，探讨乡村职业教育存在的困境，给出推动乡村职业教育发展的具体措施。

（2）职业教育推动乡村振兴的主要作用

在全面实施乡村振兴战略背景下，乡村职业教育面临着新的机遇与挑战。推进乡村职业教育发展，有助于乡村经济发展、调整城乡结构矛盾、缓解乡村相对贫困问题等。

①培养高素质的人才。乡村振兴的关键在于人才振兴，而培育乡村人才的主要渠道就是乡村职业教育。在全面实施乡村振兴背景下，乡村需要大量新型职业农民，而达成这一目的的主要方法就是职业教育。乡村职业教育主要有两种形式：学历培训与非学历培训，旨在给乡村劳动力提供再教育的机会，提高他们文化水平与专业素养，如不定期进行技能培训，丰富技能经验，提高专业素质。此外，通过开展正规学习实践，乡村职业教育可促进提高学生学历层次，丰富乡村地区人力资本。

②促进产业转型发展。当前国家的一项重要任务就是推进农业乡村现代

化建设。因此，乡村职业教育起着重要推动作用。乡村职业教育可以开展科技知识培训，向乡村地区提供高素质的技术人才，有效结合技术研发与技能培训，构建产学研一体化人才培养模式。同时，乡村职业教育有助于实现产业深度融合，及时调整乡村产业结构，使得相关生产规模化，提高相关产业的市场竞争力。尤其在农业供给侧结构性改革方面，帮助其形成新的产业体系，实现农业产业与第二三产业融合，推进乡村现代化建设。

③缩小城乡各项差距。乡村职业教育和地方经济之间存在密切联系，而且在缩小城乡收入差距方面效果显著。虽然我国已经取得脱贫攻坚的全面胜利，消除了绝对贫困，但乡村地区依旧长期存在相对贫困人口。乡村振兴过程中的一大难题就是如何消除相对贫困人口，而造成相对贫困的一大原因就是文化程度偏低。传统物质扶贫方式无法调动相对贫困人口脱贫的积极性，反而会让他们产生依赖，而"教育脱贫"则可以转变思想观念，激发内生脱贫动力，赋予他们自我发展的动力与能力。

（3）职业教育推动乡村振兴面临的问题

乡村振兴视域下乡村职业教育面临的困境，表现为生源数量不足，缺少针对性的培训，相关教育缺少延续性。

①生源数量有限。影响各类乡村职业教育的关键因素就是生源数量有限。贫困地区初步完成脱贫后，受到当地经济发展、软硬件设施等因素影响，短时间内无法向技工学校提供高质量且充足的生源。虽然大部分家庭都明白职业教育改善家庭生活条件、确保子女长远发展的积极作用，但有相当一部分贫困地区家长认为让孩子去技校学习是一种消费行为，觉得上不上学都可以挣钱。这些落后家庭教育观念的存在，直接给增加生源数量平添了障碍。

②欠缺针对性的培养。职业教育优势在于可以提高学生的学历，提升劳动力的整体素质。随着全国范围内有序开展乡村振兴工作，许多技术学校入学率、就业率明显提高，但很多学校缺少对学生的精准性培养，尤其在课程设置、教材选择等方面与当地需求脱节，造成实际成效甚微，市场上依旧存在人才供需矛盾，直接影响了乡村振兴的效果。

③教育缺少可持续性。当前职业教育巩固乡村振兴成果方面存在"输血"与"造血"机制后劲不足的情况。乡村振兴工作开展时需要满足当地民

第四章 乡村教育与学校教育治理

众的基本物质生活需求。可见,输血式扶贫机制依旧是基础性保障。但脱贫地区依旧存在精神匮乏、观念落后等问题,技工学校就需要思考如何利用教育资源建立造血式脱贫机制。否则,当职业教育扶贫资源离开贫困地区后,容易出现各种资源不足的情况,造成造血式扶贫机制后劲不足,直接影响职业教育助推乡村振兴成果巩固的作用。

(4)职业教育推动乡村振兴发展的具体措施

①重视开展实践教学。职业教育融入乡村振兴,不能停留在纸面上,需要主动推进理论学习与实践指导。在职业教育过程中,要重视培养文化素养与实践动手能力。职业教育融入乡村振兴时,要考虑乡村振兴的大背景,结合乡村实际情况,完善职业教育顶层设计、师资力量等。顶层设计可以在职业教育评价体系中纳入职业教育参与乡村振兴的参与度,设置最低标准的职业教育培养方案。重视"双师"型教师队伍建设,吸引专业技术人才加入。结合区域经济发展需求设置专业体系与课程,提高课程设置的针对性。在职业教育发展期间,需要密切结合地方产业发展,创新教学模式,切实发挥教育信息化技术的作用,利用线上教学等模式,提高职业教育乡村振兴的效果。

新媒体时代的发展融合以及不断转型,对职业教育人才的发展提出了新的要求。职业教育在人才培养时一定要结合当前社会实际及现有资源优势,按需培养,保证人才培养的质量。实际上,教育行业一直在倡导改革和创新,但就职业教育而言,创新的点在哪里是值得所有教师深思的问题。现代人才培养模式的发展和确立,需要科学思想和教育理论做支撑,结合市场实际需求和现有人才基础,针对教学方法、内容等进行创新,以此体现出乡村职业学校在人才培养上的与时俱进,而不是盲目求新。同时,在职业教育人才培养模式创新中,针对课程设置中的学生基础素养改革也是关键。针对课程设置进行有目的、有方向的调整,从思想上培养学生对于事物的感性认知,以此提升学生的专业素养。

②构建产学研一体协同育人的模式。在职业教育发展中,人才培养是关键。如何帮助职业教育学生利用在校时间完成各项课程,符合人才培养需求,更好地适应新媒体时代发展,学校需要通过校企合作模式,借助双方资源优势,为学生打造一个集产学研一体化的育人模式和教育平台,真正实现

人才培养的整合和优化。学校可以借助自身区域优势,与当地公司、新媒体机构等取得合作,并共同制订人才协同培养计划,深化校企合作改革。同时,学校可以通过开展技能培训、专题讲座等形式邀请行业顶尖人才来校为学生作演讲。学生在详细掌握各项基础设计技能后,通过进企业参观、实习等方式,对当前各行业市场发展、岗位需求等进行了解,规划自己未来职业生涯,制订切实可行的学习目标。学校可以通过和企业合作或者自己成立课题项目小组的形式,引导学生对直播、短视频等项目进行策划和设计。学生在了解最新行业动态的基础上,参与实际案例制作,强化自身实际操作能力。

③学校与企业共同制订教学目标与计划。在校企合作视域下,乡村职业学校在组织学生开展课程教学时,一定要把握好度,树立好学校和企业两个共同教学主体的意识。无论是教学目标的设置、教学内容的制订以及教学计划的安排等都要和企业一同商讨,共同制定。对于企业提出的教学意见,乡村职业学校必须给予足够的尊重和重视,在教学内容上必须以市场发展为导向,根据需求增设教学内容,如开展乡村职业教育管理、新型农民培训等,为企业和市场提供人才需求的定向委培。如此既能帮助乡村职业学校学生改善当前就业难的现状,还能帮助相关企业简化人才的招聘流程,找到符合企业发展的人才。

乡村职业学校在开展乡村职业教育课程教学改革的基础上,还需要根据当前市场实际发展以及乡村职业教育自身发展需求,与校外企业构建一个合作式的信息化交流平台,针对双方需求及发展信息等进行实时共享,拓宽校企合作渠道。通过先进的电子设备以及信息系统,企业可以根据需求和计划发布并上传一些关于专业内容、比赛、竞赛等,企业领导、专家等也可通过网络直接与学生进行交流和互动,分享经验,总结规律。这也为学生展示自我提供平台,打破时间和空间对于校企合作的局限性,使学生在校也能了解行业和市场发展,并制订针对性学习目标和未来发展规划,提升乡村职业教育教学效率。

乡村振兴作为共同富裕的必经阶段,也是国家战略发展目标。职业教育应因势利导,培养乡村振兴所需要的高素质人才。这就需要做好相关研究分析工作,制订科学合理的人才培养方案,进一步推进乡村振兴战略,缩小城乡差距,改善乡村居民生活质量,切实满足乡村地区经济发展的需求。

二、我国乡村教育教学改革的具体问题

（一）亟待培养优秀的领导队伍

东北师范大学中国农村教育发展研究院发布了《中国农村教育发展报告2020—2022》（以下简称《报告》），指出，2021年全国有义务教育阶段专任教师1057.19万人，比2012年净增148.21万人。但是，全国小学平均师班比为2.02∶1。其中，城区为2.04∶1，镇区为2.11∶1，乡村只有1.88∶1，乡村小学专任教师配置明显不足；全国初中平均师班比为3.83∶1。其中，城区为3.60∶1，镇区为3.83∶1，乡村为4.52∶1，乡村初中存在相对超员情况。可见，省域内教师分配不均衡。

在国家对乡村教育振兴工作的部署当中，非常重要的一个环节是乡村教育领导队伍的建设。因为战略、制度和方向再正确，如果没有有力的实施也将成为空谈。在乡村教育的实践工作中，领导人也就是乡村的校长队伍是核心抓手，他们的工作能力和管理能力将直接决定着乡村教育振兴的质量和效果。现有的情况是乡村学校校长的选取较多地倚重工龄资历，但是从教多年的老教师未必是一名优秀的管理人才。而且，乡村教育系统对教师的持续培训机制也相对薄弱。现有的乡村学校校长普遍年龄偏大，思想陈旧，职业倦怠严重，使学校发展严重缺乏活力，在某种程度上拖慢了乡村教育振兴与发展的速度。有一个好校长就能带动一个好学校的诞生，可以说，抓好乡村学校校长队伍的建设是进行教育振兴的重要抓手，因此提高乡村学校的领导队伍建设是具体实践中一个重要问题。

（二）教育优质资源不平衡

虽然近些年来大力提倡乡村振兴，人们对乡村教育的重视程度有所上升，但政策落实总是差强人意。农村经济产业等发展较为缓慢，财政拨款落到教育方面的较少。除了财政方面，由于农村教学设施、专业化人员等方面的缺乏，许多统一采购的学习平台、学习软件等资源也无法在农村地区

推广。

与城市相比，乡村的发展在各方面都较为落后，于是导致我国大部分乡村常年处于人才流失的状态。这是因为学有所成的乡村子弟首选留在城市发展，绝大多数受过良好教育的大学生都不愿返乡建设。乡村吸引人才难度大，那么乡村的发展建设难度也自然增大。特别是优秀的教育人才非常短缺，成为乡村教育振兴中的一大掣肘因素。另外，有不少外出务工人员的孩子随父母在异地入学，于是乡村小学生数目减少，而城镇的学生数却陡然增加。乡村地区生源有限，导致教育经费难以增长，同时教师又趋于老龄化等等，是导致乡村小学发展缓慢的一个客观原因。而且，乡村的教学内容陈旧固化，像英语、音乐、体育、美术等科目常年缺乏专科毕业的教师补充，基本上是以现有教师转科、兼课等形式教学，因此教学质量不能完全达标。

（三）师资结构不合理

师资结构不合理主要体现在年龄和性别等方面，比较突出的现象是乡村教师中青年教师的比例较低，整体的教师队伍倾向于中老年化，乡村难以吸引青年教师，因此比例严重失衡。在性别方面，以女性教师居多，男性教师偏少，长此以往，将对学生的人格发展造成不利影响。导致这一现象的主要原因，是乡村学校的条件差、待遇低，很难吸引和留住青年教师，特别是青年男性教师，这也对乡村教育振兴产生消极影响。

另外，根据调查发现，义务教育阶段连续工作10年教师获得一级教师职称的机会，城区为5.3%，镇区为4.0%，乡村为3.5%，城区明显高于乡村。尽管国家已经陆续出台了旨在提升农村教师质量的优师工程、强师计划、师范教育协同提质计划等，但相关政策效果显现需要一定的周期。更为重要的是，什么样的教育理念、教育思路、教育模式更适合于乡村教育，还没有达成共识，还需要广大乡村校长、教师及相关群体积极探索。

（四）乡村自身发展落后

大多乡村位置偏僻，经济水平发展较为落后，交通不便，通勤时间过长；当地老师假期娱乐活动少，生活工作上不方便；乡村地区学校数量少，学术活动少，对教师自身的发展不利；农村学校的激励机制和社会保障制度不够完善。同时，大多乡村教师来源于当地，接触其他地区的机会较少，容易因循守旧，认为按照原有教材和课件进行知识的教授是最好的，不愿意在此基础上进行突破，也没有意识将地区特色融入课堂。

另外，乡村地区大多家长在外务工，对学生状况不了解，同时又与学校交流较少，对学校的信赖度较低，且学校也未能及时向家长传达课后托管服务的内容，导致大部分家庭不愿意参加课后托管服务。

（五）教育资源匮乏

教育环境差是我国乡村教育最显著的发展特征和发展现状。由于我国大部分农村在经济建设、文化发展与产业改革的层面上，都存在明显的不足，导致乡村教育的基础设施、配套设施，难以得到有效的保障，致使农村教育在乡村振兴背景下，无法发挥出应有的功能和作用。目前，很多地区乡村同其他城市一样也存在着城乡之间教育资源分布不平衡的现象，乡村教育资源相对短缺。教育资源包括硬件和软件设施，硬件设施方面，乡村的教学设备较少，且使用多年，逐渐老化卡顿；实验室与实验器材不足，这一点在物理实验、化学实验以及生物实验上表现突出，实验器材的缺乏导致大部分学生没办法上手操作，仅能依靠老师展示进行理解，这就直接导致了农村教育实验模块成绩的落后；校园环境较为简陋，学校多为水泥地，且有些地方年久失修，存在一定的隐患，而且限制了学生在校活动范围等。

（六）师资力量不稳定，专业能力不足

第一，老师学历普遍不高，师资队伍素质参差不齐。超过一半的老师拥有本科学历，且大多毕业于普通二本高校，少数老师仅拥有大专学历。

第二，教师年龄结构老化，对人才吸引不够。35岁以上教师超过一半，近两年引进的新教师仅个位数，集中在本科学历，少数为研究生学历。这容易带来教学体制固化问题，导致乡村教育的活力和潜力下降。在深入调研的

过程中发现，许多通过人才引进的研究生不愿意选择乡镇就业，他们更青睐于市区的中学，或者选择市区小学执教。

第三，人员短缺且稳定性不足，近些年很多学校老师流失率大，一位老师往往需要一个人教一个年级的学生，当有老师请假时，其他老师难以到位，导致该节课变成自习课，课程进度容易停滞。

三、乡村学校教育教学改革

（一）乡村基础教育教学改革

新课程改革促进了乡村基础教育的改革与发展。但城乡二元结构及乡村教育长期以来的落后局面对乡村基础教学改革造成了很大的影响，需要给予重视。在新课程改革背景下我们应从下列几方面来加强对乡村基础教育教学的改革。

1.开发适应乡村实际的教材

教材是教师教学和学生学习的重要依据。乡村基础教育中采用的教材偏城市化，一些内容脱离了乡村学生的生活实际，导致学生学习时比较吃力。另外，现行很多教材的使用对学校教学条件或对学生、教师甚至是学生家长提出了较高的要求，如有些教材内容要求学生在网络环境中学习，有些作业要求家长和学生共同完成，有些内容需要在良好的教学环境下才能实施，而这些对于一些经济落后的乡村学校来说是不现实的。因此，当前应积极组织力量开发一些适合乡村中小学实际的教材，这些教材既要达到课程标准的质量要求，保证乡村教育教学质量，又要方便乡村师生使用，贴近乡村实际，以增强这些教材对乡村学校和学生的适应性。

2.加强对乡村学校新课程改革的专业支持

成为乡村中小学校课程改革的支持系统的单位有教研系统、高等师范院校、综合类高校、教材出版部门以及发达城市的重点中小学等，在各大支持

第四章　乡村教育与学校教育治理

系统中，教育科研部门发挥的作用极其重要。教育科研部门要支持乡村中小学课程改革，为此，要对自身的教研制度、教研工作方式进行改进与完善，将中小学课程改革作为教研工作重心，对基础教育中的重大问题予以关注和重视，必要时成立专题小组对普遍性问题或严重问题展开专门研究。教研部门工作人员应深入乡村，了解乡村基础教育的现实困境与问题，对成功的教学经验进行推广，在不断改革与实践中推动乡村基础教育发展。在具体工作开展中，对于与课程改革方向不符的工作方式，教研部门要及时改进，要积极引导乡村学校自主进行课程改革，而不是一味下发指令，提高乡村学校教育工作者参与改革的自主性与积极性。

除了教研系统外，还要充分调动其他支持系统的力量，将其作用充分发挥出来，制定符合乡村基础教育现状的改革政策，采取科学的操作性强的改革措施，将有效提高乡村基础教学课程改革的成效。

（二）乡村职业教育教学改革

1.乡村职业教育改革的困境

（1）传统观念根深蒂固

受封建思想的影响，人们历来重视理论教育、轻实践锻炼，重学历、轻实践技能。乡村地区很多家长认为中职毕业生将来在就业择业、工资待遇、社会地位等方面与普通初中毕业生没有太大区别，不应该浪费财力去读职业学校。职业教育发展的关键驱动因素是社会的大力支持，只有得到社会认可，人们才有机会在工作岗位上展现自己通过职业教育所习得的技能，现阶段社会认可度低是乡村职业教育发展的一大难题，也给乡村职业教育改革造成了诸多困境，表现如下。

第一，吸引力低，招生难且质量差。

第二，专业设置不合理，机制僵化。

第三，基础设施落后，缺少教学实训基地，学生实践能力差，达不到用人单位的要求。

第四，师资队伍整体素质不高。

（2）办学目标不明确

办学目标是办好教育的先决条件，是一切教育工作的中心问题。要想发展乡村职业教育，首先，应该明确办学目标，这对乡村职业教育的办学方向有直接的决定性影响。当前，我国许多乡村职业学校的办学定位和办学目标尚未明确或不够准确，结果不仅没有为当地脱贫致富作出贡献，反而造成了经济负担。其次，受"离农""弃农""脱农"等错误观念的影响，一些职业学校办学存在功利化、形式化倾向，为了眼前的成绩和升学率而不注重学生本身的发展，甚至一些职业学校的教育内容应试化，脱离了职业教育的轨道，专业设置没有与农业现代化的需求准确对接，专业特色不明显。

（3）法律制度不健全

随着时代的进步和社会的发展，乡村职业教育发展不再是单纯的教育问题，它已经成为乡村社会经济发展的一个重要组成部分，事关乡村和国家经济的发展。专门的法律、法规是乡村职业教育健康、持续发展的有力保障。但目前我国乡村职业教育法律制度不健全，政策没有实效性，乡村职业教育缺乏有力的法律保障。

在乡村振兴战略实施中，乡村职业教育发挥着至关重要的作用。但我国职业教育法律条件还不够成熟，远远落后于发达国家，只有少数几部法律涉及乡村职业教育，只是简单规定了学校开展职业教育的义务，没有细化具体措施，更没有相关法规执行监督机制，相关部门也没有对其进行修改与完善，有关职业教育专门的法律、法规依然严重缺失。[1]

2.乡村职业教育改革的出路

（1）转变传统观念

要改变社会传统观念，就必须加强舆论宣传，加强政府干预，实行教育改革，提高社会对乡村职业教育的认同感。

①舆论宣传。通过报纸、广播、电视、网络等方式，大力宣传乡村职业学校毕业生就业的有利形势，提高学生和家长对乡村职业教育的认识，在社会上营造有利于乡村职业教育发展的舆论氛围，利用舆论的力量来促进乡村

---

[1] 李森，崔友兴.社会变迁中的乡村教育[M].福州：福建教育出版社，2017.

第四章 乡村教育与学校教育治理

职业教育的发展。

②政府干预。政府部门从"以人为本"的角度审视乡村职业教育，规范就业市场，健全劳动制度，为职业学生的就业开辟"绿色通道"。此外，对从事农业类产业的毕业生实行帮扶政策，在土地、资金、技术等方面予以支持，拓宽其就业渠道，促进现代农业发展。

③教育改革。学校要解决学生毕业后的去向问题，职业教育中心成立"学生升学指导委员会"，充分了解市场需求，建立人才需求预测分析机制，为学生提供就业咨询服务，并向相关单位引荐优秀人才。

（2）明确办学目标

乡村职业学校的办学目标是提高乡村劳动力素质，开发乡村人力资源。在乡村振兴战略下，乡村职业教育肩负重任。职业学校要清楚自己的职责与使命，明确办学目标，努力发展职业教育。同时，各级政府部门要积极贯彻党的政策方针，并通过奖励机制鼓励乡村职业院校在正确目标的指引下调整办学方向，大力改革和发展职业教育。

（3）健全法律与政策

完善乡村职业教育法律法规，地方政府可参照《中华人民共和国职业教育法》（以下简称《职业教育法》）进一步细化乡村职业教育的相关法律。同时，完善地方法律监督机制，在各级职教中心内部建立专门监督、反馈的部门，监督地方政府和下级职教中心对地方政策的执行情况，并反馈各级职教中心的发展需求，为国家、地方制定有关政策提供依据。[①]政府统筹兼顾，积极贯彻落实城乡统筹发展的方针政策，进一步统筹城乡职业教育资源，使优质教育资源得到科学、合理的分配。同时，构建城乡统筹教育机制，建立城乡统一的管理体系，实现城乡优质资源共享，确保城乡职业教育协调发展。

[①] 马宽斌，黄丽丽.乡村振兴战略：乡村职业教育改革与发展新动能[J].成人教育，2020，40（02）：45-51

（三）乡村基础教育和职业教育策略

认清现阶段我国乡村基础教育和职业教育的现状与问题后，需从实际出发探索具有针对性的改革举措，从而有效解决问题，促进乡村成人教育的发展，进一步实现乡村基础教育和职业教育的目标。下面从三个方面提出乡村基础教育和职业教育改革的举措与建议。

1. 提高重视

（1）政府重视

乡村基础教育和职业教育应得到政府部门，尤其是基层政府和地方教育行政主管部门的重视，为了提高地方部门对乡村基础教育和职业教育的重视程度，促进有关政策在各地的真正落实，可采取量化管理、绩效考核等方式来监督基层工作开展质量，使乡村基础教育和职业教育相关制度的要求真正得以落实，通过基础教育和职业教育丰富村民的科学知识，使村民掌握一技之长，从事农业或非农业工作，促进乡村振兴与发展。

（2）社会关注

乡村基础教育和职业教育实际上也是乡村人力资源的继续教育和终身教育，是促进乡村劳动力综合素质提升的重要途径，其应该获得全社会的关注与支持。在社会上营造良好的基础教育和职业教育、终身教育氛围，提高村民自觉参与继续教育的积极性，提升整个乡村人力资源的综合素质，进而提升乡村生产力水平和乡民的生活质量。

2. 因地制宜、逐级管理

（1）因地制宜

不同地区乡村社会经济、教育等方面的发展情况是有差异的，各地政府部门应从本地乡村社会实际情况出发而对相应的基础教育和职业教育政策进行制定，并督促落实，有针对性地开展基础教育和职业教育工作，通过乡村基础教育和职业教育切实解决乡村振兴中的人力资源问题，培养优秀的劳动力，带动乡村农业及其他特色产业发展。

（2）逐级管理

乡村基础教育和职业教育管理应以"垂直管理"为主，即自上而下逐级

第四章　乡村教育与学校教育治理

管理，其优点是便于各级部门对乡村基础教育和职业教育实际情况及时准确地予以掌握，然后根据掌握的信息进行有针对性的指导和管理，科学规划，稳步实施，快速解决乡村基础教育和职业教育的问题，提高管理效率和成效。

3.改善教育条件

（1）合理安排教育内容

不同区域的乡村在农业产业的发展规划上各有特色，各地的农作物品种也各有差异，这与各地的气候条件、地理位置等自然因素有关。要通过开展乡村基础教育和职业教育而促进乡村农业发展，就要根据各地农业产业的特点、现状来安排基础教育和职业教育课程内容，结合农业产业发展的需求而授课，从而更好地达到预期目标。

（2）优化硬件条件

乡村基础教育和职业教育的质量直接受基础教育和职业教育教学条件的影响，为提高教育效率和教育质量，有必要对基础教育和职业教育教学的硬件条件加以改进与完善，如教室的选址要合理，进行现代化设计，配备先进教学器材设备，采用科学而多元的教学手段，建立实验基地，提供实践教学平台。

（3）优化师资队伍

乡村基础教育和职业教育工作者的素质与能力直接影响教育质量，因此须重视对专业师资队伍的建设与优化，提高师资水平，充分发挥优秀师资力量的作用。对此，乡村地区应重视引进农业科技相关学科的专业教师，合理优化师资结构，注重对年富力强的中青年教师的培养。

第二节　乡村学校教育课程资源的开发与建设

一、乡村教育课程资源落后的现状

（一）硬件方面

虽然从政策层面来看，城乡学校布局和硬件资源配置基本贯彻了城乡公平的原则，但乡村教育的硬件资源条件依然比较差，具体表现如下。

第一，一些地方由于学校布局调整过快，致使一些规模比较小的学校被兼并，中小学校班级数、班额数锐减引发了乡村学生进城上学的现象，而一些没有能力进城学习的弱势群体开始质疑教育机会的公平性，城乡教育布局不均衡。

第二，国家启动实施义务教育阶段学校标准化建设项目工程以来，城乡办学条件的差距逐渐缩小，但并未完全消除，现有差距主要表现在校舍功能、教学仪器设备等部分指标方面。此外，乡村学校的音体美器材配备达标率较低，体育运动场馆面积较小，学校语音室、微机室、卫生室等建设滞后，与城市学校还有一定差距。

第三，乡村学校标准化设施的运用存在诸多问题，如多媒体教室投影仪更换、教学电脑更新换代、体育器材的维修等，这些消耗性教学用品增加了学校的经济压力，学校标准化建设不是最终目的，让先进教学设备得到充分利用和发挥最大价值才是更重要的，只有有效利用好学校现代化教学设备，才能推动乡村教育的发展。

（二）软件方面

软件教育资源也是"教育的软实力"，主要包括"办学理念、办学目标、办学特色、管理制度、师资水平"等。[①]目前,乡村学校的软件教育资源水平与城市还存在明显的差距,突出表现在师资水平上,主要问题如下。

第一,乡村小学教师老龄化、学历低、能力差的问题严重。

第二,乡镇初中学校师资力量不足,特别是音乐、体育、美术等学科教师。偏远乡村中学由于师资力量严重不足,存在一师兼职两个学科的现象,直接影响了教学的专业性和教学质量。

第三,乡村教师教学观念落后,教学专业技能水平有限,缺乏专业成长通道,一些老教师仅凭经验来教学,致使教学质量严重下降。

二、乡村教育课程资源开发的问题

(一)学校开发意识淡薄

当前,乡村学校教师在课程资源开发方面的意识不够强,只有少数教师涉猎了相关工作,且比较零散,不够系统,成果有限。学校整体上欠缺对课程资源进行开发的意识,校领导对此不够重视,造成这个现状的原因主要有以下几个方面。

1.较少关注课程改革

受多方面因素的影响,乡村信息传播不够快捷,教育相关信息也比较闭塞,而且乡村学校鲜少有机会可以参与新课程改革实验,或被实验选中,这导致新课程改革在乡村学校受关注程度低,校领导和教师对新课程理念及相关问题了解甚少。

[①] 王会平.统筹城乡教育改革,推进中小学优质教育教学资源的乡村共享力度[J].吉林省教育学院学报,2019,35(05):1-5+62.

2.课程设置尚不齐全

乡村学校主要依据课程标准和教学大纲授课，课程设置遵循上级的统一规划，但依然以文化课为主，而音乐课、美术课、体育课等课程在一些偏远的乡村学校还未完全开展，学校一味强调学生的文化课成绩和升学率，忽视了其他课程资源的开发。

3.乡村教育问题较多，无暇顾及课程资源开发

乡村教育教学存在诸多问题，如硬件设施落后，软件资源不足，教育观念落后，教学方法陈旧等。这些问题是乡村学校的普遍问题，也是校领导更为关注的问题，是学校工作计划中的重要事宜，而像课程资源开发这类工作尚未被纳入学校工作的议事日程，没有受到足够的重视，教育工作者对此无暇顾及。

（二）很多课程资源尚未得到有效开发利用

我国乡村地区拥有丰富而有特色的教育课程资源，尤其是自然教育资源、文化教育资源等具有乡土特征的教育资源尤为丰富，但这些资源很多都没有被开发出来，开发与利用率很低，大量闲置资源的教育价值被人忽视，以至于在教育教学中得不到重用。在我国现行课程教材中，占主导地位的是城市教材，城市课程资源在乡村教育教学中占绝大部分的比例，而与乡村学生真实生活贴近的乡村素材的课程资源只占到少数比例，久而久之，乡土课程资源逐渐流失，乡村生活和乡土文化的传承也受到影响。

（三）开发方式单一

乡村教育课程资源的开发方式比较单一，除了主题活动、课堂渗透外，其他开发方式大多是一些非正式的教育方式，如日常经验积累、自发实践活动等，单一的开发方式限制了乡村教育课程资源开发的广度与深度，也限制了这类资源的充分利用。而乡村课程资源开发方式单一的主要原因是乡村教育工作者开发意识薄弱、开发能力不强及乡村学校教学条件有限等。

三、乡村教育课程资源开发与利用的建议

（一）建立城乡平等互动的教育体制

当前我国城乡教育水平的差距还比较大，体现在很多方面，其中课程资源的多少及其开发水平就是一个重要表现。相对来说，城市课程资源类型和数量更为丰富，城市教师开发课程资源的意识较高，能力较强，很多优秀的课程资源得到有效开发和充分利用，发挥了重要的价值，提升了城市教学质量，而乡村课程资源开发面临重重问题，对此，应加强教育机制的改革，对城乡平等互动的教育体制进行建立，从而在价值观念、经济及交流上为乡村课程资源的开发与利用提供多元保障。

1.价值观念保障

建立城乡平等互动教育体制，能够使教育工作者意识到乡村课程资源同样具有像城市课程资源一样的育人价值，而且乡村课程资源有自己的特色与优势，其价值并不亚于城市课程资源，城乡课程资源的价值没有高低之分，都非常重要。

2.经济保障

通过对城乡平等互动的教育体制进行制定，能够促进教育资源在城乡的公平分配，使乡村教育获得必要的经费支持，使村民因教育而承担的家庭压力有所减轻，使乡村课程资源开发得到政府稳定的充分的资金支持。此外，新型教育体制的建立还能够使更多的社会资本被吸纳到乡村教育中，从而在经济层面进一步保障乡村课程资源的顺利开发。

3.交流保障

城乡平等互动的教育体制为乡村课程资源开发提供的交流上的保障具体包含下列两方面的含义。

（1）师资交流

城乡平等互动教育体制的建立为城乡教师的沟通与交流提供了便利，乡

村教师进城培训，开阔视野，学习城市教育课程资源开发的成功经验，这对教师自身的成长及乡村教育的发展都具有重要意义。

（2）信息资源交流

通过城乡教育互动，可使城乡共享教育资源，而涌入乡村的丰富信息资源进一步充实了乡村课程资源库，为乡村课程资源的开发与利用提供了更多的选择。

（二）创新乡村教育课程资源的开发方式

乡村教育教学方式直接影响课程资源的开发方式，要对优秀的课程资源进行深入开发与充分利用，就要加强对教育教学方式的改革，并有机整合教育教学方式和课程资源开发方式，同时从乡村学校教学条件、学生需求等客观实际出发寻找乡村文化资源与乡村课程资源的结合点，重视对开发方式的拓展与创新，如以课程实施需求为依据对"行政引领""政策驱动""校本中心""师本中心""典型示范""校际联合""城乡联合"等多元化的开发方式进行灵活选用。此外，为了对乡村课程资源的教育价值进行最大程度的挖掘，还要建构课程资源开发的配套系统，以支持开发工作的顺利开展。[①]

（三）创建网络环境，共享优质课程资源

资源共享是信息社会的一个重要特征，随着现代信息技术在教育领域的不断渗透，共享优质教育教学资源的现象越来越普遍。乡村学校要与城市共享国家优质教育资源，就要加大互联网建设力度，开启远程教育，创建信息化网络环境，建立开放性网络交流平台，让师生互动、教师互研、城乡统筹、共同提高而奠定良好的基础条件。乡村网络教学环境的创建，应与乡村

---

① 罗建河，彭秀卿.试论新课程背景下乡村课程资源的开发与利用[J].天中学刊，2007（04）：24-27.

网络全覆盖工程结合起来，建设数字化校园，提高乡村教育的数字化水平，这是城乡教育互动和教育公平化的要求。

第三节　乡村学校师生关系的改善与学生发展

乡村学校的师生发展研究，是我国乡村教育振兴研究的重要组成部分。师生关系的状况直接影响着教育质量和学生的健康发展，同时，师生关系也对教师的教学效能和专业信念带来重要影响。因此，对师生关系的研究不仅仅关乎学生的发展，也关乎教师的发展以及整体乡村教育的发展。

一、乡村学校师生关系的完善

（一）传统型乡村学校师生关系

学校中，最重要的人际关系是师生关系，师生关系的质量直接影响着教学互动和教育质量。师生关系对学生的学习态度、学习成绩甚至心理健康和身体健康都有深远的影响。尤其是在乡村地区，由于家庭教育、课外兴趣培养等方面都较为欠缺，因此学校是学生接受教育的主要场所，师生关系是影响学生接受教育和健康成长的最重要的关系，也是学生在家庭、家族之外发展社会关系的第一次尝试，这一切都与学校教师以及他们之间相互的关系息息相关。良好的师生关系是影响青少年儿童学习和成长的重要因素。在乡村教育振兴发展过程中，学校应鼓励教师积极发展新型的师生关系，加强互动，加强师生间的亲密和融洽程度。

传统的、最为常见的师生关系有"以教师为中心""以学生为中心""以教师为主导结合以学生为主体"几种。

（1）以教师为中心。这种观点强调教师的权威，忽视学生的积极性。认为在教育过程中，教师应该处于绝对的主导地位，学生应该绝对服从。

（2）以学生为中心。这种观点强调学生是教学活动的主体，应该充分尊重他们的特长、兴趣、学习的节奏等个性特征。因此，要全面而整体地考虑学生的成长和发展。

（3）教师主导、学生主体。这种观点是对前两种观点的整合和平衡，既肯定了教师的主导性，同时也尊重学生的主观能动性。

（二）关怀型乡村学校师生关系

以美国教育哲学研究会主席内尔·诺丁斯为代表的关怀理论学派，在我国学界引起共鸣，在乡村教育研究和实践中也得到相当的拥护和推行。在关怀理论研究聚焦到乡村学校时，其中重点之一就是师生关系，它指出教师要给予学生最好的关怀。乡村教师对学生的关怀除了学习方面，还应该包括生活的方方面面。这是基于乡村的特殊情况对乡村教师提出的特殊要求。一方面，农民普遍受教育程度低，家长对孩子的教育能力有限；另一方面，在很多家庭里年轻的父母都进城打工，孩子留给老人抚养，而老人对孩子的教养方式主要以生活照顾为主，在学习教育、价值观培养等方面都是不足的。因此，在这样的背景下，对乡村教师提出更多、更高的要求。

1.关怀理论的基本观点

诺丁斯提出的关怀理论，是对传统型师生关系的一种纠偏，是对以教师为中心的师生关系的一种提升。这并非说以教师为中心的师生关系中，教师没有关心学生，区别是教师给予的关心很大程度上是以教师为出发点，是"教师认为的"的关心，忽视或者轻视了学生的主观能动性和个性特征。学生很可能会对这种自上而下的、强加的"关心"不理解、不接受、不买账。这样的结果就是说教师给予的关心并没有被学生接受到，而令教师的积极性受挫。同时，学生需要的关心也无人问津，感觉不到自己被关心、被关怀，而产生失落。这种"关心"的错位，既是对教育资源的浪费，也会同时给师

第四章　乡村教育与学校教育治理

生带来消极影响。

关怀理论提出师生双方应该同时改变，它强调关怀是一种关系行为。教师应该以学生为主体，尝试从学生的角度出发，积极倾听和体察学生的需要和感受，给予的关怀应该是学生的实际需求，也符合他们的接受能力；与此同时，学生也应该积极回应教师，让关怀行为在双方的良性互动中积极展开，并产生真实有效的肯定与回应。这个关系中关怀行为的表达和反馈应当是对等的、完整的、在互动中进行的。诺丁斯指出，师生之间建立信任的关系非常重要，只有彼此的关系是建立在信任的基础上，才会产生真正的沟通，才能让有价值的信息在彼此之间流通。学生对教师敞开心扉、畅所欲言，这样教师才能有机会准确地了解学生的真实需要，并给予及时的指导、帮助和纠正。学生也才有可能得到与自身发展相适宜的关心和指导，从而能够顺利地学习和成长，在教师的指导下完成学习任务，不断挑战新的目标。

2.关怀理论下的乡村师生关系

（1）乡村教师要树立正确的学生观

首先，学生是与教师人格平等的主体。教师要尊重人的成长发展规律，在教学实践中要针对学生的身心特点和年龄特征设计有针对性的学习任务，选择相适宜的教学内容和方法，在强调尊重学生个性的同时，满足学生多样性的需要。教学活动应该是有系统、有层次、有组织的进行，是一个动态的过程，让学生达到基本的素质能力水平的同时，积极发展个性，鼓励学生全面发展，使每一个学生都能基于自身的条件和特点获得良好的发展，而不是先设定一个发展样本，然后让每个学生都趋于同质化。

其次，教师和学生应该互相尊重。学会尊重别人才能拥有自尊和赢得尊重。在广大的乡村地区，往往具有浓重的传统文化的遗俗，如长为尊、幼为卑的观念深入人心。那么，作为乡村教师，就应该更加强调师生之间的平等和谐，引导学生建立更加开明的价值观和世界观。至少在学校的语境下，教师应当示范师生平等、互敬的关系模式，并逐渐帮助学生认同和内化为他们自觉的关系观念。

再次，需要强调尊重不是纵容，教师应该秉持关怀与严格并存。毕竟学生的思想尚未发育完全，他们的判断能力、自制力、观察能力、思考能力都还具有一定的局限性。因此，教师应该像园丁一样，除了悉心培土、浇灌、施肥以外，当小树苗长歪了也要及时扶正，长出小杈也要坚决修剪掉，这同样是教师的职责所在。对学生主体性的强调应该是辩证的，不是绝对的。

最后，乡村小学学生还会面临一些特殊问题。由于城市化发展迅速，城市需要大量的建设，很多农民外出打工争取获得更高的收入，于是有大量的乡村孩子成为留守儿童，被寄养在隔代家长或者亲戚家。由于在成长的关键时期缺乏完善的亲子教育，很容易出现各种心理问题。这已经被很多研究数据所证实，因此不容忽视，而且这种情况很难在短期内得到改善，学生缺少家长的保护和疼爱，在寄宿期间容易感到孤独、无助，对父母的感情冷漠复杂。从对留守儿童心理状况的研究中发现，留守儿童存在自卑、焦虑、逆反心理，甚至会有对父母的怨恨心理等。这时候，教师的理解和抚慰、及时的疏导就显得格外重要。当教师不仅作为一个知识的权威而存在，而且对于这些留守儿童而言，他们还是一个关心自己、理解自己并支持自己的长辈，这对幼小的孩子是一个非常有力的心灵支撑。当然，这也是对乡村教师提出的一个重要挑战。

（2）乡村教师要树立的教师观

新型教师形象与传统教师形象的最大差别，就是摆脱了教师高高在上的、单一且不真实的角色形象。新型的师生关系，强调的是师生之间构建平等的关怀关系。教师不是地位高于学生的权威，教师是形象全面的、立体的、有血有肉的人，他们是学生学习成长的最强有力的支持者，同时，他们也需要来自学生的支持和回应。师生之间是彼此互相需要的平等关系。因此，尤其是在乡村学校中，要强调教师并非站在关系中的强势地位，学生也不是关系中的弱势地位。学生对于教师的尊重、了解和认可对于教师来说既是极大的激励，也是教师职业幸福感的源泉，更是牢固关怀型师生关系的重要标志。教师要坦然承认对于学生的需要，并且引导学生学会接受教师的关怀，以及学会如何反馈和关怀他人等。

二、乡村学校学生的发展

现代乡村学校的主要特征之一就是规模小、生源少。这是由于近些年我国在社会快速发展建设中,有大量的乡村居民离开家乡外出寻找工作。这些家庭的孩子有相当一部分都随父母在异地入学读书,这就导致了城市的生源超出实际容纳人口的比例,而乡村生源却逐年下降,乡村学校的规模越来越小,为进一步的发展带来困难。这些小规模的乡村学校在发展中既有一定的特色,也具有一定的优势,因此需要进行专门的研究。

(一)乡村小规模学校学生的发展优势

在乡村教育振兴的发展过程中,应该辩证地理解乡村学校的定位和资源,在劣势中发展优势。比如,乡村小规模学校虽然有很多的发展弊端,但是同时也具有大城市中较大规模的学校、名校所不具备的优势。针对乡村小规模学校的办学特点,努力发挥"小班小校"的教学优势,即较高的课堂参与率,更紧密的师生关系,弱势儿童学业发展水平更高、管理方式更灵活等。

1.广阔的成长空间

从自然环境来讲,乡村学校具有天然的地理位置优势。乡村的孩子从小生活在亲近自然的环境中,靠着山水田野,朝夕之间都能感受到大自然的节律,相对于城市里的孩子,乡村孩子对自然植被、动物习性、四季节气有更深刻的体验,对自然与生命也有更完整、更丰富的体察。身边的农业生产环境是学生体验生产劳动的最佳场所,乡村孩子的教养方式更接地气,从小参与生活劳动的机会也要高于城市的孩子。这些都是培养学生亲近自然、善待自然、感悟生命的绝佳优势。

从人文环境来讲,乡村社区环境中有浓浓的乡情,一条街道上的街坊邻居可能在几代人之前就建立了深厚的邻里交情。和城市里更为独立和封闭的生活空间相比,乡村社区以村落为单位,孩子们结伴在院子里玩耍,在田野放风筝，在溪流捉鱼，谁家种了特别的农产品都会和乡里分享。可能左邻右舍的关系超越了邻居、朋友之上，浓浓的乡土人情也是促进乡村孩子身心健康、全面发展的另一优势。

2.紧密的师生关系

师生关系是乡村学校教育中最基本、最重要的人际关系，也是儿童社会化过程中最重要的社会关系。特别是留守儿童，对教师有更强的依赖性，教师需要给更多的关心，更耐心的关爱。发展良好的师生关系对于乡村学生，特别是留守儿童尤为重要，也是减少学生问题行为的重要因素。

乡村小规模班级为促进师生建立关怀关系带来优势。这是因为每个学生与教师建立良好关系的前提是学生要有足够多与教师接触的机会，乡村的小班级教学令教师有充分的时间和精力了解、关心到每一个学生的个性和发展需要，每个学生都会被教师注意到，都有机会和教师充分地沟通和交流，而那些动辄就五六十人一个班级的大校大班的学生，无论如何也不可能有这样的师生接触的条件。正是小规模学校人数少，每位学生才有了更多与教师接触和表达自我的机会，也更有可能与教师建立紧密、良好的师生关系。

3.全面的互动交流

乡村地区以村落为聚焦单位的社群生活，也让学生和教师具有多渠道的了解和接触机会。在乡村生活中，保留了很多传统的民俗生活习惯，这些风俗是不仅仅局限于家庭内部的，而是涉及整个的族群和邻里之间，也就是说，在一个人口有限的社群中，人与人之间存在着多样的、紧密的关系。比如，乡村学校的师生之间，不仅仅是师生关系，也可能是邻里关系，还可能是族亲关系。这就让师生之间有更全面的了解和接触的渠道，不仅有利于建立关怀关系，增进师生之间的感情，而且他们的关系也是稳固的、立体的、持久的。

（二）乡村小规模学校学生的培养路径

乡村的小规模学校，对学生的培养路径和培养方式也与普通学校有所不同，具有一定的独特性。由于学校的规模小、教师少，各种教学资源也十分

第四章 乡村教育与学校教育治理

有限,这些现实的客观条件为乡村学校的教学带来明显的局限性,但是与此同时,他们也有其优势所在。比如,正是由于没有能力开发更多、更丰富的学科和课程,有限的教师可以专心钻研现有的科目;因为学生少,教师可以加强对每个学生的辅导,提高学生的学习热情和学习能力。

1.立足自身优势,把握乡土人文资源

乡村小规模学校应该充分利用其地理位置、自然环境和乡土文化的天然优势。中国是一个有几千年农业文明的国家,但是在现代化的发展过程中,很多传统文化逐渐走向衰弱或落寞。乡村学校可以把握地方文化特色,把传统的民族特色文化融入日常的教学活动中,一方面是对优秀的传统文化的弘扬和继承,另一方面也是立足自身优势进行特色发展的一种战略选择。

因此,在乡村小规模学校的教学中应该加强开展乡村文化的教育,对当地的民俗特色文化进行梳理和传承。在培植学生乡土情怀的同时,加强地域认同、文化认同和国家认同的教育,把民间歌舞、戏剧、体育等乡村人文资源引入课程,培育他们对乡土人文之美的识别、理解和热爱之情。

2.促进自主发展,开展个性化教学

在人类现代化的过程中,人们过于追求教育的规模化和高效率,尤其是工业时代,社会生产需要大量的、具备一定技能的工人、技工等,强调人的功能性,而忽略了人的个性发展需要。然而个性化教学在我国具有悠久的历史,如先贤孔子就曾提出"因材施教"的教育思想。随着教育改革的进行,越来越注重发展学生的个性,倡导以学生为教学主体,鼓励学生全面发展。但是大班级的课堂教学模式与应试教育的存在,很难真正地、全面地实现个性化教育。

然而在乡村学校却具有这样的客观优势。班级人数少的乡村小规模学校在实施个性化教学方面,却走在了城市学校的前面,能够最大程度地实现因材施教。由于教室的空间大、学生少,在座位安排上可以完全不必拘泥于传统的摆放形式,可以灵活地根据教学内容的需要,摆放成环形、马蹄形、圆形等,甚至可以让学生自己选择座位的位置,学生也可以自由选择自己最合适的上课方式。在教学目标方面,教师可以根据学生的个体差异制定多层次的教学目标,让每个学生只管按照自己的能力水平尽力学习,而不需要和其他同学比较。在课堂教学中，由于学生人数少，教师有机会鼓励每个学生充分发言表达自己的理解和思考，可以集体对某一个问题进行探讨，可以引出多样化、个性化的见解，从而培养学生对他人的理解，对不同个性的接受。这些都是只有小规模班级才具有的优势。当然，这对教师的要求也极高，需要教师既有因材施教的能力，还要有足够的热情和责任感，否则很可能由于教学目标松散且过程复杂，最后所谓的小班个性化教学只是形式有余，而实质不足。

3.重视劳动教育，提高社会参与感

劳动教育是教育的重要组成部分，小规模乡村学校可以利用自身的劳动环境优势，开展形式多样的劳动教育和劳动实践活动，提高学生的社会参与度和生活实践能力。城市学生的劳动实践活动，基本上就是学校的学生大扫除，或者提倡回家帮助父母分担一些家务等等，形式和内容都非常单调，而乡村学生的劳动实践其实可以组织得别具风格，如组织学生种蔬菜、种树、种花，学习识别虫害、防护知识等，还可以在农忙时带学生直接参与劳动。还可以组织学生帮助乡村里的孤寡老人，如可以结成两人或者多人小组，定期轮流探望孤寡老人，帮助学生从小形成友爱互助的意识，培养学生的社会责任感和使命感。总之，乡村学生的生活实践和劳动实践场景都更加丰富，学生的成长环境也更加多面和立体，有机会对自然的更迭有更直观的体察，对生活实践有更多、更深入地参与，这些都对乡村孩子将来形成完整的人生观和世界观打下良好的基础。

（三）乡村小规模学校学生有效学习的因素

根据美国著名的心理学家、教育学家布鲁姆的研究观点，影响学生的学习成绩主要由三个变量决定：认知前提行为、情感前提特性和教学质量。认知前提行为是指学生对所学的知识要有必备的知识和技能；情感前提特性是指学生的学习动机强度；教学质量是指适宜于学生的教学活动。因此，在乡村学校的教学活动中，乡村教师要重视学生的认知和情感特性，并基于学生的情况设定教学目的、安排教学内容、选择教学方法。

第四章　乡村教育与学校教育治理

1.教学目标的适用性

在一切教学活动中首先要确立的就是教学目标，它是需要教师和学生共同努力完成的目标。在学校的教学活动中，虽然学生不能也没有能力直接参与设置教学目标，但不可忽略他们才是学习的主体，教师应该充分考虑学生的实际情况，并据此从教材中选择合适的教学内容，对教学目标进行适度的扩展，使其更接近学生的接受能力和学习需要，从而有效地提高学生的认知能力、增强学习动机和掌握学习内容。

教师应该注意的是，要把制订好的学习目标明确地告诉学生。因为明确学习目标是培养学习动机的第一步。所以，教师要做的是帮助学生把学习目标内化为自己的学习目的。对于乡村小规模学校而言，教师有机会让每个学生都了解到接下来一段时间的学习目的和学习任务是什么，并且理解之所以制定这些目标和任务的原因是什么，自己应该做哪些努力，经过学习后能够获得哪些能力等。

2.教学内容的结构化

教学内容是对教学目标的实现手段。学习内容是学生实现目标的具体载体。因此，教师在设置学习内容的时候，要从学生的视角、认知以及情感特性出发，努力通过更加契合他们的特性而达到提高教学效率、激发学生学习主动性的效果。学习内容要有它合理的结构，由浅及深、由低到高、循序渐进地设计教师在组织教学内容时，要让选择的教学内容符合学生的认知规律，持续激发学生的学习动机。教学内容还要尽量贴近学生的生活，如果过于脱离乡村学生的生活场景，距离他们的真实生活太遥远也会降低学生对知识的掌握意愿和动机。

3.教学方法的差异化

教师的教法最终会成为学生的学法，而学生学习知识的效果可能仅仅是一次学习行为的结果，但在一次教学过程中形成的学习方法会逐渐成为学生的学习习惯，影响着学生今后的一切学习活动，其作用和意义远比一次成绩的好坏重要得多。因此，教师要悉心选择教学方法，从一开始就为学生日后的学习方法打下正确的基础。

教学方法的差异，也可以体现在弹性的作业设计、作业形式的多样化上。比如作业可以是书面作业结合实践观察，或者是教师将班级的同学按照兴趣或者专长分组，分别交代不同的学习任务，但是最终学习成果在全班同学范围内进行分享和讨论。也可以是一次具体的、完整的发现问题、提出问题、寻找线索、讨论或者辩论，最终进行总结归纳得出一个学习结论。这是教师亲自带领学生们体验一次完整的学习过程的很好的教学实践。

4.教学评价的三维化

在传统的教学质量评价中，往往只重点考虑对知识点的掌握，对考试范围的熟练程度等，评价较为单一，且不利于学生的全面发展。在小规模乡村学校的教学中，教师可以关注到学生的学习方法和成绩的变化、思想及感受的变化，知识与技能的变化，即全面了解和掌握学生在学习过程中的接收能力和接收程度，以及对方式方法的适应性、对学习目标的认可等。教学质量和效率需要通过学生的收获来检验。教师要努力培养学生养成良好的学习习惯，培养对所学科目的兴趣和热情，培养学生掌握正确的学习方法，以及培养学生具备一定的解决问题的能力等。

第四节 乡村教师专业发展与乡村教育重塑

进入21世纪之后，各国都把发展教育放在国家发展战略的高度。而教育的发展除了进行教育系统的改革之外，最重要的就是对教师的培养。教师是教育活动的核心因素，也是活跃在教育实践第一线的主力军，他们直接决定着国家未来人才的整体素质。而立足于我国的国情来看，乡村地区的教育情况将决定着国家的整体发展进程。自"国培计划"实施以来，各地实践广泛开展，取得了显著成效。

第四章　乡村教育与学校教育治理

一、乡村教师发展的现状

（一）经济水平落后

1.经济落后难以吸引人才

我国的乡村发展和经济水平始终落后于城市，即使在改革开放之后，乡村的社会经济水平得到极大的改善和提高，但是城乡差距的存在仍然是一个不争的事实。经济上的"城强乡弱"，导致城乡教育之间也表现为"强者愈强，弱者愈弱"的态势。由于乡村的发展落后于城市，教育投入也相对偏低，使得乡村地区很难吸引优秀的年轻教师，长期下来，留在乡村的教师趋于老龄化，愿意来乡村教学的年轻教师可能是因为没有留在城市学校的机会才退而求其次来到乡村学校，一般而言，这一类年轻教师并不能长期稳定地留在乡村发展教育事业。

2.乡村教师的待遇福利偏低

教育经费捉襟见肘，也是一个重要原因。尽管"以县为主"的乡村义务教育经费管理体制的建立，以及乡村义务教育绩效工资的实施对这一困境的化解产生了一定的积极作用，但并不能根本性地改变乡村教师待遇福利偏低的现象。在有限的经济条件情况下，要让乡村中小学拿出资金用于改善教师的福利待遇，提高他们的收入水平，并为他们提供专业发展的专项资助，进行职业再教育依然是件十分艰难的事情。

3.整体资源匮乏，留不住人才

很多在乡村生活的年轻人向往着城市生活，其中也包括年轻的乡村教师。在乡村教学中表现优异的年轻教师，很多会争取进入县城或者省城的学校工作，这一方面是对自身能力的肯定，是工作平台的提升；另一方面，城市里的其他配套资源也是吸引乡村教师的重要因素。因为乡村教师也有老人要赡养，有孩子要培养，城市里的医疗和教育水平显然要整体上高于乡村。优秀的乡村教师为了自身发展和自己家庭的利益而离开乡村进入城市，也是无可厚非的事情，但是对于乡村学校却是一个严重的损失。

（二）教育政策因素

1.乡村生源质量无法保障

凡是在基础教育一线工作的教育从业人员，都能体会到生源质量不仅在很大程度上决定着教师的教学效能，而且对教师的专业信念产生影响。而当下乡村教育的一大困扰就是优质生源在不断流失。生源质量的不断下降不仅直接关系到教育成果，并且对本地的乡村教师也带来负面的影响。不得不承认，乡村教师正面临着极为严峻的现实困境。一方面，社会对乡村教师的要求越来越高，他们要在各种资源都相对有限的条件下积极开展工作；另一方面，他们的生源质量越来越差，很难提高整体的教学质量。生源是教学活动的重要参与主体，能够部分地决定教学质量，然而现实情况却是乡村的优质生源不断流入城镇，留在乡村学校的学生素质整体上低于城镇学生，这就进一步加剧了乡村教师的工作难度。面对这一尴尬境地，需要国家从政策层面上进行有效调节。发展乡村教育需要同时对各个主要因素进行整体布局和调控才能获得理想的效果。如果只是单纯强调一方面努力，忽略其他因素的作用，则很难实现目标。长此以往，乡村学校的教师在教学上的效能感也会大打折扣，在专业信念上的无力感和挫折感也会因此而得到强化，最终这些因素都会制约着乡村教育的发展。

2.城乡教育资源分配失衡

城乡教育资源分配是一个涉及多方利益、关乎教育公正的话题。很多国家的历史经验表明，在市场经济条件下，完全依靠市场或社会来对城乡教育资源进行分配只会加剧城乡学校利益的不均和城乡教育机会的不公平。只有从政策的层面进行干预，才能真正有效地平衡各方利益，促进教育公正的实现。从我国现有的城乡教育资源分配政策来看，无论是人力、物力和财力的配置上，乡村都处于相当弱势的位置，几乎所有的优质资源都流向城市，这样就使得乡村教育的发展更为艰难。而且，如果任由这种情况发展下去，问题会随着时间的推移而愈发严重，因此需要国家和政府格外重视起这一教育问题，并尽快研究推出适当的政策和制度，努力从根本上解决资源配置失衡的问题。

二、乡村学校教师培养的对策

通过了解和对比国外一些发达国家在乡村教育改革中采取的措施和尝试，拓宽了我们的研究思路，也给我们带来一些重要的启发，为我国的乡村教育振兴发展提供新的视角和一些成功经验，我们可以选取其中比较适合中国国情的举措，用于发展我们的乡村教师培养对策上，它们主要体现在以下几个方面。

（一）建立高校和乡村学校的沟通渠道

要想从整体上提高乡村学校教师的专业水平，除了提高培养新生力量之外，对现有的教师也要有相应的培训平台和渠道，而且要从现有的资源着手，和高校建立沟通渠道就是一个重要方面。以高校为中心向周边的乡村学校辐射，请一些学者和教育专家定期为乡村学校的教师进行培训，聘请资深的教师进行教学指导，并形成完整的培训、实践、督导、反馈、再培训的机制。

如果按照常规的方式要求乡村教师进行深造，尽管也会提高他们的专业能力，但是毕竟周期较长且效果较慢，增大了调控难度。然而，我们的高校有强大的师资力量，只是欠缺一个平台和沟通渠道，因此可以组建一个扶持乡村学校的专门小组，以周末的短期培训、线上督导等较为灵活的形式，直接为乡村学校教师现在面临的教学难题进行解答和培训。

（二）建立"校本式"培训模式

1. "校本式"专业培训

我们以往的教师培训都是立足于学历的教育范式，如获得相应的师范类学历资质是进入学校执教的唯一标准。然而具有"学历"仅仅说明这些师范生具有了基本的综合知识能力，但是这些知识和能力往往是游离于自身所处场域之外的。因此，我们今后对乡村教师的培训应该改为以乡村为本、以乡村学校为本。在接受了基本的综合知识培训之后，这些"预备役"的大学生必须接受"更专业"的培训。即将大学的课堂迁移一部分到乡村，唤醒乡村学校教师的专业自主意识，让他们能够真正以主人翁的姿态直面自身的专业成长。

2. "驻校式"培训模式

以往的乡村教师培训都是集结到县城或者省城接受统一的培训课程。这种模式的不足是让乡村教师脱离了其真实文化场景，培训内容也是高度概括的通识，虽然具有普遍意义却与地方文化脱节。因此，今后对乡村教师的培训可以采取"驻校式"培训模式，这不仅仅是地理位置的改变，也包括对培训内容的改进。应根据乡村学校的实际问题，向高校提出本校教师的培训要求，然后在教育行政部门、师资培训机构和乡村学校的协同参与下，共同制定培训方案，共同确定培训内容，最后以合作协议的形式规定培训的整个过程。以能够观照到不同地区教师专业发展需求的差异性为基本要素，是促进乡村学校教师专业成熟的最为有效的手段。

3. 实施的基本路径

首先，负责培训的有关专家要强化"田野"意识，以适时"驻校"的方式深入乡村学校的第一线，要关注乡村教师的发展需求和困境，与乡村教师共同探讨和交流，研发出高度切合实际需求的培训内容。其次，以文化区域为单位进行划片培训，这样可以保证具有相同乡土文化的地区在教育内容与形式上的统一性。最后，还要充分发挥熟谙本土教育文化的本土骨干教师的示范带动作用。

第四章　乡村教育与学校教育治理

（三）建立"自主性"专业发展机制

"自主性"专业发展是指从乡村教师个体出发、自觉主动地追求作为教学专业人士的生命意义与存在价值的不断进取的过程。具体而言，在乡村学校场域中实现教师的"自主性"专业发展，需要相应的机制。它包括激发乡村教师的内在发展愿景、累积个性化的发展经验，进而实现由他主到自主，由外在动机向内在动机的转化与超越。

一方面，可以以课程开发为契机组建乡村教师的学习共同体，这是一个良好的继续学习和自我提高的机会。在课程开发的过程中，乡村教师互相促进也互相激发，逐渐培养他们的自主性。另一方面，可以建立乡村学校教师行动研究群，通过真实、具体的教学活动，刺激与鼓励乡村教师进一步关注自身的教学现状，不断进行反思、探讨和实践，从而继续提高专业水平。

第五章 乡村教育振兴的现实困境与成因分析

在我国全面推进科教兴国战略和人才强国战略的当下,乡村教育受到高度关注和重视。乡村教育是我国教育事业的重要组成部分,落实乡村教育改革事宜,推动乡村教育发展,对实现乡村振兴的战略目标及提高中国教育改革成果具有重要意义。"社会小世界"是一个客观存在的、有着自身逻辑和必然性的场域,只有将事物置身场域之中才能获得真正的意涵。"对教育的思考必然延伸至对国家和社会问题的考察",且社会问题的频发会引发教育领域的重大变革,乡村教育振兴之路须扎根社会发展的现状,基于场域发展理论客观审视乡村教育发展的现实困境。

第一节　我国乡村教育的基本现状

在城乡二元的结构下，城市居民以及乡村的居民有着明显的分别，乡村地区的居民主要从事各类农业生产劳动，通过经营土地取得劳动收益。因此，相对城市居民，乡村居民在生产中与外界的沟通与联系相对有限，且需要在固定的区域中从事农业生产。这种生产的特性，必然对乡村文化产生影响。相对城市文化的多元性，乡村文化有着稳定、单一的特点。乡村教育受到乡村文化以及乡村实际生活的影响，在城乡之间的巨大差异下，乡村居民自然地渴望进入城镇中。教育是改变乡村身份的重要途径，对于发展环境较为单一的地区来说，教育甚至是改变其身份的唯一途径。因此，长期以来乡村中的教育活动都是作为乡村居民进入城市的跳板，在现实的生活压力以及差异影响下，人们难以看到乡村地区本有的独特价值，因此乡村教育与乡村发展存在的直接关联是极为有限的。

一是教育经费不足。长期以来，地区中的教育经费的主要来源是地方的财政，农村地区的税收资源较为有限，因此可应用的教育经费同样较少。与此同时，由于乡村人口分散，学校的数量较少，在基础教育阶段许多学生需要住校学习，这也增加了农村的教育经费负担。

二是区域发展不协调。教育发展的平衡性受到各类因素的影响，包括地区经济因素、地区的文化基础因素等。城镇地区与乡村地区的经济水平存在巨大差异，因此教育资源不平衡。即便同样处于乡村地区，各个乡村地区之间的教育发展水平也呈现出明显的区域不平衡。

三是教师队伍建设问题。虽然当前"城乡教育一体化"发展已经初见成效，但是农村学校师资薄弱问题仍然突出，和城市学校师资建设有着明显差距。一些高等师范院校的毕业生会优先选择城市就业，因为城镇学校环境好、薪资待遇较高，晋升发展的机会也比农村学校多，这就造成优秀教育人才集中在城市，农村教师队伍整体素质相对偏低。由于教师数量配置不足，很多农村教师都是身兼数职，这就造成农村教师工作压力倍增，兼顾多科目教学的同时，还要承担学生日常管理、安全、后勤等方面的任

第五章　乡村教育振兴的现实困境与成因分析

务。农村教师很少有机会参加专业学习、培训，脱岗进修的机会更是少之又少。外部人才引入不足，内部人才发展机会有限，这些都对农村教育的发展造成不利影响。

四是乡土文化缺失。在现代教育发展过程中，无论是教育目标还是人才培养导向，都带有鲜明的城市化特点，农村教育也不例外，在向"教育现代化"靠拢的过程中，乡土特色也被随之弱化，甚至一些乡土元素完全消失，这样的教育模式已经偏离了农村教育发展的本质，人才培养与教育导向脱节，这同样会导致农村人才出现巨大缺口。从当前学校使用的教材来看，多数内容都是以城市背景来编写的，如数学习题中经常出现的游乐场、居民社区、图书馆等场景，这些都和农村实际情况有一定距离。"城乡教育一体化"发展固然需要教育现代化，但是失去乡土教育特色已经背离了乡村振兴战略的初衷，而农村学校校本课程开发不足，也削弱了课程的乡土特色，导致学生乡土情怀淡漠。在现阶段乡村地区应用的教材与城镇地区一致，这就限制了乡村特色教育的发展，教师需要按照教材内容进行教学。例如，在基础教育阶段的自然科学学科教学中，教材选择以及教师选择的案例多数是来自城镇生活、工业生产活动，与乡村生活以及农业生产活动关联有限。

五是教育意识淡薄。一些农民受到落后思想影响，认为打工比读书更"务实"，所以有些农村学生只读完初中就外出务工，家长认为是否读高中、考大学这些都不重要；还有些家长认为农村女孩没必要追求学历，只要读完初中就算完成教育义务；还有些家长常年外出务工，对孩子的教育问题缺乏关注，或者心有余而力不足，留守儿童的学习和成长问题已经引起了社会各界的广泛关注。这些问题都会造成农村教育边缘化，很多学生读完初中就进入社会，还有些学生甚至初中未读完就辍学务工，这些显然与农村落后的教育理念有直接关系，劳动力素质低下是阻碍乡村振兴的重要因素。

六是资源配置不均衡。农村教育资源配置相对不足，这一问题在偏远农村尤其明显。比如一些农村学校没有实验室，那么小学的科学实验，中学的物理、化学实验就无法全部操作。农村学校设施配置不足，一些学校尚未配备图书阅览室和多媒体教室，体育设施缺口较大，校园网络覆盖有限，信息化教学无法全面展开。由于农村教育资源配置不足，有些家长会把孩子转到城镇学校读书，造成"空心村"中的"空心校"，留在农村学校的孩子会因为学习自信的削弱，产生不同程度的厌学心理。因为资源配置不到位，很多教材中要求实验、探究的内容无法深入进行，这也造成农村学校教学形式陈旧单一，严重抑制了农村教育的发展活力，阻碍农村教育事业的进一步发展。

第二节　我国乡村教育面临的主要问题

一、"边缘化"问题

中国乡村教育的"边缘化"问题主要体现在以下几个方面。

（一）地理的"边缘化"

由于受地理位置的影响，乡村教育正面临着地理的边缘化。乡村社会远离城市中心，尤其是"老少边穷"地区更是与城市相距甚远，乡村教育相对于城市教育而言正处于地理的边缘位置，导致乡村教育的发展机会有限，逐渐被现代文明遗忘。

（二）乡村教师身份的"边缘化"

受现代城市思维的影响，很多人将乡村社会与"落后""愚昧""贫穷"联系起来，身处乡村的教师作为乡村教育的灵魂，难以形成合理的身份认同，从而造成了乡村教师身份的边缘化，这是乡村教育边缘化的一个现实反映。

由于受地理位置、人际交往等多方面原因的影响，乡村教师与城市教师联系较少，而且因为乡村社会的快速发展，尤其是现代文明在乡村的渗透，导致乡村教师很难涉足乡村事务。因此，乡村教师在一定程度上处于城市与乡村的双重边缘位置，不管是在现实中，还是在名义上，乡村教师既不真正属于乡村，也不真正属于城市，这无疑加剧了乡村教师与乡村教育的边缘化。

（三）乡村教育制度的"边缘化"

在国家颁布的教育政策中，关于乡村教育的政策文件较少，这说明乡村教育处于制度的边缘。现有的一些教育政策不分城市与农村，只是做了普遍化的规定，或者只是简短地提了一些和乡村教育有关的条款，制度的缺失反映了乡村教育被忽视的现实。

二、"断裂化"问题

在传统社会中，乡村教育与乡村社会、乡土文化融为一体，乡村教育不仅参与乡村社会建设，而且还发挥守护和传承乡土文化的作用。乡村教育以自身的文化优势引领着乡村文化的发展。然而，随着现代文明的发展、社会流动的加剧、多元文化的渗透以及乡村教育结构的变化，乡村教育与乡村社会渐行渐远，现代文明逐渐吞噬着乡村教育与乡村社会、乡土文化之间的天然纽带，乡村教育面临着结构上的"断裂化"问题。下面从两个方面来分析乡村教育的断裂化问题。

（一）乡村教育与乡村社会的结构断裂

现阶段，乡村教育正疏离于乡村社会。

一方面，由于现代文明的影响，尤其是电视、计算机等新兴媒介进入乡村社会后，乡村人民对各种信息的了解更为便捷，加上社会人员加速流动，广大乡民进城务工、创业，给乡村社会带来了大量的信息和奇闻趣事，而且一部分致富能手成为乡村人民的榜样，这在很大程度上消解了乡村教育的作用,尤其是乡村教师的文化权威,导致乡村教师被动远离乡村、疏离村民,从而加剧了乡村教育与乡村社会的割裂和分离。

另一方面,由于乡村社会的文化变迁,乡村人民对乡村学校、乡村教师的无意识疏离致使乡村教师主动远离乡村社会,乡村教师的活动范围局限于学校内,导致乡村教育与乡村社会的天然纽带遭到严重破坏。

(二)乡村教育与乡土文化的结构断裂

乡村教育正逐渐远离乡土文化。乡土文化是乡村人民世代生活的历史积淀,是乡村社会的精神之根,孕育了一代又一代的乡村人民。在传统社会中,乡村教师作为乡村教育的主体凭借自身的文化优势和乡村社会中德高望重的老者共同对乡土文化典籍进行整理,参与各种乡村活动。然而,随着乡村教师与乡村社会的疏离,乡村教师心系城市,日益发达的网络文化环绕在乡村教师的日常生活中,使乡村教师萌生"逃离"乡村的想法。在现代文明的冲击下,极具特色的乡土文化慢慢衰落,乡村教育与乡土文化之间的"断裂化"问题愈演愈烈。

三、"现代化"问题

随着城乡一体化进程的推进,乡村教育面临着诸多的困扰,如是为城市教育所"俘虏",还是坚持走自己的路?是作为城市教育的翻版,还是保持自身的特色?是秉持自身的"优良传统",还是彻底无根的"现代化"?现在,发展乡村教育需要迫切思考与解决的问题是乡村教育是否该"现代化",如何实现"现代化"?[1]

乡村教育时代定位的关键在于处理好"现代化"问题,即传统与现代、

---

[1] 李森,张鸿翼.当代中国乡村教育研究[M].广州:广东教育出版社,2018.

后现代之间的关系问题。在乡村教育的现代化发展中,比较突出的是乡村教师的现代化问题。乡村教师尤其是年龄较大的教师熟悉并受益于传统文化,因此敬畏传统文化,坚决拥护传统文化。然而,现代文明的发展和城市化进程的推进要求乡村教师不断学习新的文化,掌握新的教育教学方法。但长期身处乡村社会的乡村教师,相对于城市教师而言,对现代教育技术的掌握较少,更不能像城市教师那样熟练运用新兴教育技术手段去授课,长此以往,一些乡村教师对现代技术产生抵触情绪,年龄较大的教师甚至拒绝接受与采用现代教育技术。[①]

此外,随着后现代文化在乡村社会的渗透,后现代思维方式对乡村教育教学产生了很大的影响,因此乡村教师在日常教学中常常被一些问题困扰,如怎样处理好教师引导与学生建构的关系,如何让学生充分发挥自主性等。而这些问题也是关乎现代化的问题。

总之,乡村教育在社会转型背景下要实现更好的发展,就必须解决好现代化问题,既要传承优良的传统文化,又要积极汲取现代文明成果,将传统文化与现代文明有机结合起来,实现思维方式的现代转换。

第三节 我国乡村教育振兴的困境与成因分析

一、城乡二元结构导致教育资源配置不均

长期以来由于城乡二元结构的影响导致城乡教育资源不均衡一直制约着

[①] 赖明谷,安丽娟.基于乡村振兴战略的乡村教育发展研究[J].上饶师范学院学报,2019,39(04):79-86.

我国教育事业的发展和社会公平正义。在城乡二元结构的影响下，优质教育资源向城市聚集，主要表现在办学条件、师资水平、教育质量等方面差距显著，城乡在资源配置上已经形成显著差异。而且，随着城市化进程快速推进，城乡之间在政治、经济、文化上的差距越来越大，教育的城乡二元结构已经形成且差距明显，进而影响了人和社会的发展差距，使得乡村精英人才外流、乡村道德失范、乡村经济衰落、传统文化缺失，人口向东部地区和城市流动、村落废弃、村民老龄化、农业边缘化和儿童留守严重，以及教育领域的重大改变，加剧乡村教育在乡村振兴进程中经受着一系列的困难和挑战，不利于乡村教育的健康快速发展。

教育的城乡二元结构与政治、经济、文化等城乡二元结构是辩证统一的关系，在城乡二元结构仍较为明显的背景下，乡村整体发生很大变化。世界银行数据显示，2011年我国有行政村266.9万个，2019年减少到251.3万个，8年间行政村减少了15.6万个，平均每年减少1.95万人，截至2020年，城镇人口增加23 642万人，乡村人口减少16 436万人，城镇人口比重上升了14.21个百分点。教育部数据显示，近10年来，农村小学校数量和在校生分别又锐减了49%和40%，而城市的小学校数量和在校生却分别增长了11%和61%（见表5-1），"十三五"期间，我国义务教育阶段在校生数量持续上涨，而学校数量持续下降，与2018年相比，2019年全国义务教育阶段在校生增加396万人，城市小学增加650所，农村小学减少2313所；城市初中增加569所，农村初中减少136所。影响西部乡村教育衰落的主要原因是资源问题：一是东西差距。例如，我国财政性教育经费主要来自中央财政性教育经费拨款和地方政府一般公共预算教育经费，中央财政性教育经费支出一般维持在5%~6%左右，地方政府一般公共预算教育经费维持在94%~95%左右。所以，本地区教育经费支出的主要承担者是地方政府。同时，我国地方政府财政性教育经费维持在本地区生产总值的4%稍高一点，由于东西经济发展存在巨大差距，极大地影响了西部地区教育资源的分配。二是城乡差距。例如，我国基础教育阶段的教育经费一般是生均公共预算事业经费拨付方式，由于乡村学生人数的急剧减少，导致学校经费的长期短缺。总之，在城乡二元结构影响下教育资源配置不均，导致我国乡村衰落和乡村教育衰落，乡村人口开始向城市流动，乡村教育主体流失。

第五章 乡村教育振兴的现实困境与成因分析

表5-1 2010—2020年我国义务教育阶段学校数、小学生数

2010—2020年我国义务教育阶段学校数、小学生数

年度	义务教育阶段学校数（万所）	初级中学数（万所）	城区初级中学数（万所）	镇区初级中学数（万所）	乡村初级中学数（万所）	全国共有小学数（万所）	城市小学（万所）	县镇小学（万所）	农村小学（万所）	其中小学教学点（万所）	城区教学点（万所）	县镇教学点（万所）	农村教学点（万所）	小学在校人数（万人）	城市小学在校生（万人）	县镇小学在校生（万人）	农村小学在校生（万人）
2011	29.54	5.41	1.08	2.23	2.1	24.13	2.62	4.6	16.91	6.74	0.08	0.56	6.1	9926	2607	3254	4065
2012	28.18	5.32	1.09	2.29	1.94	22.86	2.62	4.74	15.5	6.98	0.08	0.64	6.26	9696	2688	3355	3652
2013	26.64	5.28	1.11	2.28	1.85	21.36	2.61	4.72	14.03	8.28	0.12	0.81	7.36	9361	2773	3371	3271
2014	25.4	5.26	1.15	2.34	1.77	20.14	2.63	4.64	12.87	8.9	0.14	0.9	7.86	9451	2943	3458	3050
2015	24.29	5.24	1.15	2.39	1.7	19.05	2.61	4.61	11.84	9.3	0.15	0.97	8.18	9692	3070	3655	2966
2016	22.98	5.21	1.19	2.4	1.62	17.76	2.67	4.46	10.64	9.84	0.15	1.01	8.68	9913	3267	3754	2892
2017	21.89	5.30	1.24	2.43	1.53	16.7	2.72	4.4	9.61	10.29	0.16	1.1	9.03	10093	3462	3856	2775
2018	21.38	5.20	1.28	2.44	1.48	16.18	2.78	4.34	9.06	10.14	0.17	1.09	8.88	10339	3722	3951	2666
2019	21.26	5.24	1.24	2.45	1.45	16.01	2.85	4.31	8.86	9.65	0.17	1.03	8.45	10561	3964	4040	2558
2020	21.08	5.30	\	\	\	15.8	2.92	4.27	8.61	\	\	\	7.92	10725	4203	4072	2450

（资料来源：2020年全国教育事业发展统计公报）

二、物质和精神背离导致教育主体的流失

影响西部地区乡村教育式微的关键因素是乡村学校教育主体的流失。乡村人口的减少和流失使得乡村教育失去了经济和文化基础，以及乡村教育发展的内生动力与生机。

首先，物质和精神背离导致乡村教师的流失。一是，乡村教师有其"经济人"的一面，有其物质追求和基本社会追求，发展相对滞后的乡村经济导致城乡教师的资本差异较大，待遇偏低导致流动失衡、教师流失严重。二是，乡村教师更是一个"社会人"，在追逐物质利益的同时，更要寻求精神上的认同和满足。乡村教师与学生、家长、领导等主体构建的信任关系随着乡村社会的转型出现了危机，在传统认知观念偏差的影响下，乡村教师的身份认同模糊，乡村教师社会地位偏低，职业发展存在瓶颈，缺乏职业成就感，专业发展受限，信念动摇，优秀教师流失。有学者在研究云南多民族地区乡村教师时，发现影响乡村教师流动及流失意愿的因素按重要性排序依次是"子女上学及家庭生活""工资待遇与工作负担""学校位置及交通、住房条件"。青年教师（尤其是女教师）的流动及流失意愿最为强烈，且更易受到现实需要的影响，工资收入越高教师的流动及流失意愿越弱，且受学校区位的影响。数据显示，在有流动及流失意愿的教师中，56.1%的教师表示想调动，20.8%的教师表示想改行。在研究行业意愿中，有26.8%的教师选择"公务员"，21.4%的教师选择"其他事业单位"，11.6%的教师想经商，只有17.6%的教师表示继续选择当老师。随着东西差距和城乡差距的持续拉大，西部乡村教师的流失意愿最为强烈，势必成为西部乡村教育式微的关键因素。

其次，物质和精神背离导致的乡村学生流失。主要表现在两方面：一是外出务工随迁子女导致的乡村学生流失。随着城市化进程的发展，单一的乡村产业导致农民收入方式单一且微薄，土地资源有限，产业难以形成规模优势，就业创业机会少，在1995—2016年间，中国乡村地区就业机会由4.9亿个减少到3.62亿个，乡村大量劳动力外出务工或者从事城市基础建设。教育部数据显示，2019年，义务教育阶段进城务工人员随迁子女1427万人，占

第五章　乡村教育振兴的现实困境与成因分析

在校生总人数的比例为9.3%。从区域分布看，在东部地区就读的进城务工人员随迁子女为828.8万人，占全国总数的58.1%；从来源看，进城务工人员随迁子女以省内流动为主，省内其他县迁入比例为57.1%。第七次人口普查中流动人口达37 582万人，与2010年相比，人户分离人口增长88.52%，这表明，我国外出务工随迁子女是导致乡村学生的流失主要原因。二是越来越多的乡村家长和学生在追求优质教育资源和强烈的学习动机中实现乡村逃离，进而导致乡村学生流失，数据显示，2020年全国人口共141 178万人，城镇化率63.89%（2020年我国户籍人口城镇化率为45.4%），居住在乡村的人口占36.11%。与2010年相比，城镇人口增加23 642万人，而2019年，我国小学在校生城镇化率达75.8%，初中生城镇化率达86.5%。2010年到2020年十年间我国农村小学在校人数持续下降，由2010年的4 065万人减少至2020年的2 450万人（见图5-1）。这意味着义务教育阶段学生城镇化率远远超过了全国城镇化率的平均水平，乡村学生大量流失，根据纳什均衡理论，预计随着社会发展和城市化进程的加快，越来越多的乡村学生逃离乡土，追求城市优质教育资源，未来我国城镇化率还会持续增长，越来越多的乡村青年通过学习和就业转变为城市居民，其后代随着父辈进城转化为城市学生，使乡村学生大量流失。

图5-1　2010—2020年我国农村小学在校人数曲线图

（资料来源：2020年全国教育事业发展统计公报）

马克思认为劳动力再生产和物质资料具有同等的重要性，其决定着社会的发展和存在，教育具有劳动力恢复、保持和再生产的作用。从这一理论理解，乡村教师和学生的流失是导致西部地区乡村人口的大量流失和乡村教育衰落的主要原因，进而影响到西部乡村政治、经济、文化和环境等一系列连锁反应，导致西部乡村教育生态系统失衡。

三、多元主体结构影响教育生态系统失衡

人口"是一个具有许多规定和关系的丰富的总体"，人口作为人类生态的关键因素直接对教育生态发生作用，主要是人口与政治、文化、经济、自然和社会等有着错综复杂的关系。同时，作为社会生态系统的子系统，学校生态系统与其他子系统和生态因子有着广泛的联系，无论其内部还是外部都有着相互作用与影响。西部地区乡村教育生态系统失衡，除了全国乡村教育共性问题外，还与其区域内的政治、经济、文化、人口和地缘环境有关。

首先，人口对教育的影响主要表现在人口结构和人口容量。一是人口结构是一个社会的基础，是观察和研判社会整体结构及其变迁的重要指标，将对教育的未来发展产生重大影响。西部地区乡村人口大量流失、年龄结构老龄化和留守儿童居多，以及人口与文化、经济、自然和社会等有着错综复杂的关系，这种错综复杂的关系形成特定的社会生态直接对教育生态发生作用。同时，西部地区人口迁移、数量波动大、生活方式多样和人口稀疏，给西部乡村教育生态系统带来了不稳定性，不但造成学校人力和物力的大量浪费，也造成教育的内部生态系统和外部生态系统紊乱，进而使学校管理制度和校园文化建设弱化。二是人口对教育的直接影响表现在教育的人口容量，西部地区城市化进程中城市教育需求急剧增长，远远超过了教育生态系统健康发展所要求的适度教育人口容量，教育需求与教育供给之间存在着种种矛盾，由此带来复杂的连锁反应，学校和班级规模超大，给教育生态系统带来了沉重的压力。相反，西部地区乡村教育学生数量急剧减少，出现大量小规模学校，造成教育资源的严重浪费。

第五章 乡村教育振兴的现实困境与成因分析

其次，文化对教育生态系统的直接和间接影响，文化不仅是教育的内容，更是教育的环境，不同类型的文化，不同区域的文化直接或间接地影响教育发展的各个方面。习近平总书记说过，"文化认同是最深层次的认同，是民族团结之根、民族和睦之魂"。教育同样具有选择、保存、传递、延续和发展文化的功能，在新时代，国家处于深化改革的关键期，教育对于多元文化的整合有一定的推动作用，但是过程充满艰巨和困难。西部地区由于多民族、风俗习惯、宗教信仰、生活环境、生活习惯和复杂的地缘环境而形成多元文化生态，即使是同民族内部也因为地理位置不同导致文化差异，而形成多元文化生态，在这种不同文化共存与发展的过程中，教育不仅要适应这种复杂的文化生态环境，也受到了多元文化对教育外部生态环境和内部生态环境共生影响，直接影响西部地区乡村教育发展。

再次，西部地区经济、政治、地理是影响教育资源分布的主要因素。经济基础、地理位置、风俗习惯、宗教信仰、生产力水平直接对学校布局起决定性作用，而学校分布以资源分布的形式影响乡村教育生态和社区环境，乡村原有的教育水平、经济结构和人口结构直接制约着我国的教育发展水平、规模和速度。学校生态系统和外部环境构成复杂的生态系统，既有适应性，更具有动态平衡的原则。教育资源以环境因子和输入要素对乡村教育生态系统进行影响，主要表现在教育资源的浪费，以及乡村教师和学生流失。乡村学校由于学生数量少，在原有固定资产的基础上使用率低，乡村教育开始内卷化。乡村学校的内卷是由于优质生源的流失导致管理疲倦，教师内卷化是由于学生的学习积极性不高、学校的管理机械化和任务繁重，家长的内卷是由于"学而优则仕"的传统观念导致，大学毕业意味着失业，学生的内卷是由于对教育的认知存在偏差和短期经济利益的驱使，同时大部分学生长期由于父母外出导致留守儿童无人看管、亲情缺失。

最后，家庭教育缺位是导致西部地区乡村教育治理的主要困境，家庭教育在学生许多发展维度上的作用甚至要大于学校。家庭教育缺位成为西部地区乡村教育振兴难以调和的主要矛盾，随着城市化进程加快，工商业主要集中在东部沿海地区和城市，西部地区农村剩余劳动力的富足，多数农村人口迫于生计开始选择外出务工，出现了留守儿童长期缺少亲情陪伴和家庭教育缺失，截至2018年8月，父母均外出务工致未满16周岁的全国留守儿童数量达687万，这主要集中在西部地区，调研甘肃某县乡村中学近5年学生人数变化，随机抽样2所乡村初级中学，发现留守儿童人数在全校人数中的比例持续上涨，截至2021年，留守儿童高于全校总人数的1/3。留守儿童成为社会关注的焦点的主要原因是长期的亲情缺失会导致儿童生理和心理发展障碍，以及学业成绩不高，直接影响社会发展和人口素质。造成这一局面的主要因素主要是西部地区乡村缺少良好的经济、政治、文化环境等，这一系列错综复杂的关系使西部乡村教育生态失衡。

任何事物都是由有联系的部分组成的，只有从整体出发分析其组成要素之间的关系，才能防止片面性，二者之间的关系是解决问题的实质。乡村教育振兴是一个复杂的深层次社会学问题，不再是传统的"建设—改造—重建—复兴"之路，而是转变为"融合—发展—创新"推动乡村振兴的新时代可持续发展之路，不再是单一因素的乡村教育推动乡村振兴或者是乡村振兴引领教育发展，而是乡村振兴与乡村教育振兴的协同推进、互相促进的发展模式。西部乡村教育振兴的现实困境与生成逻辑衍生出乡村教育衰败的根本原因既有内部因素又有外部因素，既需要通过教育内部手段进行自我诊疗，又需要通过外部政治、经济、文化、环境等进行多元修复。我们在寻找解决这些困境的方法时，探寻到"小城镇"这个标本兼治的现实路径。

四、乡村教育未能坚守自己的价值定位

"为农服务"是乡村教育的重要发展理念，然而受城市教育理念的冲击，乡村教育的发展理念没有得到很好的落实。在乡村振兴战略背景下，乡村教育的改革与发展需要充分挖掘和发挥乡村教育对乡村建设的功能，但现实中乡村教育的发展及其功能的发挥面临诸多问题与瓶颈。城市教育给乡村教育带来了较大的冲击，人们盲目追捧城市教育，怀疑乡村教育。当前我国城乡社会发展差距大依然是客观事实，城乡教育差距也比较大，在城市教育中，人才培养理念符合社会发展需求，教育技术丰富而先进，教育资源丰厚，因而城市教育的优越性吸引了广大乡村学子，使乡村教育片面追求升学率的问

第五章　乡村教育振兴的现实困境与成因分析

题越来越明显。同时，乡村教育效仿城市教育而确立办学理念、人才培养目标以及课程知识体系，这种脱离乡村社会发展实际需要的盲目效仿不仅没有起到积极作用，反而导致乡村教育"不伦不类"，致使乡村民众对乡村教育越来越不信任。①

乡村文化有自身的特殊性，但乡村教育在模仿城市教育的过程中忽视了特殊的乡村文化，从而造成了乡村教育与乡村文化的背离。城市文明冲击着乡村文明，影响着乡村社会，其中包括对乡村教育的影响。乡村教育采取与城市教育极为相似的模式来办学，这种相似性表现在办学理念、人才培养目标、具体教学体系等多个方面，乡村教育走向了全面都市化之路，但这与乡村社会的发展水平和乡村文化的特殊性是不相符的，乡村社会的发展现状不足以为乡村教育的城市化改革提供良好的环境与条件，城市教育在城市社会与现代文明中兴起与发展，其背后所蕴含的现代思想、现代文明、现代情感等是乡村社会所无法提供的。

城乡教育的差距是真实存在的，乡村教育不能盲目效仿城市教育，乡村社会也不能盲目搞城市化建设，抛弃自身特殊性，对乡村文化与乡村社会现状全然不顾的乡村教育不仅追赶不上城市教育，反而会引起人们的反感与质疑。

乡村教育有自身的特殊性，也有自身的优势，如接近乡村自然，有浓郁的乡村情怀，与优秀的传统乡村文化密切联系，能够给年轻一代带来真实的生命体验，这些优势是城市教育无可比拟的。所以，乡村教育改革不能与乡村文化相脱离，更不能走出乡村社会，而应回归到乡村文化生活中进行有意义的改革。

五、政府对乡村教育的重视程度有限

我国提出乡村振兴战略后，政府部门积极投入关于乡村发展的各项工作

---

① 安丽娟.基于乡村振兴战略下的乡村教育发展研究[D].南昌：南昌大学，2019：32.

中，各部门工作热情高涨，纷纷为推动乡村社会建设献计献策，做出很大的贡献。但是由于一些地方政府尤其是乡村政府没有清晰地认识与了解到乡村振兴的前景与长远目标，而且忽视了乡村教育对落实乡村振兴战略的重要推动作用，从而造成了政府缺乏对乡村教育大力支持的现状。

政府支持力度弱，是乡村教育发展中出现诸如学生培养、教师队伍建设等问题的主要原因之一。政府部门在思想上不重视乡村教育，而思想直接决定行动，因此在行动上也有诸多相应的表现，如在乡村教育中没有投入充足的财力资源、物力资源及人力资源，没有出台相关扶持性的政策文件来为乡村教育改革和发展提供保障，而且一味借鉴原来的经验或其他地区的经验进行乡村教育改革，没有从现实出发探索专门的出路。

尽管国家提出要重视乡村教育、乡村建设和乡村发展，并出台了一些相关的法律政策，但在地方上很难全面落实上级号召和政策，一些发展的"口号"难以在乡村教育的实践中如实"兑现"。要解决这个问题，就必须使地方政府特别是乡村政府从思想上深刻认识到乡村教育对乡村振兴的重要意义，只有端正了思想，增强了意识，才会付诸实际行动，真正为乡村教育改革与发展出谋划策，采取有现实意义的对策来推动乡村教育发展，进而实现乡村振兴的战略目标。

六、乡村教育的价值受到社会的忽视与怀疑

社会对乡村教育的怀疑与忽视，是由乡村教育质量低的客观事实直接造成的，这也引起了社会对乡村教育价值的非客观评价，甚至否定乡村教育的价值。社会对乡村教育的评价不够客观，对待乡村教育缺乏公正性，再加上乡村教育的独特价值受到了城市教育的冲击，从而使乡村教育的办学理念和办学目标受到严重影响，也导致乡民对本土教育不信任，乡村教育的重要价值无法得到发挥。

首先，在传统观念的影响下，社会看待乡村教育不够理性，加上现代文明和都市化教育理念的冲击，导致不管是城市人民还是乡民，都无法客观评

第五章　乡村教育振兴的现实困境与成因分析

价和正确看待乡村教育。

其次,在乡村教育改革中,既有乡村化倾向,也有都市化倾向,在二者之间徘徊,没有明确的定位,茫然又矛盾,从而对乡村教育理念、人才培养理念、课程结构设置、教育教学管理等造成了严重的制约。

再次,我国一些乡村社区有较多的留守儿童,部分适龄留守儿童没有享受到受教育的权利,他们的监护人不重视孩子的教育,可见乡民本身也在怀疑乡村教育的价值,忽视了乡村教育的重要性。

最后,乡村教育以提升升学率为主要目标,一味强调学生的文化课成绩,忽视了学生的心理健康和全面发展,尤其是留守儿童的心理和人格健康,导致乡村青少年学生综合素质较低,与城市同龄学生有一定的差距,这反过来又会导致社会更加怀疑乡村教育的价值。

第六章　国外乡村教育振兴的经验借鉴与启示

国外发达国家的乡村教育已经建立了相对完善的体系,经过多年的发展也积累了丰富的经验。对于我国而言,可以充分借鉴国外乡村教育振兴的策略,并结合本地的实际,有利于避免其发展过程中的困难。为此,本章重点探讨国外乡村教育振兴的经验借鉴与启示。

第一节　美国的乡村教育发展

一、美国乡村的职业教育

（一）美国的乡村职业教育

美国地处北美大陆南部，是世界上城市化程度最高的国家之一。美国乡村可以说是地广人稀，但农业的产出却很丰富。美国的农业非常发达，畜牧业和种植业并重，美国的畜牧业是高度发达的产业，也是资金和技术密集的产业。近年来，在美国中等职业学校和高等院校中，"农业教育"专业的招生数一直在上升。美国主要通过以下几种方式来发展乡村职业教育。

1.通过法规和政策推动乡村职业教育发展

与世界上其他国家一样，美国政府也很重视乡村职业教育发展。政府通过颁布法案强化国家对职业教育的干预，使职业教育在政策导向的影响下，沿着政府设计的方向发展。1917年，美国国会通过了以鼓励发展职业技术教育为主要内容的《史密斯—休斯法案》，要求对乡村的在校学生及校外青年进行职业技术教育，从而把已经在农场工作的成年人囊括在乡村职业教育的范围内，使他们有了接受比较正式的中等教育的机会。

美国还重视对弱势产业——农业的扶持，主要表现在以下几方面。

第一，重视乡村的基础设施和社会事业建设。

第二，政府对农业直接扶持。

第三，制定相关政策确保农民收入的稳定和提高，正是这些对农业、乡村、农民的扶持政策使得美国城乡职业教育相差无几。

此外，美国政府还主动承担引导乡村富余劳动力转移的责任。20世纪50年代，美国总统行政办公室就专门设立了"就业机会办事处"，负责实施联邦政府制定的《就业机会法》。该法强调为乡村人口提供有效的教育和培

第六章 国外乡村教育振兴的经验借鉴与启示

训计划，并提出必须为低收入农户开办非农业企业提供贷款、向乡村失业农民提供迁居费用等资助的法律要求。1962年，美国通过了《人力发展与训练法》，明确提出要通过提供训练机会来解决乡村中就业不足的问题。该法的实施也缓解了乡村劳动力转移就业准备不足的问题，通过乡村职业教育，走出了乡村富余劳动力边产生、边转移，工业化、城市化趋于同步的发展道路。

2.建立法律层面的乡村职业教育经费保障机制

1917年，美国国会通过《史密斯—休斯法案》，规定由联邦政府拨款资助中学建立职业教育课程，首次以立法的形式为中等教育程度的职业教育体制提供财政基础。此后，联邦政府多次通过追加对职业教育的拨款，扩充资助的范围，使职业教育得到了巨大的发展。通过立法，使社区学院和初级技术学院的功能定位明确，办学条件到位，配套措施和机构齐备，合作伙伴（包括政府及其各部门）责、权、利分明。此外，美国乡村职业教育经费还有来自州政府的拨款、彩票、教育税、租人教育基金等。

3.设计富有弹性的乡村职业教育课程与教学体系

美国乡村职业教育之所以成功，与其立足现实、课程设置多样化、教学方式灵活有很大关系。美国的乡村职业教育内容涵盖农业生产、经营、管理、投资等各个方面，强调知识的应用、普及和推广培训，同时还针对农民创业对有关能力的需求进行相关培训，如创业能力、领导能力及团队合作能力等。美国综合性的乡村社区学院和乡村职业中学不仅提供专业课程，为未来的农民提供学习的机会，使他们有一个良好的基础，也有数量广泛的选修课程，其显著特点是灵活多样、应用性强，教学之余鼓励学生到农场、铸造场、熔铁炉及机械工厂参加生产实习，注重实践教学。

美国乡村职业教育的课程安排特别注重培养学生在农场、工厂与农业机械方面的实践操作技能，理论教学的课时相对较少，教学过程由教室活动、学生家庭农场作业、农机机具活动、参观学习活动和美国未来农民协会活动组成。此外，美国也注重运用先进的信息技术推动乡村职业教育的发展，美国的一些农民培训都是通过网络远程培训的方式进行，这样农民可以较大限度地自己掌控培训时间，更加符合农民的个人要求。

4.构建发达的现代乡村职业教育体系

随着《职业教育法》《1968年职业教育法修正案》和《1976年职业教育法修正案》的实施，美国接受职业教育人数迅猛增加，职业教育体系也日趋完备，美国已经形成了相当完整的农业教育、研究与推广三位一体、统一管理的乡村职业教育格局。美国的乡村职业教育在联邦一级，有农业部直接设立的进修学院；在州一级，各州的州立大学、农学院、赠地学院、乡村社区学院、综合中学，以及各地设立的中等农业技术学校等专门学校，共同为本州培养各层次的农业生产管理和农业技术人员，为本州的乡村发展提供咨询和培训服务。除了正规的学校教育之外，美国乡村职业教育体系还包括各种类型的非正规学习和活动，内容涉及与个体和社区发展相关的一切领域，如美国1952年农业部指导下的乡村青少年组织"4H俱乐部"活动等。

（二）美国乡村职业教育对我国的启示

乡村学校教师质量的相对薄弱是一个全球性的教育问题。为了应对这一棘手的问题，世界各国先后进行了各种形式的尝试，推行了有关政策和措施来致力于乡村学校教师发展水平的提高。有不少都取得了显著的效果，对减小城乡教育差距、提高乡村教师质量、改善乡村学生的教育环境都获得了积极的成果。这些经过验证的实例对我国的乡村教育振兴具有一定的参考价值。

1.以优惠措施激励大学生参与

人才是一切事业发展和建设的关键，从"为美国而教"项目中我们可以看到，美国在发展乡村教育的实践中，以吸引优秀大学毕业生积极参与为切入点，采取了一系列的优惠措施。

（1）志愿者只需履行为期两年的服务。

（2）志愿者对执教服务区有一定自主选择权。

（3）志愿者享受带薪假期。

（4）志愿者可享受研究生院和公司提供的特殊待遇，对于一些已经签约的志愿者，各大公司与企业还允许其延缓两年再上岗。

（5）凡是"为美国而教"的志愿者都可申请每年4725美元的教育奖金。

2.严格的志愿者选拔程序

为保证志愿者队伍的质量和素质水平,"为美国而教"项目对申请人员实行严格的选拔程序。这些申请者必须是来自全美最具竞争力的大学,并且要参加严格的教学实践考试。保证只有非常优秀的大学毕业生才有资格参与,这一下子就提高了这批志愿者教师的门槛,从根本上保证了项目的实施质量。

3.集中培训与跟进指导

在志愿者被分派到各个学区任教之前,必须提前接受为期5周、每周6天、每天15个小时的高强度短期集中培训,请来给志愿者进行教育培训的人都是资深的教育专家和优秀中小学教师。培训分为理论学习和实践操作两部分,并且除了前期培训之外,该项目还提供一系列的后期跟进式指导,也就是说从参与人员的选拔到实施过程的监督都有严格的标准和完善的程序。

4.双重的评估制度

对志愿者的教学评估以学生的学业成绩为主。学生成绩由两部分组成,一部分是课堂表现得分,另一部分是根据一定的评价标准对学生第一部分的成绩进行调整、合计而得出的分数。这一成绩测量系统一方面能够更准确地反映学生的学习变化,可以进行整体的评价;另一方面也可以掌握志愿者的教学情况并及时给予反馈,使其能及时调整教学策略,提高教学质量水平。

二、美国乡村中小学法治教育

(一)美国乡村中小学法治教育的发展历程

美国中小学法治教育遵循事物发展的规律,随着经济社会的发展和人们认知水平的提升,经历了一个逐渐从文本学习到实际应用再到制度化践行的阶段,法治化进程的每一个阶段都是对当时美国现状的客观反映。

1.注重文本学习阶段

学界普遍认同的美国中小学法治教育应该肇始于20世纪60年代。当时的社会普遍认为，法治教育非常必要，因为法治教育可以让人掌握社会的各项准则，所有人都自觉遵守既定准则的社会才是一个良好的社会，而中小学又恰恰是公民道德与性格养成的关键期，于是中小学阶段的法治教育得到了州政府与社会各界的足够重视和大力支持。当时美国中小学法治教育内容主要是学习全国《宪法》《人权法案》《独立宣言》等基础的法律文本，但直到在美国"法律学习运动"时期，新的法律文本才被中小学教材广泛引入，从而使中小学法治教育获得初步发展，这一时期美国的法治教育表现出明显的以文本学习为主的特点。

2.重视实际应用阶段

到20世纪80年代，随着美国青少年犯罪现象的日趋严重，美国社会开始思考文本的运用问题。1971年，昂·亚万斯基把美国律师协会带进了中小学法治教育，成立了青少年公民特别委员会（YEFC），要求社会各界协助中小学贯彻落实学校课程中的法治教育项目，随后法治教育作为学科课程被真正纳入社会科。1978年，美国国会通过《法治教育法案》赋予了法治教育独立的身份，明确了美国法治教育是"使非法律专业者获得与法律、法律程序、法律系统有关的知识和技能并领会其赖以建立的基本原则和价值的教育"的主旨，这一时期美国中小学法治教育呈现明显的实用主义特色。

3.制度化践行阶段

继法治教育取得独立地位以后，1981年公民教育中心（CCE）与全国公民法律教育协会先后成立，1983年到1986年宪法权力基金会（CRF）将法治相关的知识融入历史、地理、公民与政府等社会科学课程当中，强化了法治教育在社会科学课程的比重与地位。1991年，由布什总统签发的《美国2000年教育战略》强调，社区与家庭是实施法治教育的真实之地，社区和家庭也要成为法治教育践行的要地，每个社区都要成为可以学习和教育的地方。2001年，随着《不让一个孩子掉队》的教育改革计划的提交，美国的中小学法治教育进一步走向制度化的阶段。

（二）美国乡村中小学法治教育的特色

1.以学生为中心的法治教育理念

作为典型移民国家的美国每个具体的个人都受到社会契约精神潜移默化的影响，逐渐形成了以个人为中心的价值观，学校教育也不例外。学校法治教育紧密围绕学生的视角展开，无论是课内还是课外，以学校为载体的法治教育始终秉持以学生为中心的理念，把学生主体性、主动性和创造性的发挥置于极高的地位。在教师进行课堂知识精心讲授的同时，还辅以各种与学生个人生活、学习紧密联系的实际案例供他们进一步探究，在理论与实践的交互作用中，学生的理性精神和法治判断水平逐渐获得激发和培育。学校充分考虑学生的年龄特点和已有的知识、经验背景，努力为青少年提供学习、践行已经拥有的法律知识、技能及价值观的舞台和机会，经常组织开展常态化的模拟法庭活动，提升其司法判断能力。

2.政府护航的制度化范式

经过数十载历届政府的持续努力，美国颁布了一系列前后相继、不断完善的法律制度与章程，并由各级政府以及部门、学校认真实施，使美国的中小学法治教育水平越来越高。与此同时，美国律师协会形成了全国性的法治教育网络，反映联邦、各州及地方法治教育的工作成效，并创建了庞大的法治教育资源数据库作为共享资源，丰富的网络教育资源在提升美国中小学法治教育水平的过程中发挥着越来越重要的作用。虽然美国司法部门高度独立，各州关于中小学法治教育没有一个统一的章程，但各州政府与司法机关支持中小学法治教育的态度既坚决又统一。

3.内外联动相互融通的法治教育实践

美国政府对青少年的法治教育特别注重长期性、稳定性和广泛性。特别重视充分整合、调用全社会各个领域的相关资源，实现显性资源与隐性资源互补，校内资源与校外力量统一，努力打造学校、家庭和社会内外联动、相互融合的法治教育范式。

美国教育界一直主张充分重视挖掘和发挥隐性资源和外部力量对学生价

值观形成的重要作用，认为青少年法治思想的形成应该是多方力量整合和叠加的结果，要求学校课堂教学环境与校园生活氛围以及社会环境保持一致性，追求相互融通的效果叠加，要求所有活动的开展都必须预先制定严格的程序，让法治理念和精神深刻地融入其中，让中小学的学生在潜移默化中领会美国法治精神和公民教育的现实意义以及道德价值，把法治教育贯穿到学生发展的全过程，以期培养真正合格的美国公民。

4.载体编制的精致化与教育主体的专业化

美国法治教育成果的丰硕离不开作为直接载体的教材，以《民主的基础》与《街头法律》为代表的特色法治教材带给了美国中小学深远的影响。《街头法律》教材与"街头法律"项目相配套，该项目初衷为：中小学校方法治教育师资紧缺，需要法律系学生教授中小学生常用的生活法律知识，而法律系学生借此修得学分，亦能在与学生的沟通、社会活动的参与中得到历练。可以看出《街头法律》主要是以"实用"为主题，并力求使学生在学习教材过程中获得合作与参与的体验。另一部教材《民主的基础》同样为美国中学法治教育所采用，它由美国公民教育中心开发，旨在针对处理公民法律知识薄弱的问题，开发公民教育课程教材，并负责师资训练以及课程评价。事实上，《民主的基础》主要以公民教育为主，强调关于法治理念的输入，它包含了权威、隐私、责任、正义等涵盖公民社会生活的诸多重要方面，不仅从法律条条框框之中抽离出来，还加入了贴近现实的经典案例，这些来自生活又回到生活中去的法治教材都是美国法治教育核心成果的体现，这也让美国中小学学生更加善于思考，更加深入理解法律法规的背后还有价值观及温度。

（三）美国乡村中小学法治教育的启示

1.加强中小学法治教育制度化建设

美国中小学法治教育的成功离不开整个公民教育体系的发展和完善，特别是由政府主动、主导发起的法治教育体系构建，在此基础上并不断革新，整合多方力量不断推进，确保其健康稳定地进行。由于中小学法治教育制度化建设的关键问题在于定位和规范上，所以我国教育行政主管部门应该做好

第六章 国外乡村教育振兴的经验借鉴与启示

顶层设计,以立法为保障,逐步建立、形成科学的法治教育课程体系和相应的教学计划、教材以及科学的质量考核机制,教材的编制要注重法治思想在学科间的渗透、融合问题,改变法治教育在中小学阶段边缘化的现状,切实提高中小学法治教学质量。

2.提升学校治理和教师专业化水平

美国中小学教师专业素养较高,其学校管理特色鲜明,社会各界积极参与,诸多因素形成合力成为美国中小学法治教育取得成功的重要条件。中小学校同样是我们国家法治教育的主阵地,应该加强学校管理,把法治课程的教学放到恰当的位置,通过学校正常运转的各个环节都努力做到公正公开透明来不断提升学校重法遵法的形象和治理水平,营造适合于学校法治教育工作开展的良好氛围。学校可以长期邀请优秀的法院法官、社区派出所的警务人员、律师事务所律师开展师生法治讲座,让学校的各部门组织联合起来形成聚合力为法治教育工作服务。此外,要提高教师法治素养,在师资队伍的建设上下功夫,招聘具备法律类专业知识背景的教师与对在校教师进行普适性的法治知识技能培训双管齐下,引导、鼓励教师自主寻找提高课堂效果的途径和创意,督促教师学习依法治国的精神并不断完善自我的法治意识,提高自身对于法律制度的理解和运用。

3.重视法治教育载体与隐性教育功能的融合

美国宪法在美国地位的至高无上性通过费城美国的宪法中心得到不断强化与呈现,美国还开放国会、最高法院等每天供人们参观、学习,以及陪审团等许许多多让人们身临其境学习、参与的法治相关事务与场所。这些建筑与设施都是法治教育的现实载体,而具体性社会事务以及现代多媒体技术又承担了潜移默化的隐性教育功能,二者的结合让美国的大街小巷都充满了浓厚的法治氛围,确保美国法治文化精神的世代传承。我们要善于把直观的教育载体与隐性教育功能的发挥结合起来,通过国家财政支持提升法治教育载体形象,并同时利用互联网等媒体技术填补、完善与提升法治教育中的隐性教育功能。政府加强校园周边环境的综合整治力度,净化学校教育环境,同时学校与政府要加强对学生家长法律观念的教育和引导,在法治教育工作践行上形成家校良性互动,努力形成全社会遵法重法守法的良好氛围。

第二节　英国的乡村教育发展

一、英国乡村职业教育发展

（一）英国的乡村职业教育

英国国土面积为24.4万平方公里，耕地占26.41%。在英国农业生产结构中，畜牧业占大头，其次是种植业。从产值看，畜牧业约占2/3，种植业仅占1/5。英国是人口高度城市化的国家，农业劳动力数量少，属于人多地少的类型。

英国通过多层次的教育体系展开乡村职业教育。实施正规高等乡村职业教育的学校有农业大学、农学院以及综合大学附属的农学院（含农、牧、林等系科）；实施中等乡村职业教育的是农业专科学校和中等农业学校；实施初等乡村职业教育的是农业中学和农场职业技术中学。此外，英国许多农业学校都开设至少涉及10个专业证书的农业职业教育课程，并不断改革。英国的乡村职业教育与技术培训以农业培训网为主体，并辅以高等学校及科研与咨询机构，基本形成了高、中、初三个教育层次相互衔接，正规教育与业余培训相互补充，分工相对明确、层次较为分明的乡村职业教育与技术培训体系，基本能满足不同层次人员的需要。

英国特别重视职业指导工作，此外，政府还不定期地对农民培训工作进行有组织的调查研究，并针对调查中发现的问题及时制订改进措施。

（二）英国的教育行动区计划

英国的教育行动区计划主要是针对扶持薄弱学校和处境不利儿童而制订的，但在其推行过程中非常重视促进乡村教师的专业发展，因此，我们在促进教师专业培养方面可以进行参考。

第六章 国外乡村教育振兴的经验借鉴与启示

1.赋予教师教学自主权

课程与教学能否自行支配和调控，是体现教师专业发展水平的重要标志，这也是教育行动区计划的大胆尝试。英国政府赋予了教育行动区学校教师充分的自主权利。在课程安排上，这些学校可以像私立学校一样不受国家统一课程政策的约束，允许教师根据自己的教育理念和学校的实际需要，对课程内容进行重新组织和安排，也可以自主设计。在教学形式上，允许教师自由、灵活地发挥，只要能有效激发学生的学习兴趣和热情，提高学生的读、写、算的水平，降低逃学率和辍学率，理论上都是允许的，教师有极大的决定权。

2.为薄弱学校教师配备助手

教师短缺、工作负担重是教育行动区薄弱学校的突出问题。因此，经过教育行动区决策层的深入研究，决定增加教学助手来缓解这一压力，并将教学助手的作用重新界定为"为教师和所有的学生提供支持，以确保学生高质量地学习"。而教学助手一般面向家长招聘，基本要求是能在读、写、算和学习习惯上辅助教师对学生进行指导。当然这些应聘的家长必须具备基本的从业资格、通过国家的职业资格考试，并且还要继续学习专门的教学所需的课程，以保证其工作质量符合要求。这一举措体现出很好的效果，原因之一是家长担任教学助手在沟通学校与家庭的关系方面显示出了极大优势。同时，教学助手为教师提供学生学习情况的反馈也更有效。

3.为在职教师提供发展培训

薄弱学校的改造涉及许多方面，其中对教师的发展和专业提升是重点之一，并且经过事实的验证，凡是在教育行动区中加强对教师的专业培训的学校，在促进学校教学质量方面都得到明显的提高，成效显著。当然，这些行动区在师资培训方面的投入也是非常惊人的。

4.为教师提供充足的经费

充足的经费支持是教师专业发展的重要保障，这在几乎所有的行动区进行工作经验总结时都被重点提及。由此可见，充足的经费后盾是师资培训和设备更新的重要保障。没有了后顾之忧，教师可以全身心地投入研究和工作，有了先进的设备支持，让教师、教师助手以及学生在教学活动中都充分地感受便利，这些都是提高教学质量的重要因素。

二、英国与中国小学教育对比

多数家长选择让孩子在英国学习，首先是认同其教育理念，英国教育注重培养学生动手实践能力，并协调个性的培养和发展。他们强调学生应养成独立思考的习惯，并教会孩子如何运用所学知识。课堂中，教师是学生学习的引导者，教育学生应该富有创新精神，而非一味地信仰权威的科学知识。在实际的教学过程中，教师会不断地培养学生的自信心、专注力、合作精神、集体意识以及自主探索和自主学习的能力。英国教育在人才培养上能够处于世界一流水平，被人们称作精英教育。中国教育主要以教师传授、学生接受知识为主，学生更加注重知识的积累掌握以及运用。我国教育强调课本知识的重要性，在某种意义上，忽略了学生动手实践能力的培养以及个性的发展。我国学生基础知识的运用远远超过其他国家的同龄学生，应试能力强，但在动手创造和探索的能力上有所欠缺。之所以中英两国教育存在这样的差异，原因是教育体制截然不同。

（一）学校规模设置

中国的普通小学人数大致在1000至2000人左右，每个班级的人数在40至50人不等，截至2020年，基本消除了56人的大班额，不同地区也出台了不同的政策来改善大班额的情况。相对而言，英国学校的班级规模要小得多。通常情况下，一所学校只有两三百人，并且每个班级人数不得超过30人。班额限制的目的，是为了能够更大程度地去提高教育质量，让教师们面向每一位学生，让每一名学生都能在教师的关注中成长。

第六章　国外乡村教育振兴的经验借鉴与启示

（二）学生上下课时间

英国的小学生通常是早上9点到校，接着会参加一个30分钟左右的assembly。过程中，校长会带领全校的孩子一起进行德育和历史方面的学习，之后孩子们就回到各自的班级开始上课。英国小学的放学时间一般是下午3点左右，一天在校时间大约6小时，上课时间大约4小时，时间宽松自由。

（三）学校课程设置

英国的小学设有英语、数学、科学、音乐、体育、艺术、历史、地理、计算机等课程。其中英语、数学、科学三门是主科，英国学校没有专门开设思想道德教育课程，德育课都融入各科学科教育中。英国部分小学还会开设宗教课程，宗教课程属于选修课程，但如果学生所在小学有宗教背景的话，那么这门课程就必须参加。与课程紧密相关的就是教材。在中国，教育部会组织专家联合编纂一部全国小学生适用的教材，作为统一教学材料，全国教师以此为标准完成教学任务。英国则不同，每个学科会有一个大纲，对目标质量以及知识点都有要求。国家没有编写统一的教材，授课教师要求根据大纲所规定的内容进行教学，教学活动的灵活性大。英国的学者认为，学校之间、班级之间存在差异，教材的使用会局限教学的安排。英国是一个多元化的国家，他们无比尊重个性的发展以及差异的存在，并且他们认为不使用教材能让他们的教学内容更加贴近生活，跟上时事，更加利于因材施教。

（四）学校教师配置

中国小学，不同的学科往往会配备不同的教师，其中一位任课教师额外担任班主任，一名教师会任教几个班级。英国小学中，一个班级往往配有一名全职教师以及一名助教。全职教师也就是相当于班主任，这名全职教师负责学生全部科目教学任务。助教老师则主要负责资料的整理与协助全职教师完成课堂教学，帮助收拾学习材料、管理班级等。

（五）教师授课模式

中国和英国采用的都是班级授课制，但是在课堂实际操作中具有很大的差异。中国学生每个人都有固定的课桌椅，要求对号入座，课堂纪律要求较高。由教师传授课堂知识，使学生要认真听讲，记笔记，课堂主要以教师传授为主。英国的课堂则恰恰相反，英国的教室通常分为课桌区和活动区。在课桌区域，学生没有固定的座位，通常是分小组围坐在一块。活动区域内，是学生听故事或者开展讨论的地方，英国课堂中会加入更多的讨论，目的是帮助孩子培养独立思考的能力以及表达能力，鼓励学生去质疑、思考以及发表自己的意见。英国课堂十分注重分层教学，以数学课打比方，教师在讲解完知识后，会给他们分发活页纸当堂练习，然后根据他们的完成情况进行分层讲解。

（六）学生业余课外活动

中国学生在小学阶段，课程节奏就比较紧张，要想学期末能够取得较好的成绩，学生需要在课后下一定的功夫。对于某些弱势科目，学生们甚至需要参加课外补习班，以弥补不足，因此业余课外活动相对较少。英国的孩子课外活动相比之下就丰富许多，有种类繁多的课外活动和社区服务，如击剑、芭蕾舞、网球、高尔夫、攀岩等。通过这些活动，从中培养他们的动手实践能力并挖掘他们的潜力。课外活动对于孩子的思维训练有着很大的帮助，如此多的活动时间都是为了发展他们的个性特长。

经过对比，两国的教育存在巨大的差异，这与各自国家的历史背景和历史文化沉淀有着密不可分的联系。我们要客观地去看待，切忌盲目追从。英国的小学教育固然有许多优秀的，值得我们借鉴和学习的地方，但是我们在做出留学决定时还是要结合事物的利弊，实事求是地进行分析，并不是所有留学的案例都是成功的。应依据每个学生的个人情况以及每个家庭的情况进行针对性的分析，制定出适合学生个人的学业成长规划。

三、英国儿童财商教育

受全球局势的影响,全球经济增速放缓,部分国家出现了经济衰退,并导致了一系列的多米诺效应,燃料和食品价格快速上涨、抵押贷款止赎危机、破产、信贷紧缩以及储蓄大幅下降等都对于个人、家庭乃至整个国家产生严重的影响。为了应对已经出现或者可能出现的危机,西方国家开始针对成年人收入减少导致的高负债率采取一系列的补救措施,开始有针对性地进行成人金融教育。同时各国政府也认识到虽然在成人金融教育方面已经出台了一些有效的策略,但也仅是应对危机的基本补救措施,为了从根本上解决经济衰退带来的一系列问题,各国政府开始从教育着手推进财商教育(Financial Quotient Education)。针对成年人的财商教育策略和方法无法简单地复制,需要为儿童重新设计财商教育策略并强加给K-12教育系统,学术界与部分西方发达国家积极行动,进行了一系列的学术研究与有益尝试,这对我国了解并发展本国儿童财商教育具有一定借鉴作用。

(一)概念界定与文献综述

目前,针对财商教育的概念并未形成一个统一的、一致的定义,国外关于财商教育的术语表述也有所不同,包括金融素养(financial literacy)、金融教育(financial education)或金融能力(financial capability)等,总的来讲多数学者认同面向成人和儿童的基础金融教育的主要目的是让所有参与者了解有关银行、金融、储蓄、信贷等方面的货币管理技能的基本知识。乔纳森(Johnson)和谢拉德(Sherraden)是较早提出"财务能力(financial capability)"一词的人,他们认为财商教育是人获得财务能力的关键,只有进行财商教育才能使人获取财务知识进而形成财务能力。霍格斯(Hogarth)将财商教育分成三个部分,包括在管理货币和资产、银行、投资、信贷、保险和税收等问题上要具有知识、受过教育和知情;理解货币和资产管理的基本概念(例如,投资中货币的时间价值和保险中的风险分担)以及利用这些知识和理解来规划、实施和评估财务决策。还有一些学者专门研究了青年人的金融素养。

澳大利亚国家消费者和金融知识框架（Australia's National Consumerand Financial Literacy Framework，NCFLF）指出消费者和金融知识对于所有年轻人来说都很重要，有助于他们做出明智的消费者决策，并有效管理个人金融资源。

根据美国农业部州合作研究、教育和推广服务局（Department of Agriculture's Cooperative State Research, Educationand Extension Service, CSREES）的报告显示"许多年轻人在管理个人财务方面不熟练，但这项关键的生活技能将极大地影响他们未来的经济状况，青年理财教育能够帮助美国青年了解理财的基本知识，养成良好的理财习惯，以扩大他们余生的机会"。

根据经济合作与发展组织—国际金融教育网络2012年出具的报告中提到的金融素养可以定义为：做出合理的金融决策并最终实现个人金融福祉所需的意识、知识、技能、态度和行为的组合，并强调金融知识是金融素养的一个重要方面。阿尔瓦雷斯和冈萨雷斯将财商教育定义为"对财务概念和程序的财务意识和理解，以及使用这种理解来解决财务问题"。多数学者认同财商教育在教育体系中发挥着巨大的作用，首先，他们认为充足的金融知识能够使个人高效地进入并利用当今复杂的经济和金融体系。其次，财商教育可以使一个人能够掌管并对自己的财务负责，做出合理的财务决策，并在组成家庭后管理家庭财务资源，持续获得并积累财富并为国家的经济利益作出贡献。最后，财商教育还能够提高受教育者的风险认知力，帮助避免不必要的债务，最大限度地减少财务损失，防止货币管理不善以及其他多种形式的财务欺诈与陷阱。还有部分学者针对财商教育的有效性进行了研究。

当前尚未形成对于青年金融教育有效性的衡量标准。美国财政部金融教育办公室（Treasury's Office of Financial Education offers）提供了成功金融教育计划的八个要素，其制定这八个要素的主要目的是为金融教育组织提供指导，帮助他们制定计划和战略，在社区中发挥最大影响。霍格斯（Hogarth）认为，有价值的金融教育计划首先需要设定教育目标，比如成为一名房主、减少债务或为退休储蓄等。然而，K-12教育系统是面向公众的教育系统，无法基于个人基本情况设立个人财务目标。

第六章 国外乡村教育振兴的经验借鉴与启示

里昂等（Lyonsetal）从人口统计学的角度出发从金融知识、满意度和信心改善等三个方面研究财商教育的有效性。

博登（Borden）等人针对大学生实施的金融教育计划的研究表明该计划有效地提高了学生的金融知识，增强了对信贷的责任态度，并从测试前到测试后降低了对信贷的回避态度。在测试后，学生表示打算从事更有效的金融行为，减少风险的金融行为。海瑟薇（Hathaway）和哈提瓦达（Khatiwada）在他们的克利夫兰联邦储备银行工作文件"金融教育项目有效吗？"就有效的课程设计和评估措施的有效性得出结论，他们认为最好的课程设计是针对特定受众和金融活动领域（如信贷或退休规划），并提供及时或"可教"的培训；就课程成果而言，他们得出结论认为并没有确凿的证据表明金融教育课程会促进金融知识的积累，并最终带来更好的金融行为。

由上可以看出，国外研究者针对财商教育的有效性问题的研究更多是建立在成年人的基础上进行的，较少提及针对儿童的财商教育及其有效性的研究。经合组织（OECD）在2006年出版的题为"金融教育的重要性（The Importance of Financial Education）"的政策简报中提出要正确认识财商教育，并强调财商教育应从学校开始，并与商业建议明确区分开来。

（二）英国儿童财商教育纵览

英国自工业革命以来就积极适应时代发展新特征来进行教育改革，进入21世纪以来，英国政府逐步关注到儿童财商教育对于保障个人幸福和促进国家经济稳定发展的重要基础性作用，经过研究后发现成年后的财务独立很大程度上取决于童年时期和青春期时所接受的教育。为了更好地在国家、社区、家庭与学校进行财商教育，英国成立了货币和养老金服务机构（The Moneyand Pensions Service，MaPS），该机构作为英国政府独立的第三方机构，专门负责与政府其他部门的利益相关者合作，帮助改善本国学校、家庭和社区的金融教育。该机构主要负责引领英国金融福利战略的实施，致力于实现英国每个人都能充分利用自己的资金和养老金的愿景，近期将"确保到2030年，英国将有200万儿童和年轻人接受有意义的财商教育"作为战略目标，并在2016年和2019年分别进行了英国儿童和青少年经济能力调查（2019 UK

Childrenand Young People's Financial Capability Survey）。在调查中，货币和养老金服务机构发现当前英国有69%的青年学会使用工具来管理和追踪自己的钱，较2016年上涨了8%。

学校和家庭作为儿童接受财商教育的主要环境，英国的财商教育现状不容乐观。在2019年的调查中，货币和养老金服务机构发现自2016年以来，在家或学校接受财商教育的儿童和青少年比例从52%下降到48%，只有38%的儿童和年轻人记得在学校学习过如何理财，相较于2016年下降了2%。关于是否能回忆起在学校接受的财商教育，只有33%的小学阶段的儿童能够回想起来，中学阶段的儿童则为42%。虽然儿童较难在实践中运用到学校所教的财商教育知识，但仍有90%的儿童认同接受财商教育的重要性。但就家庭财商教育与学校财商教育的选择上，有超过四分之三（79%）的受访儿童表示，如果他们需要关于金钱的建议，他们会向父母求助，但不会向学校求助，只有6%的人表示会寻求教师的帮助。

鉴于财商教育在英国的实施现状，英国政府制定了诸多财商教育知识模块穿插于中小学国家课程中，但英国政府并非仅仅是将金融知识简单嫁接于原有的教育中，而是将财商教育与其他学科相结合，保证儿童没有意识到自己正在学习专门的理财知识。在12至17岁的儿童中，42%的儿童回忆起在学校学习如何理财，当被深入提示并显示一系列与金钱相关的主题时，59%的儿童能够回忆起在学校学习过的三个或三个以上的主题，这些能够回忆起在学校学习过特定金钱话题的年轻人往往对这个话题有更好的理解。例如，在学校接受过财商教育的儿童能够更准确地阅读这些财务文件，这也从侧面说明了学校的财商教育正在发挥着作用。

随着近年针对儿童财商教育研究的深入，越来越多的人认识到财商教育对于强化儿童资金管理的信心，提高对于金钱的掌控力，并使他们在成年后能够更加高效地管理自己的收入等方面的积极作用。

（三）英国儿童财商教育对我国的启示

中国作为发展中的大国，经济发展态势向好，为了使我国儿童未来以更加积极的姿态融入国家经济发展大局，我国势必需要关注儿童财商教育的培养。虽然我国目前已有部分儿童财商教育课程,但多局限于校外课程,且面向的学段较高。已有研究表明,儿童对金钱的态度在7岁时就已经形成。因此,我国的儿童财商需从学前教育开始,将有关金钱的知识融入到教学中,通过组织一家学校储蓄银行、支持学生团体开设银行账户或给儿童管理预算的机会等方式营造课堂与体验式学习相结合的氛围来锻炼、发展儿童的财商。但我们也需注意到我国的儿童财商教育才刚刚起步,需不断学习、积极探索,总结经验以促进我国儿童财商教育的发展与进步。

第三节 国外乡村教育对我国的启示

一、国外乡村教育发展与改革的历史经验

(一)实施"全民教育",提高农村人口的整体素质

"全民教育"是国际社会在全球范围提出的概念,最终目标是"要满足全体儿童、青年和成人的基本学习需要",即向人民提供知识、技术、价值观和人生观,使他们能自尊自主地生活,不断学习,改善自己的生活,并为国家和人类作出贡献。"全民教育"的实施是农村中小学教育的发展,对于农村人口整体素质的提高将产生深远的影响。全民教育既包括普及义务教育,也包括成人扫盲教育。扫盲是提高农村人口素质的基础,普及义务教育的纵深发展则是使未来农业劳动者从体力型向智力型转化的关键。

目前,在全世界范围普遍实施了义务教育。所有适龄儿童,不分种族、阶层和性别,必须接受义务教育,使人人享有同等的受教育权利。教育权利平等不仅指接受教育的机会均等,成功的机会也应均等。许多国家的农村不仅重视优等生,而且重视差生的全面发展;不仅重视在校学生的培养,而且

对中途辍学即"学业失败"的学生也采取相应的教育措施。如肯尼亚的"科技村",塞内加尔建立的"尼可宁"都是促进农村教育的典范。广泛的"全民教育"大大提高了农村的人口素质。发达国家早已普及了初等义务教育,并向普及中等教育过渡,但仍然十分重视在农村进行扫盲和普及教育,并把这些工作持续不断地深入进行下去。许多发展中国家从实际出发,注重结合本国国情,在扫盲教育实践中创造了一系列行之有效的方法,收到了积极的效果。如哥伦比亚普及农村小学教育的"新学校计划",厄瓜多尔规定具有学士学位以上的学生用6个月时间参加全国扫盲教育的实践,巴基斯坦在清真寺为妇女和儿童进行扫盲,沙特阿拉伯对游牧民族开设流动学校,这些做法已引起国际教育界的重视。泰国的全民扫盲运动颇具特色:20世纪90年代以来,在全国乡村开展了"绿色革命"的社会发展运动,扫盲教育被列为包括农业生产和经济在内的农村发展计划的重要组成部分。扫盲教育与各地农民学习脱贫技术相结合,有效提高了农村人口的整体素质。

(二)通过立法和政策保证农村教育发展

美、日、法、英等国都非常重视农村教育立法,通过立法保证农业教育所必需的人力、物力和财力,改革和完善农业教育体系,造就和培养大批农业技术人才,这些国家的农业教育发展较迅速,是与颁布和实施一系列农业教育法令密切相关的。

1917年,美国联邦政府通过的《史密斯—休斯法案》规定,在公立学校中必须开展中等农业职业教育;1997年,国会通过的《食物和农业法》规定,联邦农业部要继续发展农业教育,负责培养、管理和使用农科毕业生。英国政府规定:凡年满18岁的农民从业前都必须接受为期一年的技术培训并获得相当于中学程度的合格证书;1967年,颁布的《农业教育法》对农业经营者的资格及文化程度又进一步做出更为详细和严格的规定:农业学校的学生须是经过11年义务教育培训的学生,学生入校学习12年毕业后方可成为农业就业人员。日本从明治时代起就制定法令大力扶助和发展中等农业教育。第二次世界大战后颁布的《学校教育法》规定,在初中课程中设置农业、工业、商业、水产、家政等五科,促使农村很多初中都设置了农业科。自此以后,日本中等农业教育事业发展相当快。

法国政府自20世纪60年代以后，先后颁布了一些有效的农业教育法令，特别是1960年8月2日的法令，该法令确定了农业教育的方针、教学改革的步骤措施，使法国农业教育得到迅速发展；法国还规定要成为一个独立的"农业经营者"，享受国家向青年农民提供补贴和优惠贷款，必须取得高于相当高中2年级的农业技术文凭，低于这个学历的人员只能在农场里打工。德国的《职业教育法》《培训条件总纲》等培训规章规定，要获得企业（农场）经营权，就必须经过正规的职业教育取得农业师傅证书；丹麦规定要买到30公顷以上的农用地，必须是通过基础教育、技术教育、管理教育三个阶段的学习后并取得绿皮证书者，有绿皮证书者还可以享受政府给予地价的利息补助，并能获得欧洲共同市场有关环境保护的经济补助。

（三）政府提供农村教育的经费支持

对农村基础教育的投入，中央和省级政府应该多承担一些责任。从国际经验看，中央政府一般都是基础教育投入的重要支持力量。在日本、澳大利、法国、墨西哥、西班牙、英国等国，中央政府投入占整个基础教育投入的比重大致为20%—80%；在新西兰、爱尔兰、意大利、荷兰、韩国等国，基础教育投入中超过80%的资金依赖中央政府，有的甚至完全依赖中央政府。即使是在美国、加拿大、瑞士等国，中央投入基础教育也占有一定比重。

英国城乡普及义务教育取得成效的一个重要原因在于政府为普及初、中等教育所给予的教育经费上的支持。在国家教育经费拨款总额已停滞增长的情况下，农村教育经费却一直保持稳定增长的趋势。1985—1986年度全英教育经费总额为127.8亿英镑，其中仅用于农村三级学校的办学经费就达76.2亿英镑，充足的经费保证了农村教育的发展。

对农村职业技术教育的投入，国外主要有两种形式：一是政府直接拨款，如美国，政府出台的每一部有关职业教育的法案几乎都有一部分内容规定配套专项经费的数额；在澳大利亚，联邦政府和州政府的投入约占职业教育总经费的50%；新西兰大约70%的职教经费来自政府。二是通过政府促使企业投入。如法国法律规定企业完成各项缴税义务后必须承担至少两项支出：按上一年职工工资总额1.5%的比例提取继续教育经费，用于本企业职工的在职业培训；按上一年职工工资0.5%的比例缴纳"学习税"，用于支持职业教育的发展。

（四）农村基础教育以课程改革为突破口

随着世界经济的飞速发展，农村的经济结构、产业结构和就业结构也随之发生相应的变化，对人才的数量、质量、类型等方面的需求和使用情况与以往相比发生了很大变化。同时，对农村基础教育的改革，尤其是课程的改革也提出了新的需求。从世界范围来看，无论是发达国家还是发展中国家，探讨农村中小学的课程改革问题都不能脱离农村这一特定环境。综观世界各国，农村基础教育课程的改革内容主要有以下几个方面。

（1）明确课程目标。面向世界：攫取全球知识，开出世界水平的课程，使国家有能力参与全球知识化的竞争；面向大众：确保人们有同等机会接受高质量的教育，在接受教育的类型和多寡上有选择，并能开发人们的技能，为农村经济的繁荣和建设融合多样的社会服务；面向市场：能够适应农村经济变化的要求，培养受教育者掌握应有的技能，使他们能够在发展变化的劳动力市场上拥有竞争力。

（2）调整课程结构和课程内容，引进技术教育。世界各国农村的原有基础和当前的发展状况不一。在建立或调整课程结构时，要从本国或本地区的农村社会、经济发展的实际水平与需要、当地人口的文化素质基础从当前和未来对农村人口的素质规格要求出发，调整和设置适应农村发展需要的课程。发达国家的初级农业教育，往往是以在普通中小学内开设农业技术课程和对少年儿童进行农业知识普及教育的方式来进行，这种教育被称为"培养未来农民"的教育。美国全国的普通中学中，约有3万多所开设了农业技术课程，参加该类课程学习的中学生约50万人。美国各地的小学农业教育有很大差异。以宾夕法尼亚的小学农业教育为例，这种教育是为学区公立学校六年级学生开设的，目的是满足那些小学毕业后就去务农的农村学生的需要。所开课程是：家庭与农场周围的安全、水土保持与自然资源保护和环境卫

第六章　国外乡村教育振兴的经验借鉴与启示

生。让学生懂得这些内容的重要性，培养他们学习更多的农业知识的兴趣；鼓励学生搞家畜饲养或种植，要他们注意从开始到产品出售的整个过程。

发展中国家在农村普通教育中引入职业教育因素有多种做法。如智利在初等教育中实施了菜园计划，到1985年已列入3—8年级的技术教育课程中。他们还确定了农村地区教育课程革新项目（PIC），根据学校所处环境特点，选择的科目如下：农业科学入门，林业科学入门，渔业和水产养殖入门，营养、卫生、食品保存和民间工艺等。津巴布韦的"生产技能教育"贯穿于每门课程中，它包括各类实际劳动，如改良土壤、喂养家禽等，也包括雕刻、绘画、木工、草编、金属加工等，同时还包括为社会服务。

（3）建立多元化课程管理制度。由于世界各国的政治、经济、文化背景、历史传统等因素不同，世界各国的课程管理制度也各不相同，并且随着时代的发展而不断变化。韩国和挪威是实行全国统一课程计划的国家。德国的课程制度，如果从整个联邦德国来看，教育和课程是采取地方分权制的，如果是从某个州的区域来看，则是集权化的。丹麦农村国民小学有规定科目和辅助科目之别，规定科目全国相同，辅助科目因地制宜，各地区不同。教学时数是由地方政府根据教育部发布的指导方针来决定的，比较灵活机动。地方政府可以给不同的学生，特别是农村地区的学生开设较多的选修课。只有建立与本国的政治、经济和社会发展相适应的多元化的课程管理制度，才能适应时代发展的需要，才能满足农村发展对人才规格的要求，才能满足具有不同情况、不同特点的学生的需要。

（五）灵活和高质量的农村职业技术教育

各国的农村现代化历程，都是伴随着农村科技水平的不断提高而实现的。农村职业技术教育在其中发挥着至关重要的作用。各国农村职教经历了一个从单纯培养农业技术人员到既培养农业也培养非农业技术人员，由培养传统农业技术人员到培养现代农民的转移过程。国外一些发达国家农业职业技术教育的成功得益于其灵活多样的办学机制和高质量的办学。灵活多样的办学体制体现在以下四个方面。

（1）多渠道办学。澳大利亚农业职业教育学校有政府投资管理的，还有团体或私人资助的，教会学校也开设农业职业技术教育。丹麦的大部分农业学校是农民团体创办的，如农场青年组织、丹麦农民联合会、丹麦家庭与农民协会。虽为私立学校，但大多数学校是政府根据入学人数补助办学经费。日本的农业研修学校除有各道、府、县办的农业者大学外，还有直属农林水产省的农业者大学、民间鲤渊学园、日本农业实践大学等。法国农校中国立学校占1/3，地方和私立学校占2/3。

（2）多层次的农村职业教育体系。主要经济发达国家都建立健全了初、中、高三级农村职业技术教育机构。如英国实施正规农业教育的学校有农业大学、农学院以及综合大学附属的农学院（含农牧、林等系科）；农业专科学校和中等农业学校；第三类是农业中学和农场职业技术中学。

（3）专业类型多样。各国根据本国农村的具体情况，因地制宜开展了多种专业、多种课程的农村职业技术教育，如法国农村职业技术学校所涉及的领域就包括农业、农产品加工、营养和食品应用生物、农业工程、园艺、林业工程、水利和环保、兽医、乡村风景、热带农艺、奶制品工业及市场等。鉴于农业领域大批农工联合的生产综合体的出现，英国几乎所有中等以上农业学校都在传统农业科专业基础上，积极增设新的专业，如农业经济、农业工程、农业食品科学植物病理、农业企业管理等。

（4）学制灵活。各国为了充分发挥职教潜能，全面提高农村劳动者素质，纷纷采取了弹性、灵活的做法。如法国农村职业技术学校一般有小学毕业三年制、初中毕业二年制、初中毕业三年制、农校毕业二年制等学制。英国则从一年制到六年制的农校全部齐备。为适应不同学生的需要，在具体办学过程中，各国农校还安排了全日制、半日制、隔日制、夜校制以及工读交替制等多种形式。除了专门性的农业院校，还有一种跨学校的联合农业院校，如英国阿伯丁大学农业系与苏格兰北方农学院的合作学校，爱丁堡大学农业系与西苏格兰农学院的合作学校。办学的高质量是农村职业教育赖以生存和发展的前提。各国自农村职教产生之El起，就不断致力提高其办学质量。他们的做法主要归结如下。

第一，以市场变化和社会需求为基点。农村职业技术教育是一种以就业、转业、提高为目标和定向的专门教育，培养的是适合社会生产需要的实践应用型人才。市场变化和社会需求对农村职业教育的专业设置、授课内容

第六章　国外乡村教育振兴的经验借鉴与启示

起着巨大的牵制作用。在荷兰，无论学校专业设计还是课程开设都从人才市场需要出发，根据用户的特殊需求及时开设课程，对口培训。如按照国际农产品保护法规，调整花卉学课程内容，保持荷兰花卉业在世界市场上强有力的竞争地位。澳大利亚所有的培训课程都是在严格认真的市场调查和分析基础上确定的，其程序是"培训机构先到农村访问，了解农民的实际想法和生产实践需要，继而进行课程设计，再到农民中广泛征求意见，在取得同意和批准后，安排授课人选，编写教材，实施培训"。法国从本国国情出发提出农村职业技术培训计划必须适应三个需要：适应农业生产发展的需要；适应农业高新技术应用和农产品加工销售需要；适应农村环境保护和提高物质文化生活质量的需要。

第二，突出实践教学。各国农村职业技术教育部不仅仅满足于学生对有关知识的了解与掌握，而且更重视通过实践教学培养学生的各种职业能力和职业情感。在具体做法上，他们或是注意教学内容的实践性，如美国农业职业教育课程除教室活动外，还包括视导学生家庭农场作业计划、农场机具活动参观学习和参与美国未来农民会等实际操作训练或实践活动；或是强调教学方式的实践性，如英国农村职业技术学校学生入学后多半实行"一年学院全日制，一年农场实践，一年学院全日制"的"夹心面包"式分段教学，保证足够的实践时间；或是坚持教学手段的实践性，如荷兰一些农村职业技术学校就建有"实际操作及授课大厅"，厅内均围绕某一个专题安排着先进新颖的仪器设备，以供教学、观摩所需。

（六）非正规农村教育促进社区发展

当前农村教育范围已大大扩展，除了正规的基础教育之外，还包括各种类型的非正规学习和活动，内容涉及与个体和社会发展相关的一切领域。教育的过程就是帮助社区确立和发展潜在的能力使社区能够自立。美国除举办青年农民班和成年农民班等学习组织对农民进行培训以外，还开展多种教育活动。其中4H俱乐部是闻名世界的教育活动组织，组织形式多种多样，有的按社区、村镇分片组织，有的按项目组织，有长期的，也有定期的；有小组活动，也有集体培训。4H俱乐部已成为美国农业部和各级推广服务部门的一个分支机构。此外,农村和各种社会团体,如"美国农民联合会"(1902)、"美国农场联盟"(1919)、"全美农民组织"(1955)等社会团体,亦把举办农村青年和成人的继续教育事业看作他们的工作重点之一。亚洲金融危机之后,泰国采取了新的农村发展策略,农村教育发展是这一新策略的组成部分。"村民参与研究和发展"是其中的一个具体案例。泰国的Krabi府Khaokhram区辖有6个村、772户人家和4576位居民。他们通过社区的学习化过程,而后全社区共同制定社区发展计划。这个学习过程使村民确认自己的潜力,即他们真正的资本,并寻求发展这种资本的途径,以使社区自立。这一学习过程的本质在于帮助社区从等待或依赖国家及外部机构的资助中解脱出来。村民学习的内容包括:认识世界、认识社区、认识自己;了解自己的祖先和身份;认识自己的潜能与资本;了解自己的收入、消费与债务;学习其他社区的成功经验;分析并进行新的选择;草拟"社区发展计划"并传递到每一个人。在这一过程中,社区的作用主要是:开展各种类型的经济活动;发展管理系统;独立思考;建立多种联系网。国家的作用是:支持学习过程;适度的财政支持机制;税收措施;支持基础设施建设;支持参与"村民参与研究和发展"。外部机构的作用是:作为学习促进者,促进学习过程;作为激励因素,帮助社区创新;作为联络人,将社区与社区、社区与外面的社会联系起来。"村民参与研究和发展"的结果是:社区从依赖和受保护的思维方式转变为更加自立;从受保护和依赖的文化氛围转变为以知识为基础的文化从被动状态下解脱出来,转变为更主动四学习文化,自己探索、尝试和创新文化;从简单化转变为综合和协同的思维和经营方式。

二、国外农村教育发展与改革的历史经验对我国的启示

加快我国农村发展,提高我国农村教育质量,必须制定一系列可行性的目标和措施。发达国家和发展中国家或地区的农村教育所取得的历史经验给予了我们很好的启示。

第六章　国外乡村教育振兴的经验借鉴与启示

（一）加快农村教育的全民化

农村教育面向农村全体民众是农村教育全民化的指导思想。实现农村教育的全民化，必须坚持普及义务教育和扫除文盲并举的原则。当前基本普及九年义务教育，基本扫除青壮年文盲，是提高全民族素质，实现社会主义现代化，推进社会全面进步的奠基工程，是今后一个时期我国教育事业发展的"重中之重"。落实普及义务教育和扫除文盲的任务，可吸取一些国外农村教育普及的经验。

中央政府在调节区域间财力差距、促进地方公共产品均等化方面，担负着重要使命，这是整个社会经济协调发展的客观要求。基础教育是最为典型的公共产品，如果缺乏中央政府的必要财力支持，势必会造成基础教育发展严重失衡的状况。即在发达地区，财力雄厚，基础教育发展有保障；在不发达地区，财力薄弱，基础教育发展没有保障。

应加大法律和政策对实现"两基"的保障力度，采取切实措施保证义务教育的投入，改善办学条件。国家和各级地方政府财政拨款，是农村基础教育的主要渠道，应确保财政用于教育拨款所占的比例，确保中央和省、自治区教育投入有较大的增长。政府的农村教育拨款主要用于保证普及义务教育。

（二）改革农村基础教育课程和教材

我国农村教育综合改革的深化，必然要求根据我国农村经济、社会、科技发展的需要和学生个性发展的特点，进行课程和教材改革，使学生在德、智、体、美、劳几方面得到全面发展。

第一，课程目标要反映21世纪社会发展对国民素质的要求，反映农村中小学教育特征的基本要求，并按照这些要求，确定课程目标，设计课程结构，选择课程内容，建构符合农村教育要求的课程形态和教学模式。

第二，建立面向农村的中小学课程体系。由于城乡之间的差别，特别是在发展中国家，生活在农村的学生大都向往城市生活，普遍存在"跳出农门"的思想，而通过国家或有关方面组织的升学考试考入高等学府，是这些农村学生"跳出农门"的最佳捷径。我国基础教育当前的课程体系在很大程度上已不能适应广大农村社会现在和未来发展的需要。要打破学科中心、社会中心或学生中心论,把学科体系、农村社会需要和学生发展三者辩证地结合起来,构建以社会发展和人的发展需要为目标的、遵循学生认知规律的辩证的课程体系。

第三,要调整课程设置及其比例,其中包括必修课与选修课的比例,普通课程与职业课程的比例。农村基础教育学校课程设置,要以文化科学教育为主,在适当年级,因地制宜地渗透技术或职业教育内容;以分科课为主,适当设置综合课;以必修课为主,在中学阶段适当设置选修课。要有一定的课时保证学生参加实践活动,即劳动生产实践和其他社会实践。农村学生要适当参加农业劳动,学习农技知识。农村学校的选修课,要创造条件根据本地区经济社会发展的需要和学生本人的志向开设。

第四,农村中小学课程内容的选择与确定,从世界范围来看,没有固定的或统一的模式,但总体看大多反映出如下一些共性:注重基础性;贴近农村社会生活;与学生和学校教育和特点相适应。

(三)大力发展农村职业技术教育

发达国家一般都建立了非常完善的农业职业教育体系,为农村教育的良性发展奠定了基础。同发达国家相比,发展中国家在经济上有很大差距,工业化水平也比较低,农业在国民经济中所占比重较大。因此,农村职业技术教育成为农村教育发展的战略选择。我国应在总结各国经验教训的基础上选择适合的农村职业技术教育模式。

首先,农村职业技术教育要适应农村建设需要。农村职业技术教育自身的规模要适应农村发展的需求;农村职业技术教育各层次的比例要与农村发展水平相适应;专业结构要适应农村发展的需要,既有通用的职业技能的教育,也有定向职业需要的专业知识与技能的教育。

其次,农村职业技术教育应强调培养农村建设的适用人才,让学生学以致用。着重为当地建设培养适用的初、中级人才和熟练劳动者,要使学生在掌握必需的文化知识的同时,具有熟练的职业技能和适应职业变化的能力。

（四）农村教育促进社区发展

教育促进农村发展必须落实在社区发展上，通过向人们提供适当的知识、技能和信息来增加人们的选择机会，并使人们能够利用这些机会。农村人口大多具有丰富的实践经验和能力，人们所需要和必须提供给他们的是建立在他们经验基础上的机会，是从智力上和体力上构建他们自己、发展他们自己和他们的社区。

农村教育应从以下几方面使人能够在发展中发挥作用：获得读写知识以激励个体去获取、传递与个体和社区发展相关的信息；培养态度应使人具有更大动力参与发展过程并动员他人共同参与；交流技能和教育本身具有团队纪律应培养人的合作精神。此外，教育培养人的各种技能应能够在个体日常生活和提高收入方面起作用。

总之，农村应满足农村社区每一个成员的学习需求，涉及教育服务和整个领域。它包括：儿童早期养护与发展；对所有儿童的优质的初等教育；对青少年和青年的第二次教育机会；为青年和成年人扫盲和继续教育；职业技能培训；为提高生活质量所需的信息、技能和知识。

第七章 乡村教育振兴的创新路径

振兴与发展乡村教育是落实乡村振兴战略的重要工作，解决乡村教育问题是推进城乡教育一体化的重要突破口。在乡村振兴战略下探索乡村教育振兴与发展的路径，必须从我国乡村教育的发展现状出发，深入认识我国乡村教育存在的问题及其与城市教育的差距，针对现实问题而制定发展方案，调动政府、学校、社会、家庭等多方力量使乡村教育走出现实困境，并依托现代信息技术进行现代化改革，以全面发展乡村教育，提高乡村教育质量。本章对乡村教育振兴的创新路径展开研究。

第一节　建立与完善多方参与的乡村教育振兴机制

一、建立社会参与机制

（一）建立社会参与机制的必要性

现阶段在我国乡村教育管理体制中，政府管理占主导地位，负责制定乡村教育的相关制度，并承担相应的责任。然而，在社会转型和城镇化建设背景下，乡村教育面临着相当复杂的问题，政府的教育职能也不是万能的，不可能做到面面俱到。鉴于乡村教育问题的复杂化及社会发展的新要求，应在政府宏观管理的基础上构建社会参与和治理机制，打造全方位的社会治理新格局，突出全社会"共建""共治""共享"的新特征。建设社会治理机制，要注重对社会治理制度的制定与完善，争取政府的支持和法律的保障，积极调动公众的力量，最终形成健全完善的社会治理体制。总之，我国乡村教育治理正从以政府主体为中心的单一治理模式逐渐向政府主导、社会协同的多元治理模式转变，这符合新时期的教育治理理念和社会发展理念。

我国社会力量参与乡村教育治理是有历史轨迹可循的，现阶段社会参与乡村治理可以借鉴历史经验，少走弯路。一直以来，我国在社会治理中都将乡村教育治理作为一项主要工作来抓，从古至今我国乡村教育治理所取得的成果可以折射与反映出我国社会治理与社会变迁的趋势与走向。在新的历史时期，乡村教育在复杂的社会背景下面临的问题和矛盾更多，因此更有必要建立"共建共享"的乡村教育管理模式，充分发挥政府的主导作用，将社会主体的活力与积极性激发出来，使政府、社会通过各自发挥自身的职能与优势而促进乡村教育振兴和发展。

第七章　乡村教育振兴的创新路径

（二）建立与完善社会参与机制的策略

在乡村教育治理中构建融政府、社会于一体的多元治理模式，就要明确不同治理主体的责任，提升各自的治理能力与协同合作能力，完善协同治理机制，采用现代化手段进行高效率治理，从而促进我国乡村教育的现代化发展与可持续发展。[①]下面具体分析建立与完善社会参与乡村教育治理机制的主要策略和方法。

1.在乡村教育治理中明确政府与社会力量各自的主要责任与义务

现阶段，地方政府应国家要求而不断"简政放权"，参与乡村教育治理的相关政府部门也应响应国家要求而"简政放权"，在教育治理中要解放思想，调动社会力量的积极性，将民间活力激发出来，发挥社会的凝聚力和创造力，提高乡村教育治理效率和成果。

乡村留守儿童教育问题的解决，既需要政府发挥主要职能，也需要社会力量的参与，而且确实有些社会力量一直都在积极参与这方面的工作，但在留守儿童教育治理中，政府相关部门与社会参与力量之间的沟通和互动非常少，二者之间的沟通桥梁还处于缺失状态，沟通机制尚未形成，而且一些地方政府部门及社会力量对自己的主要职责缺乏清晰的认识，所以免不了有些重复性的工作，浪费了时间、精力与资源，而且因为治理工作不够系统，缺乏规划，工程分散，最终影响了治理效果。对此，建立多元化的乡村教育治理模式，就应该对政府与社会力量各自的权责予以明确，这是健全多元治理体系和有序开展治理工作的基础与前提。

划分政府部门和社会力量在乡村教育治理中的职责，应该贯彻政府主导（政府兜底）、社会协调（社会促优）的原则。政府居于主体地位，承担主体责任，社会力量发挥协助与补充的作用。清楚政府与社会在乡村教育治理中各自的地位和职责后，就要具体情况具体分析，有针对性、目的地发挥各自的职责。乡村教育治理涉及多方面的工作，如果是一些基础性的问题，如乡村教育经费管理、乡村学校布局、乡村宿舍建设与管理、教师评职称等，政

---

① 李森，崔友兴.社会变迁中的乡村教育[M].福州：福建教育出版社，2017：236.

府应充分发挥自身的领导作用，从设计、决策等方面把握解决问题的大方向，客观评估这些基本问题的实际情况，判断乡村教育发展趋势，从而立足现状、放眼未来，对解决乡村教育现实问题、促进乡村教育发展的政策进行制定。但要注意的是，制定政策时要召开论证会，论证会要邀请社会力量来参与，政府要向社会有关方面征求意见，这充分反映了乡村教育治理的民主性。

以上关于乡村教育的基础问题采取的治理方式是政府主导，社会参与和协调，对于其他工作，可能需要以社会力量为主导来进行治理，如"第三方"乡村教育质量评估、乡村智障儿童教育服务、乡村留守儿童素质拓展、乡村民间艺术进校园等，但要注意政府应加强过程监督与质量监控。

2.建立健全政府购买社会服务参与乡村教育治理的机制

进行乡村教育治理是政府与社会协作振兴乡村教育的重要手段，其优势在于压缩乡村教育治理成本，巩固多元共治模式，促进乡村教育治理效率和发展质量的提升。

政府在乡村教育治理中购买社会服务，是现代乡村教育治理的重要机制之一，如校车接送、校园安保、第三方教育治理测评等方面的工作，就是主要采取购买社会服务的方式。实践证明，这个治理机制具有良好的实效性，在实践运用中积累了丰富的经验，总结出科学且较为完善的规律。然而，不同地区的社会观念、经济水平等存在差异，因此各地政府通过购买社会服务而进行乡村教育治理的工作进程、工作结果都存在一定的差异。从目前来看，经济水平高的地区，这一机制较为完善，且在实践中得以落实，取得了良好的治理效果，而经济落后地区这一机制还未形成或尚不成熟，在实践中运用较少，经验不足，有待进一步推进这方面的工作。

政府向社会力量购买服务，必须严格审查和评估社会力量所提供的服务，从制度、政策等方面加强监管，以提升社会力量的服务质量。具体要做好以下几方面的工作。

首先，依据社会服务能否提高乡村教育治理效率这一标准，明确划分社会服务的类别，清楚哪些是"必须买"的社会服务，哪些是"可以买"的社会服务，哪些是"绝不能买"的社会服务，对其中第一种社会服务要积极推进，对第二种社会服务要全方位甄别，对第三种社会服务要守住底线。

第七章 乡村教育振兴的创新路径

其次，制定并健全社会服务招标制度与政策，完善招标方式，规范招标流程，综合采用多种招标方式来提高招标效率。

再次，政府有偿购买社会服务，必然涉及财政支出的问题，为节约成本，避免资源浪费，有必要做好经费预算，加强专项经费管理。

最后，对社会服务质量进行考核，健全考核机制，服务质量考核不仅仅是对最终服务结果的评价，还包括对服务过程的动态监管，考核方式有绩效考核、社会满意度调查等。

3.促进社会组织参与乡村教育治理的能力的提升

社会组织在社会治理中发挥着举足轻重的作用，国家提出要加强对社会组织培育与发展的进一步规范，完善社会组织制度，明确各个社会组织的权利与责任，提高社会组织的自治能力，促进政府与社会组织的协同发展。社会力量要在社会治理中充分发挥自身的作用，一是要得到政府的承认，二是要承载政府赋予的权力，具有参与社会治理的高度意识与良好能力。社会治理包括教育治理，教育工作与其他社会工作相比具有自身特殊性，社会组织参与教育治理，必须合法、合理、合规，并要取得良好的治理成效，赢得政府与大众的认可。要充分发挥社会组织在乡村教育治理中的作用，就必须不断锻炼与提升社会相关组织的专业能力。

首先，鼓励乡村社会组织积极参与乡村教育治理工作，并根据乡村教育发展的需求培育新的社会组织。在社会组织的培育中，要清楚乡村教育机构乐意接受哪些社会组织，哪些社会组织能更快融入乡村教育治理工作中。一般来说，乡村教育机构比较容易接受那些与乡村社会、村民生活、乡村学校相贴近的乡村文娱组织和民间社会组织，所以要特别重视对这类社会组织的培育。

其次，有些社会组织在参与社会治理中积累了大量的实践经验，对于成功且成熟的治理模式与经验，可大力推广，并在乡村教育治理中予以借鉴，不同地区社会组织在乡村教育治理中总结的规律和累积的经验也可以相互借鉴，但要从实际出发而有针对性地采纳，对于普遍性的规律和经验，可以推广到全国乡村教育治理中。

最后，乡村地区有自己独特的乡村文化，也有优秀的"乡贤"人才，将这些文化资源、人力资源充分利用起来，提高资源利用率，为乡村教育治理提供资源保障。作为乡村的"象征"与"代表","乡贤"人才为乡村振兴与乡村社会各个方面的发展都做出了重要贡献,培育"乡贤文化"是乡村振兴战略强调的一个要点,可见"乡贤"人才在乡村社会极其重要,因此我们要采取积极有效的措施来鼓励"乡贤"人才参与乡村教育治理,为促进乡村教育事业的发展发挥其重要价值与能量。

4.建设大数据平台,推动乡村教育现代化治理

当前,在我国乡村教育治理中,社会力量参与治理存在不够精准的问题,主要原因是社会组织是非官方机构,对数据的获取不是很便利,对于最新信息动态而无法及时掌握,也难以对未来趋势进行准确预测,从而影响了设计与实施策略的精准性。在全球化时代,不管是判断和预测事件走向、制订计划,还是采取策略,都要以对信息数据的准确、及时掌握为前提。落实行动要靠精准的数据信息来"指挥"。对此,在乡村教育治理中,应努力构建集数据采集处理、监测管理、预测预警、应急指挥、可视化于一体的大数据平台,提高乡村教育治理的精准性,而这个大数据平台应该由多元主体共同参与,包括政府部门、社会组织、互联网机构、第三方评估机构等。

将现代科技资源充分利用起来,采取现代化技术手段进行乡村教育治理,将大力提高治理效率和优化治理效果。例如,挖掘与分析乡村教师资源数据,对师资资源地图进行建模设计,对师资资源共享平台进行创建,共享优秀资源。再如,对乡村适龄儿童信息资源平台进行创建,对进城读书的适龄儿童、乡村留守儿童、辍学儿童的情况进行实时监控,及时了解乡村适龄儿童的动向,为采取相关对策而提供依据。

二、创新乡村学校办学体制

(一)我国乡村学校办学体制的现状分析

办学体制是教育体系的核心与根本。导致城乡教育差距较大的原因除了

第七章 乡村教育振兴的创新路径

经济原因外,还有体制机制方面的原因,而其中影响比较大的有教育投入机制、资源配置机制、教育管理体制、弱势群体帮扶机制等。下面分析当前我国乡村学校办学管理体制的现状与问题。

1.政府在教育管理中处于"支配"地位

我国办学体制在中华人民共和国成立后出现了新的变化,主要表现在以下几方面。

第一,各级各类学校和教育设施逐步由国家接管,国家成为教育的主要责任主体;

第二,由政府任命学校负责人;

第三,教职工基本都是"事业编制",由财政统筹劳务工资。

从上面几点变化可以看到,政府通过全面提供学校的经费、决策及社会资源对学校进行全面管理,政府成为唯一的办学主体、财政投入主体和教育政策措施的决策者。在这种管理体制下形成的学校系统逐渐成为政府行政体系中的末梢,学校成为政府决策的执行者。这种教育管理体制的优势在于便于"普及"基本教育,能够推动我国经济社会的发展。在信息时代,人民更渴望高质量的开放性的个性化教育,因此应该根据时代发展的需要、教育的基本发展规律对现有的"行政"教育管理模式进行调整。

2.呈现出"行政化"特征

影响乡村教育管理体制的主要因素,除了经济因素外,还有管理者因素,如管理者的思想观念、能力素质等。当前,我国乡村教育管理者,特别是校长,基本都是先在乡镇或县政府担任行政管理工作而后调任学校担任校长职务,他们普遍年龄偏大、学历偏低、过于"行政化",缺少"专业化",这就导致在学校管理中出现了如下问题。

(1)管理粗放、简单

乡村学校主要管理者缺乏先进的教育理念,没有深入认识与理解教育规律,管理方式简单、粗放,带有"官本位"色彩和所谓的教育"政绩"。管理者对主要行政人员的作用过于重视,忽视了师生、家长的作用;在管理中过分强调要统一管理,缺少开放观念,导致教育教学毫无活力,师生创新精神得不到发挥。

（2）办学理念和教育观念落后

学校的发展水平，很大程度上是从学校管理者的水平中体现出来的。经济较发达地区的乡村学校，管理者积极响应国家的政策号召，根据国家要求及时调整教育工作，办学有声有色；而经济落后的地区乡村学校管理者对国家的政策措施反应较慢，行动滞后，缺乏宏观上的把控和全面管理，导致办学效果不佳。

（3）思想落后，工作"低效能"

在行政化管理体制下，管理者、教师处于"听命"和"被动执行"状态，缺乏创新热情，而且思想僵化，在思考乡村教育发展的问题时，简单地从增加经费投入加强校舍建设、提高待遇等方面思考，认为重视乡村教育的主要工作就是加大投入进行硬件建设、提高教师待遇，而很少立足乡村实际思考学校的特色发展，思考如何解决教育问题，提高教育质量。

3.乡村学校办学管理的主体责任人逐渐"下移"

"省级统筹，以县为主"，是现阶段我国乡村基础教育管理的主要模式。但在管理实践中，政府教育职能容量有限，尤其是经济落后地区，县政府把责任向下"分级"，乡村基础教育的真正经济责任体是乡镇，乡镇直接面对本辖区的乡村教育机构（中小学、教学点、职业教育等）。在教育经费投入方面，学校建设经费一般是县里投入一部分，乡镇自筹大部分，或由乡镇自筹全部经费。经济较好的乡镇，本辖区乡村学校硬件设施建设得较好，基本能按照国家要求进行配置，而经济落后的乡镇很难做到这一点。

4.城乡资源分布不均

乡村教育一直都是我国教育的短板，与城市教育存在明显差距。我国政府为了缩小城乡教育差距，采取诸多措施大力发展乡村教育，但由于诸多因素的影响，乡村教育的实质发展问题至今没有得到根本上的解决，优质师资均衡、教学质量提升的目标迟迟没有实现。

受经济因素和管理者因素的影响，经济落后地区乡村教师个人业务能力提升和待遇改进的问题一直没有解决，所以一些优秀师资想要去城镇学校教学，这又导致优质师资资源的分布更加不均衡，也再次拉大了城乡教育质量差距。随着乡村学龄儿童大量涌向城市,乡村小学规模逐渐缩小,城镇学校规模扩大,造成了"城市挤、乡村空"的现象,同时也导致乡村学校硬件资源浪费,城市学校硬件资源满足不了需求。因此,改革乡村学校办学和管理体制势在必行。[1]

5.乡村教师编制体制有待完善

从教师资源配置比例来看,我国乡村小学师生比远高于国家标准,乡村小学教师处于超编状态,但真实情况是"总量超编、结构性缺员",这是一种"畸形"现象。随着乡村人口出生率的下降和学龄儿童进入城市学校数量的上升,乡村学校教育受到极大的现实冲击。因此,以"师生比"和"班师比"为核定标准的教师编制制度遇到了不可回避的现实问题,面临新的挑战,有待进一步改革与完善。

(二)乡村学校办学体制的改革与创新

随着城镇化建设速度的加快,社会对教育的需求从根本上发生了变化,从"普及教育"的需求转变为"高质量教育"的需求。要满足社会大众对教育的要求,就要对我国乡村教育的现有体制进行改革,在供给侧结构性改革的大环境下对教育供给侧结构性改革进行积极推进,在改革中要对乡村教育的特殊性、规律、现状等进行全面考虑,政府要充分发挥自身的宏观调控职能,促进乡村学校办学体制改革的不断深化,重点解决财政供给、教育管理和师资保障的问题,促进乡村学校办学理念的改进和办学质量的提升,缩小城乡教育差距,促进教育均衡发展。

从我国乡村学校办学体制的现状来看,重点要从下列几方面来加强改革与创新。

1.发挥政府的职能与作用

发展乡村教育,要充分发挥基层政府的作用,改革乡村学校办学机制与

---

[1] 魏风云.乡村教育振兴研究[M].北京:人民出版社,2020:89.

管理模式离不开基层政府的参与和支持，能否成功改革，关键取决于基层政府。我国乡村学校办学体制的改革制度随着社会变迁而变迁，而且其变迁具有强制性。所以更应该利用政府的引导功能来改革乡村学校办学体制与办学模式。政府功能的发挥主要从以下几方面来落实。

第一，根据国家政策要求和现实需要对相关政策加以制定，为实现改革目标提供方向，并在经费上提供基础保障，维护改革成果。

第二，严格监管办学机制的改革过程，实行必要的干预，确保改革方向正确和改革政策有效落实。

第三，为改革乡村学校办学机制营造良好环境，如及时通知重要信息，加大宣传力度，召开会议商讨问题，有序推进各项改革事宜，并宣传推广改革的成功经验和改革成果。

第四，通过绩效考评的方式来进行改革质量管理，保证充分落实各项改革政策和措施。

2.完善教育财政投入机制

我国经济发展水平存在区域差异和城乡差异，受此影响，我国教育财政投入机制存在一些问题，基层政府有很大的财政压力，贫困地区的教育经费投入得不到保障，教师待遇低下，教学条件差，严重影响了教育质量。因此，要保证乡村教育质量，就要解决教育经费的问题。

在乡村教育投入方面，党中央、省级政府、县级政府等各级主体所承担的责任和负担的比例有一定的差别，对此必须要有明确的认识，此外要对现有的教育经费投入的统一模式进行改革，应从各地实际情况出发建立与完善差异化教育投入机制。对于经济发展水平较高的地区，教育财政投入主体重心可适当"下移"，充分发挥地方政府和乡镇政府的职能。对于经济落后地区，对经济欠发达的地区，教育财政投入主体重心可适当"上移"，主要发挥中央和省级政府的作用，减轻基层政府的经济负担。此外，要开辟新的筹资渠道，吸收社会资金来发展乡村教育，这样能够为乡村教育提供更多的保障，也能减轻政府的财政负担。

3.建立并完善"以县为主"的差异化管理办学体制

要改革乡村学校办学体制，就应转变观念、打破僵化的固有管理模式，

第七章 乡村教育振兴的创新路径

立足实际探索相应的管理体制,实现内的差异化管理。例如,对经济水平较高的乡镇,可向乡镇政府赋权,充分发挥乡镇部门的作用,如成立镇教育局,建立"市级教育统筹—区级教育管理—镇级教育执行"的管理体制,满足基础教育发展需求。对于经济落后的乡镇,实行财政倾斜政策,加强上级宏观把控与管理。

4.改革乡村教师编制体制

城乡教育均衡发展的重点在乡村,这也是一个难点。提高乡村教师的素质是提高乡村教育质量的关键。我国在教育供给侧结构性改革中提出要均衡配置优质师资,针对目前乡村学校教师队伍的现状,要进一步改革乡村教师编制体制,以最终提高乡村教育教学质量。我们要以整体性思维来完善教师编制资源配给系统,优化编制体制,重点加强对教师编制标准、政府购买服务、教师准入与退出机制的改革。

(1)加大对乡村教师的扶持力度

贯彻落实对乡村教师的扶持政策,统一城乡教师福利待遇与工资绩效,缩小城乡教师收入差距,增强偏远地区对教师的吸引力,打破城乡优质教育资源分布不均的困境。

(2)创新教师配给制度

目前,各地教师编制配给是自上而下的配给模式,它影响了整个地区教师编制结构的合理性。因此,政府应解放思想,根据学校所需实行自下而上的配给方式,按轻重缓急优化乡村教育编制的生态分布。

此外,要完善乡村教师的准入与退出机制,以优化教育人力资源。为了缓解乡村学校教师的工作压力,有关部门在严格审查及筛选的基础上可向社会购买服务,向社会招聘代课教师,保障教育质量。

5.探索多元化乡村学校办学管理模式

在城乡教育统筹发展、公平发展这一教育改革理念的影响下,许多教育部门推出了乡村学校办学的多种管理模式,如"教育共同体""城乡教育联合体""中心校"等,旨在以城镇带动乡村,以中心带动片区,以个人促进学科，实现城乡教育的协同发展和城乡教育资源的优化配置。[①]

各地对上述管理模式进行了不同探索，有的在实践中取得了一定的成效，取得了良好的管理成果，但有的只是流于表面，没有采取实质性举措，管理效果不理想。因此在实践中应加强监督，不断推广较为完善的模式，充分发挥这些模式的优势与作用，切实改进乡村学校办学管理工作，提高管理水平。

第二节 科技赋能乡村教育振兴的方式转变

一、科技赋能方式——乡村教育信息化

（一）乡村教育信息化的重要意义

1.缩小城乡教育差距，促进社会公平

乡村教育信息化能够使先进的教育资源低成本传送到乡村学校，为乡村学生接触新知识、掌握新技能提供便捷渠道。城乡二元化结构在教育层面有突出的表现。偏远的乡村地区和发达城市地区相比，人们无法迅速获得新知识、第一时间享受最新科技成果，而这又会进一步加剧城乡二元化和不平等。而缩小知识层面和教育层面的差距是促进乡村教育振兴和乡村社会振兴的必要手段。乡村教育信息化可以使乡村社会对于教育服务的需求得到满足，采用信息化技术手段将优质教育资源提供给乡村师生，使乡村师生享受人类教育成果，促进教育资源共享和城乡教育互动发展。

[①] 魏风云.乡村教育振兴研究[M].北京：人民出版社，2020：92.

第七章 乡村教育振兴的创新路径

2.有利于充实乡村教育资源

受城乡二元结构的影响,政府对教育资源的分配向城市倾斜,首先考虑的是使城市人口教育的需要得到满足,只有相当有限的教育资源流向乡村学校,使乡村人口的教育需求远远得不到满足。乡村人口享有的教育资源本身就少,再加上多方面因素的影响,分配的教育资源利用率低,未能充分发挥作用,因而教育资源短缺且利用率不高成为制约乡村教育发展的主要瓶颈。要加快改革乡村教育,进一步发展乡村教育,就必须拓展与充实乡村教育资源,满足乡村人口的需求。乡村教育信息化使乡村人口能够通过互联网渠道便捷获取教育资源,这为乡村教育资源的拓展与丰富提供了良好的机遇与条件。具体从以下几方面体现出来。

(1)传统乡村教育资源得以拓展

借助声、光、电等现代信息技术,来实施传统文字教材内容,能够提高教学效果。乡村教育信息化使乡村学校内部、学校之间、城乡学校之间的联系更加紧密,推动了教育资源共享,这有助于促进传统教育资源的拓展与丰富。

(2)为乡村教育提供新的教育资源

乡村教育信息化中的校园网建设,使乡村学校实现网络覆盖,教师与学生在学习场所能够方便地获得数字媒体信息等教学资源。教育信息化打破了时空限制,使教育资源更加开放,乡村学生有机会接受名师指导,实现优质教育资源共享,并为乡村教育提供更多的新资源。

(3)使乡村教育资源得到开发

在乡村教育信息化中,乡村学校可以引进外部优秀教学软件,利用教学软件对乡村教育资源进行深入开发,挖掘乡村优势教育资源的价值,提高乡村教育资源的利用率。

3.有利于调整乡村教育结构

我国自新中国成立以来就一直不断调整乡村教育结构,乡村教育结构随着社会教育的发展而不断优化。在乡村教育信息化中,现代教育信息技术彰显了重要的价值与持久的生命力,在一定的广度与深度上给我国乡村教育体制及教育模式带来了重要的影响,随着现代教育技术的不断发展,这种影响将长期存在，而且影响范围将不断扩大，影响程度也将越来越深化。随着乡村教育信息化进程的加快和信息化水平的提高，对乡村教育结构提出了更多新的要求，只有在信息化时代不断调整、改革乡村教育结构，才能适应社会发展需求，顺应乡村教育改革与发展的趋势。

乡村教育信息化对乡村教育结构的调整与优化作用主要体现在以下几方面。

（1）改善乡村教育结构

改革开放以来我国乡村经济水平明显提高，但不同地区依然存在差距，东部地区乡村经济水平较高，中西部乡村经济较为落后，尤其是西部地区有不少贫困村，经济严重落后。鉴于这种客观存在的区域发展差异，必须从教育着手对多类型的优秀人才进行培养，这也要求对乡村教育结构进行改革，进行多层次、综合化调整。

随着现代技术在乡村农业生产、乡村教育中的大量运用，乡村农业改变了传统面貌，逐步向"新型农业""现代农业"转变，这个转变也扩大了乡村教育的结构范围。除东部乡村教育进一步发展外，中西部乡村教育条件也不断改善，教育水平有所提高。经济较好的乡村地区出现了幼儿教育，高等教育也有向乡镇延伸的趋势。随着乡村教育信息化的发展，乡村人民对职业教育的需求越来越多，乡村职业教育获得了发展，解决了很多人的就业问题，提高了乡村人民的整体素质。

（2）乡村教育结构性质的变革

在乡村教育信息化过程中乡村学校教育的内涵发生了显著的改变，现代信息技术涌入乡村，为乡村网络教育提供了可能，一些因故无法上学的农家子弟可以在家里学习知识，这样学校的概念就宽泛了，不只是传统学校的概念，可以说有教育资源的地方都是学校，可以学习的场所都是学校，甚至整个社会都是学校。乡村学校教育、家庭教育、职业教育、成人教育相互沟通，相辅相成，改变了乡村教育的整体面貌。

（3）乡村教育结构内容的更新

乡村教育信息化提高了教育信息的收集与处理效率，教育信息的不断更新促进了乡村信息化教育的动态发展。乡村教育结构的内容不是固定不变

第七章 乡村教育振兴的创新路径

的,而是处于动态调节中,而且内容结构不断更新和拓展,以适应乡村教育信息化的要求。

4.有利于改进乡村教学方法

教学方法手段的改革与创新,可促进教学效率的提高。随着教育技术和信息技术的成熟化、教育信息组织的非线性化、信号处理数字化、信息储存光盘化、信号传输网络化、教学过程智能化以及教学资源系列化,乡村教育信息化使教师的活动突破了时空限制,使教学环境更加开放,传统教育方式受到冲击,发生了很大的改变,依托现代信息教育技术而形成了诸多新的教育教学方式,同时学生的学习方式也发生了相应的变化,如出现了如下一些新的教和学的方式。

(1)基于多媒体教室环境的多媒体组合教学。

(2)基于互联网络的远程教学。

(3)基于多媒体教室网络环境的协商学习。

(4)基于多媒体计算机环境的个别化自主交互学习。

(5)基于校园网络的资源利用与问题探究学习。

(6)基于虚拟社区环境的远程协作学习。[1]

乡村教育信息化发展,使教师实现了个性化教学,教师在教学过程中改变传统教学方法,采用新的教学方法,提高了教学效果。而且学生也产生了自主性学习、探究性学习的需要,主动采取新的学习方法。新型教学方法的综合运用大大提高了乡村教学质量。

5.有利于优化乡村师资队伍

乡村振兴的希望在于乡村教育,乡村教育振兴的希望在于乡村教师,建设优秀的乡村师资队伍是乡村教育事业发展的根本大计,是乡村教育改革的关键突破口。教育信息化为培养优秀师资提供了重要条件,乡村教师队伍的建设在乡村教育信息化背景下有着良好的前景。乡村教育信息化对建设与优

---

[1] 曾海军,夏巍峰,王敬华.乡村教育信息化路径:现状·反思·案例[M].北京:人民教育出版社,2015:68.

化乡村师资队伍的意义，具体表现在以下几个方面。

（1）激发了教师自我提升的内在动力

随着信息技术在乡村教育中的广泛运用，乡村教育内容、教育方法手段、教育形式与方式等都发生了翻天覆地的变化，乡村教师已有的知识与技能难以满足教育信息化提出的新要求，无法适应乡村教育改革发展的需要，而只有在岗位上继续不断地学习新知识和新技能，不断更新教育理念，不断提升与完善自己，才能适应社会快速发展和教育信息化改革的要求。可见，乡村教育信息化有助于激发乡村教师自觉学习、自我提高的内在动机，也为乡村教师不断发展提供了内在动力。

（2）为乡村教师自我提升提供了外部动力

在乡村教育信息化改革发展中，优胜劣汰的市场机制被运用到乡村教师队伍的培养与管理中，严格的机制为乡村教师不断努力进取、提升自己、实现自我价值提供了重要的外部动力。

在内外动力的共同作用下，乡村教师有着强烈的自我提升的愿望，并将这种动机转化为实际行动，积极主动地参与培训、继续教育等能够提升自己的活动。乡村教育信息化为乡村教师继续教育提供了良好的条件，乡村教师可充分利用课余时间通过互联网渠道学习新知识、新技能，与国内外优秀教师共享优质资源，并与其他教师相互交流、学习。这样不仅节约了时间、经费，还提高了效率，提升了乡村教师的信息化教学能力。

（3）在更高层次上促进乡村教师教学水平的提高

乡村教育信息化大大提高了乡村教育教学的效率与效果，也对乡村教师的教学能力提出了越来越高的要求，优胜劣汰机制在乡村教育中被广泛运用，"能者上，庸者下"的竞争机制使乡村教师产生了危机感。如果乡村教师不重视自我提升，不通过继续教育而提升学历与能力，不主动适应乡村教育改革的要求，不重视对信息化教学技能的学习，那么终将被淘汰。那些学历高、教学素养高、主动适应教育信息化改革的乡村教师将在优胜劣汰的竞争中脱颖而出，实现更高层次的提升与发展，成为乡村教育振兴的主要力量和乡村振兴的重要贡献者。

（二）乡村教育信息化发展路径建议

1.完善信息化配套设施

信息化硬件覆盖乡村地区，是推进乡村教育信息化的基础与前提，对此，地方政府要落实国家政策要求，对教育信息化给予必要的财政支持，为乡村学校提供现代化教育设备，对老旧设备及时养护和定期检查，提高硬件设施的利用率。

2.根据乡村教育现状开发软件教育资源，实现数字资源共享

教育部门统一组织开发智能教学软件，根据乡村教育水平、学校硬件设施水平、教师的教学能力、学生的知识储备进行有针对性的开发，解决地方性普遍教育问题。政府还可以统一购买数字资源服务，解决教育信息化中资源内容不匹配，无法覆盖所有课程等问题，利用教育机构强大的教育内容制作能力而为乡村学生开发既有时代性，又匹配地区特点的教学内容，采用直播的方式让学生自主学习，教师在课堂组织过程中提升教学水平，真正实现翻转课堂。[1]

3.提高乡村教师的待遇

乡村教育人才缺乏的一个主要原因，是乡村教育待遇水平不高，因此要从提升教师综合待遇这一点出发来改善现状。对乡村教师工资、住房等方面的安排要稍有倾斜，增强乡村教师岗位的吸引力。同时，要根据学历、专业、职称来有效区分待遇标准，对信息技术素养较高的教师可适当提高工资水平，以吸引信息化技术人才和教育人才。

4.建立健全乡村教育信息化管理体制

信息化是系统工程，不是短时间就能够成功的。地方政府要贯彻落实国家教育信息化政策，做好推进规划，确定分管部门，做好责权明晰。有关部门应做好乡村教育信息化改革的预算，设立专项资金，专款专用，有效追

---

[1] 商旻.乡村教育信息化发展路径研究[J].科技经济市场，2020（8）：101-102.

踪，阶段性检查成果。

5.注重乡村教育信息化的科学研究

教育信息化给乡村教育教学甚至是乡村社会带来了翻天覆地的变化，给乡村社会人们的生活、学习、工作带来了深刻的影响，随着乡村教育信息化的推进，信息化水平越来越高，信息化层次也越来越深，知识更新速度超乎想象，新信息呈"爆炸式"增长，这些变化在一定程度上也会给乡村教育带来新的问题，使乡村教育面临新的问题。对此，有必要对乡村教育信息化进行科学而深入的研究，对乡村教育信息化发展的规律进行科学探索，为乡村教育信息化的进一步发展提供科学依据。

加强乡村教育信息化的科学研究，具体要从以下几方面来落实。

（1）建立健全机制

建立乡村教育信息化建设机制并不断完善，加快乡村教育信息化改革与发展进程，确保在改革与发展中时时有举措，科科有项目，人人有课题，实现组织、计划、时间、内容、人员的全面落实，形成上下贯通的机制，这是乡村教育信息化研究顺利开展的根本保障。

（2）勇于实践，不断探索

乡村教育信息化科研工作者，要投身乡村教育实践而进行研究，要立足乡村教育实际而积极探索，锐意进取，发现乡村教育信息化的优势与特点，总结乡村教育信息化改革与发展的可行性，对乡村教育信息化理论与方法进行大胆探索。在乡村教育信息化的科学研究中，不仅要对理论内容有准确的把握，而且要注重对实践技术的应用，从而更好地为乡村教育信息化改革与发展的实践而服务。

乡村教育信息化是乡村教育发展的重要趋势，只有长期研究、不断积累，将乡村教育的各种力量充分动员起来，对乡村教育资源进行深入挖掘，坚持不懈地探索乡村教育在信息化时代的可持续发展之路，才能潜移默化地影响乡村学校办学，影响每一位村民。

（3）抓重点，讲实效

要在乡村教育信息化的科学研究中取得良好的成果，就要先选好课题，要根据乡村教育信息化的发展热点和普遍性问题来选择课题，突出课题的时代性、现实性，使研究成果具有时代意义和现实意义。

实事求是为研究的基本原则之一，科研工作者要从乡村教育教学的实际出发进行研究，结合对乡村教育本质、乡村教育特色、乡村学校办学方法、乡村学校学科结构、乡村教育教学课程设置等多方面实际的考虑而展开现实研究，提高科研实效，将研究成果转化为发展的动力，推动乡村教育改革与发展。

（4）发挥特色

为了更好地进行乡村教育信息化的科学研究，乡村教育工作者要向专家学习、向同行学习，学习各种先进经验，借鉴各种先进方法，取得各方面的支持和帮助，博采众长，优势互补，共同提高。此外，还要充分发掘适合乡村教育信息化的一些特色和优势，探索具有特色风采的乡村教育信息化发展之路。

二、AI教育在乡村基础教育公平中的应用

在2021年"双减"政策出台后，"教育公平"一词被广泛提起，越来越多的人在呼吁教育机会平等，追求教育公平。由于城乡经济社会发展不平衡、教育资源分配差异和家庭教育观念的不同，导致城乡基础教育存在着较大的差异。在我国部分乡村地区教育资源相对匮乏的状况下，那些孩子对教育公平的渴望是无比迫切的，缩小城乡教育差距已经成为发展乡村教育和实现教育公平急需解决的事情。近年来，人工智能逐渐成为各行业研究的热门领域，"AI+教育"模式的应用能促进我国教育领域的变革和创新。

将AI教育应用到乡村基础教育中，采用"互联网+教育"的教学方式，能实现优质教育资源网络共享、改善乡村地区网络教育环境和提升乡村办学质量，在一定程度上能加快提升乡村教育水平，缩小城乡教育差距，实现乡村基础教育公平，助力乡村教育振兴，推动乡村基础教育的现代化进程，最终助推实现中国教育现代化。

（一）AI教育在实现乡村基础教育公平中的作用

面对当前乡村基础教育的新形势和新阶段，AI等信息技术或将成为中国基础教育赋能和高等教育改革创新的主要驱动力。积极发展"互联网+教育"，可以克服因地域差异而造成的教育资源不均衡的现象，改变教育方式，促进教育公平，提升教育质量，使每一个人都能获得优质的教育资源，能接受到更多优质而公平的教育机会。通过对AI信息技术的持续发展与应用，中国教育体制机制和教学方法产生了巨大变革，教学场景也由原来单一的线下教学模式转化成了线上、线下共同融合发展的多样化教学模式。AI教育的出现和发展，为我国偏远乡村地区的广大中小学生获取高品质教学资源创造了一个崭新的途径与方式。通过"人工智能+教育"的方式能大面积解决乡村教师教学方面存在的问题，在提高乡村当地的师资教育水平的同时，提升乡村学生的学习积极性，有能力让乡村孩子获取到与城市孩子相等同的优质教育资源，有利于促进城乡教育机会公平，进而缩小城乡教育间的差距，助力乡村教育振兴，推进中国教育现代化，实现乡村基础教育公平。

1.优化教育资源配置，缩小城乡基础教育差距

ArcGIS的核密度分析方法可用于显示事物的空间分布态势，通过选取《2021年云南统计年鉴》中的各州市县生产总值和人均生产总值，结合高德地图统计的POI数据，使用ArcGIS对云南省及大理州范围内的中学进行核密度分析。能直观反映出云南省中学在空间分布上的集聚情况，结合2020年云南省各地区的生产总值和人均生产总值，能直观看出中学分布较集中的区域多为云南省经济发展状况较好的地区。此结论在一定程度上能反映出优质的教育资源多偏向于经济发展较好的区域，而AI教育的运用，能在一定程度上解决优质教育分配不均的问题。近年来，AI教育已经逐渐发展成熟，这是打破城乡教育资源分配不均的良好方法，能有效解决乡村教育的公平性问题。使用AI教育系统输出优质教育内容，让乡村的孩子也能获得高质量的教学资源。通过AI教育建立乡村学校专属资源库，适应校园多种教学方式和需求，同时与城区名校达成资源共享，突破获取教育资源的空间限制性，拓宽获取优质教育资源的渠道，进而实现城乡教育资源的均等化和推动教育资源的优

第七章　乡村教育振兴的创新路径

化配置。不断优化资源配置、缩小城乡教育差距和强化人才培养，这不仅满足了乡村学子对优质和公平教育机会的需求，更是未来国家实现和建成人才强国目标的有力支撑和不竭的发展动力。

2.突破乡村教育师资困境，助推教师教育教学能力提升

当今我国教育进入高质量发展阶段，为适应国家培育人才的相关政策方针，课堂教学模式要从传统的教学模式转变为以学生为主体的探究、互动教学模式。而这一教学方式的转变，使得教师面临新的挑战，要改变自己的传统教学模式和教学方法，以适应新型人才培养政策方针。在人工智能时代的大背景下，教师要不断提升自己的信息科学技术运用能力，将AI技术与课堂教学模式紧密联合，培育出适应当今时代变化发展的人才。对教师这一能力的要求无疑是对教育资源本就落后的乡村地区提出了更加严峻的挑战。乡村地区师资较为匮乏，无法对每一个孩子进行细致的学习辅导。相比于传统的教学模式，AI技术能收集学生的日常学习状况，对不同的学生制定出不同的教学方案，提供精准化的教学。将AI技术融入课堂教学，更能提升课堂实效。乡村教师通过使用AI进行教育教学，能够对教学过程进行优化，提高学生的学习质量和教师的信息化教学能力，使教师能够进行因材施教，构建个性化、自由化的教育模式。在师资较为紧缺的地区也能够用有限的教师资源达成较好的教学效果，进而降低教师的授课压力，让教师能有更多的时间来提升自己的教育教学能力和水平。

3.提高乡村学生学习积极性和自主性

"双减"政策强调对学生的德、智、体、美、劳全方面发展，发展素质教育，培育更具创造力和实际操作能力的人才。AI技术能提供精准化教学应用和个性化学习课程，不断提高学生的学习成效，充分响应国家的"双减"政策。结合乡村学校特色和学生需求提供个性化的AI课程，设置文化、科技、美育等课程，让学生近距离感受AI教育的特别之处，为乡村孩子打开一道全新世界的大门。通过AI教育开展人工智能课程能让学生对科技领域产生极大的兴趣，也能提高学生对学习新知识的积极性。基于AI教育的智能学情分析功能，对学生当下学习水平、学习成果进行测评，可以精准地找到学生的知识薄弱点，对学生展开针对性的讲解和练习，使其集中精力攻克学习难

点，避免学习的无效性；为学生量身打造出专属的智能化学习方案，向学生提供最优质、最具效率、最适合自身情况的学习方法，提高学生自主学习的质量，强化学生学习的主动性。在此基础上，AI还可以根据学生的特长、需求、技能和兴趣，构建定制化、个性化的学习指导，培养出具有较强创造力的创新型人才，增强学生的学习积极性和自主性，真正实现个性化的学习。从技术层面上减轻学生的学习负担，做到减负增效，更加精准地帮助到乡村孩子，用科技助推教育均衡，助力乡村教育发展。

（二）AI教育在乡村基础教育中的应用

1.多方主体共同建立教育资源共享库

针对教育资源配置不均衡的问题，基于互联网大背景下建立城乡教育资源共享库，有利于对我国优质教育资源进行整合，缩小城乡教育资源的差距，对实现城乡教育均等化具有重大意义。以政府为主导力量，在企业和学校的联合作用下带领城乡学校建立教育资源共享库，助力乡村地区学校师生共享优质教育资源。政府提供相应的政策保障和财政支持，建立健全资源共享库的知识产权保护，在有效促进教育资源共享的同时保护资源提供者的合法权益，给予提供者一定的奖励，吸引更多的人工智能技术专业人才与教育研究者投入到AI教育应用的研究与实践中来，加大对优质教育资源的获取力度；相关AI技术企业要进行数据采集和对优质数字化学习资源整合，为建立教育资源共享库提供相应的产品和技术支持；而乡村学校在使用资源共享库的同时需要及时调查和掌握教师和学生的使用感受，并向AI技术企业进行反馈，不断促进教育资源共享库数据和功能的完善。加快提升乡村教育质量，实现优质教育资源共享，形成乡村优质教育体系，助力乡村学生个性化发展。通过AI教育的智能化、多元化和个性化特征，助力乡村基础教育公平的实现。

2.培养乡村教师的AI技术运用能力

教师较为了解教学过程中存在的问题和学生学习过程中经常遇到的障碍，但对于AI技术在教育中的应用较为陌生，如果要扩大AI教育在乡村基础教育公平中的作用，就亟待培养出一批具有人工智能应用意识的乡村教师。通过AI技术人员对乡村教师进行培训，让教师明白什么是AI技术，AI运用到教育中的好处是什么，如何运用AI技术来进行教学过程优化，让教师在学习AI技术的同时提高自身的AI运用意识和能力，使教师深刻认识到AI技术在教育中的重要性，进而加强与AI技术人员间的联系合作，在促进AI教育与教育教学模式深度融合的同时，给予乡村教师更大的能力发展空间和职业的幸福感、成就感。

3.将AI技术融入乡村教师的教学过程

城乡学校师资力量虽存在较大差异，但乡村教师通过将AI技术运用到教学当中，能缩小一定的教学差距，对实现教育公平起到一定的作用。乡村教师教学在人才培养中仍然起着至关重要的作用，在教学过程中融入AI技术的同时，不能忽视教师与学生之间的互动和交流，AI技术更多的还是承担着教学的辅助作用。通过AI技术对学生进行大数据的学情分析，针对分析结果制定相对应的教学方案，按照学生学习状况设置讲解重难点。上课时教师可通过AI技术实时掌握学生听课状态，动态化地调整教学方式和内容，课后可根据学生个人知识点掌握情况来进行个性化辅导。通过AI技术的学情分析功能，在考试前教师可对学生的易错点和难点进行针对性讲解，考试后根据学生的错题进行系统化知识点诊断分析，而后运用AI智能系统对学生知识薄弱点进行个性化出题，实现精准化和精细化教学，提高乡村教师的教学质量，进而构建智能教学系统。

4.AI教育技术运用要以学生为核心主体

教育重点在育人，AI教育技术的运用就是以学生为核心主体的教学方式。AI技术系统将通过云计算、大数据、智能学情分析等技术手段，对学生学习过程进行记录和分析，并与学习者进行实时互动，不断促进学生的个性化和自适应学习能力。该系统以学生为核心构建学习体系，制定教学策略。通过智能精准化的教育教学方式激发出学生的个人潜能，根据学生的个性化差异打造出一套适合其自身的定制化学习方案。在运用AI技术时，学生可自主选择感兴趣的课内外知识进行学习，进一步拓宽自身的知识面并进行个性化的自主探究性学习，在提高学习积极性和自主性的同时强化了自身的学习竞争力。随着科学技术的不断进步和人工智能技术的成熟，AI教育已经成为实现乡村教育公平的重要途径，给予乡村学校新的教学理念和办学方式，对实现优质教育资源共享具有重要的现实意义，对我国未来教育事业的发展同样具有重要意义。

AI教育在乡村基础教育中具有一定作用，通过对AI技术的运用能有效缩减城乡教育水平差距，提升乡村教师教育教学能力和乡村学校办学质量，解决乡村优质教育资源短缺的问题。将信息技术与乡村教育教学相结合，能突破时空限制和实现资源的开放共享，有利于实现城乡优质教育资源的均等化分配，促进城乡基础教育均等化发展。希望在不远的将来，AI教育能广泛运用于乡村地区，助力乡村教育振兴，为实现教育公平作出贡献。

第三节 "三位一体"协同育人助推乡村教育振兴

一、加大教育宣传，营造育人氛围

针对乡村教育边缘化问题，教育部门以及乡村中小学校要加大教育宣传力度，改变农民对教育错误、片面的看法。所以，发展乡村教育首先要从农民教育理念的转变入手，在普及义务教育的同时鼓励乡村学生接受高学历教育。强化乡村学生和家长的教育意识，为学生创造更多接受高等教育的机会，营造浓厚的教育发展氛围。

二、重视经费投入，平衡教育资源

乡村教育经费不足一直是困扰乡村教育发展的重要问题，而乡村振兴首先要从"兴教"入手，给予乡村教育充足的经费支持，支持乡村学校的软件

第七章　乡村教育振兴的创新路径

和硬件建设，改善乡村办学条件。教育管理部门要对所辖区域内乡村学校进行集中梳理，将其中基础设施建设相对薄弱的学校作为重点扶持对象，在校园设施建设中因地制宜，改善校舍条件，尤其是教室、学生宿舍这些基础设施，为师生提供更好的教育环境。

依托乡村振兴中的"信息化发展"优势，加大乡村学校信息化建设力度，建设智慧教室、多媒体教室、远程互动教室等，保证信息化设备配置到位，运用现代教育技术拉近城乡差距，促进优质教育资源共享。学校要注重各类软件的更新升级，比如各类教学软件、财务管理软件、信息沟通软件等，以现代教育信息化促进乡村教育高效发展。政府要给予乡村教育一定的政策倾斜，重视乡村教育在乡村振兴中的特殊地位，依托"三农"政策加大教育补贴力度，为乡村家庭、在校学生提供一定的教育补助。

尤其是对于乡村贫困、特困、留守儿童、残疾儿童等，实施相应的教育减免政策，减轻乡村家庭教育负担，在义务教育基础上减免一些杂费，避免出现"因贫辍学"问题，要保证每一位乡村适龄儿童拥有享受教育的机会。此外，相关部门要加大乡村教育监督力度，制定专项法律法规，确保乡村教育经费落实到位，保障乡村儿童受教育的权益，通过政策、经费、制度的多重保障作用，促进乡村教育的稳步发展。

第一，积极寻求资金来源，如可以向政府申请相应的资金、呼吁企业等社会爱心人士进行捐助、解决课后托管服务资金等。

第二，因学校性质的特殊性，学校资金来源较为单一，所以更应该利用好有限的资金。要做好每一年的资金规划，规划必须详细可持续，细化到位，大到教学楼、实验室、音乐室等，小到课桌、粉笔、乐器等方面。优先加大对教学设备教学实验室的资金投入，加大对教学环境的修整，为学生营造一个舒适的成长环境。

第三，主动公开数据，建立相应资金管理监督机制。将资金流水公布在学校官网、企业微信等，同时成立监督小组，成立家委会对资金使用进行监督。

第四，建立合理的管理体系，除了借鉴城镇地区的教育体系，也要结合自身特点，对某些环节进行删减，避免教师因身兼数职而出现大会叠加小会的现象。

三、优化师资队伍，夯实教育基础

随着国家教育改革的深入推进，城乡教育公平发展已经取得了一定成效，乡村学校的场地、设施以及资源配置均有明显进步，但是，与城市相比，乡村学校的师资队伍建设仍存在不少薄弱环节，教师队伍规模、师资配置条件和人才结构还有很大的优化空间。从乡村振兴角度来看，乡村学校师资力量不足已经成为影响当地教育发展的重要因素。因此，发展乡村教育首先要有高质量人才队伍，通过人才激励政策吸引更多优秀教育人才扎根乡村，保证乡村学校教师配置充足。

对于乡村教师要给予一定的补助津贴，在用人、薪资调整、职称评审、职业晋升等方面给予乡村教职员工一定的政策优惠，通过编制激励、安居工程、在职进修等手段吸引更多教育人才来到乡村，并且愿意长期扎根，成为发展乡村教育的主力军。教育部门要为乡村教师提供更多的学习、培训机会，通过在职教育提高教师专业素养，促进其教学能力的提高。尤其是在现代教育技术、信息化教学方向加大培训力度，促进乡村教育现代化的发展。乡村学校应建立广泛的外部沟通机制，实现城乡学校之间、教师之间、课程资源之间的互动分享，为乡村教师提供到先进学校参观、学习、实习的机会，学习现代教学设备和各类软件、课件的使用技能，通过技术分享加快乡村教育的发展步伐。

各类师范院校要注重全科教师的培养，为优化教师结构做好准备。当前，不少乡村学校文体、艺术、信息技术以及英语方面的教师缺员问题比较普遍，这些课程很多都是由语文、数学教师兼职。所以，高校要加大全科教师培养力度，为乡村输送更多全科教育人才。乡村学校也可以在现有教师基础上进行结构优化，针对部分教师进行全科教育培训，着力改善当前学校教师结构，为乡村教育高质量发展奠定坚实基础。

四、聚焦乡土特色，创新育人模式

乡村教育的现代化发展并不能等同于"城市化"，在运用现代化教学方式的基础上，还要彰显乡村教育特色，不能一味将"乡土"和"落后"等同视之。乡村教育根植于乡土，优秀的乡土文化、传统文化对现代教育同样有滋养和反哺作用。所以，在乡村教育发展中要聚焦乡土特色，在育人理念和育人模式上有所创新。因此，乡村学校要有清晰的育人目标，以"培养乡土人才"为特色，注重新时代工匠型人才的培养。在乡村学校课程建设中，要紧扣当地乡土特色，做到因地制宜、创新开发，学校要加大校本课程开发力度，从当地民俗文化中挖掘更多适合校园教育的本土资源，通过乡土文化教育激发学生爱祖国、爱家乡的美好情感，激发学生建设家乡、改造家乡的积极性，强化学生的乡土情怀，从而构建具有乡村本土特色的课程体系。

在校园教育实践中，乡村学校要尝试构建"没有围墙的学校"，依托乡土资源将课堂拓展到田间、乡野、大自然中，带领学生参加各种乡村劳动，培养学生不怕苦、不怕累的坚韧品质，在大自然中探索学习，将自然科学、农耕文化、生活教育融入其中，采取实地考察、探究式学习、户外采风等形式丰富的乡村学校课程，这样有利于拓宽学生的视野，在实践活动中培养学生的思考能力、探究能力和创造能力，促进优秀传统文化的发展与传承，丰富学生的知识体验，使特色乡土文化成为乡村教育发展创新中的一大亮点。

第四节　加快构建和完善乡村儿童关爱体系

"留守儿童"这个代名词，一直都是大众心中的痛点。就目前我国的经济增长与人口流动程度来看，接下来我国还会有大量的留守儿童存在。留守儿童主要存在于偏僻的乡村、经济发展一般的小城市，因此留守儿童的父母及其他亲人会迫于生活的压力辗转到其他城市，将孩子委托给其他亲戚或者机构看管，这些孩子就是我们广泛认知意义上的"留守儿童"。相较于其他普通儿童，留守儿童的心理需求更多、关爱缺口更大，这些儿童若是不加以及时的引导和关怀，在日后的成长过程中内心会变得极其脆弱、敏感，甚至会走向心理发展极端，为其后续发展带来不可估量的阻碍。

一、关爱乡村儿童的心理教育

想要养育一个身心都健康的孩子并不是一件容易的事。父母不仅需要保障他们的衣食住行，提供生理上的营养来强壮他们的身体，同时也需要给他们爱、陪伴、接纳、安全感以及赞美等心理营养来滋养他们的心灵。不管是哪一方面的缺失，都会影响孩子的健康成长。因此，留守儿童这一特殊群体不能不引起我们的重视。由于父母长期不在身边，留守儿童在青少年的成长关键时期，严重缺乏父母的陪伴。他们缺爱，没有安全感，更别说无条件地接纳和赞美了。在心理营养严重匮乏的情况下，留守儿童出现了一系列心理健康问题。这些心理问题进一步导致了留守儿童的行为偏差以及个性品质的转变，使得家长头疼不已，也给学校教育带来诸多挑战。最重要的是给留守儿童的个人成长及发展带来了不良影响。因此，我们应当深思造成这些问题发生的原因，然后对症下药，寻求解决之道。

（一）留守儿童心理问题主要表现

留守儿童问题是一个世界性难题，也是我国社会转型期出现的一个新现象。近年来，随着经济和社会的发展以及人口流动的加速，留守儿童数量呈逐年上升趋势。根据全国妇联的统计，目前全国有乡村留守儿童697万人，其中14岁以下的乡村留守儿童约490万（数据来源：民政部新闻发布会）。据不完全统计，每年因家庭变故、父母外出等原因造成的单亲家庭超过100万个。由于长期缺少父母的关爱和呵护，许多孩子变得性格内向、自卑敏感、缺乏安全感，有的甚至出现厌学、逃课等不良行为。此外，由于与父母分离，很多孩子的情感需求难以满足，容易出现心理失衡，导致一些青少年走上违法犯罪的道路。以下几点为留守儿童心理问题的主要表现。

1.缺乏安全感

由于父母长期在外，与子女分离时间较长，孩子对父母的感情就会越来越淡薄，从而造成心理上的不安。他们害怕父母会离开自己，担心父母不在身边时，会被其他小朋友欺负，甚至担心父母在外面受到不公平的待遇，从而产生自卑、焦虑的心理。

2.孤独感

由于缺少父母的关爱，留守儿童往往感到孤单和寂寞，容易养成内向的性格特点。有的孩子不愿与人交流，性格孤僻；也有的孩子因为缺乏亲情，内心封闭，不善交际，不能适应集体生活。

3.学习压力

随着年龄的增长，孩子的学业负担逐渐加重，而部分孩子的家庭经济收入却相对较低，承担孩子的教育花销存在一定困难。因此，一些学生会产生厌学情绪，导致学习成绩下降。

4.行为偏差

由于缺少父母的约束，一些留守儿童的行为往往比较自由散漫，没有良好的行为习惯。甚至有的孩子还会经常说谎，欺骗家长，或者为了得到自己想要的东西而偷拿别人的东西。

5.道德缺失

在长期的留守生活中，一些孩子的思想品德会出现问题。例如，自私自利，以自我为中心，不懂得关心他人；懒惰、任性，做事没有计划，随心所欲等。

6.亲子关系疏远

长期和父母分开，会使亲子之间的感情出现裂痕，进而影响孩子的心理健康。有些家长认为，和孩子在一起的时间少，就不愿意对孩子进行批评，结果使孩子在成长过程中，出现了许多问题，如脾气暴躁、不听话、不爱学习、成绩差、不懂礼貌、不尊重长辈等。

7.情感脆弱

对于留守的孩子来说，亲情是维系其心理健康的关键因素之一。如果长时间得不到亲情的关怀，那么他们的情感世界就会十分脆弱，很容易受到伤害，从而导致心理疾病的产生。

8.内向自卑，悲观消极

由于缺乏父母的关爱和陪伴，缺乏正常的情感交流，有的留守儿童会认为是自身原因，导致父母不愿意陪在自己的身边，从而对自己的能力、品质等做出较低的评价，总觉得自己不如别人，悲观消极。自卑的心理常常使他们无法正确地审视自己，慢慢地变得胆小、内向、沉默寡言、自暴自弃等，甚至对那些自己努力能完成的事情，也因自叹无能而轻言放弃。在与同学的交往中，这类留守儿童也往往因为过度敏感而产生挫败感，从而进一步加重自卑的心理。

9.性格偏执，行为偏差

大部分留守儿童都是隔代养育，爷爷奶奶在养育孩子的时候，由于自身文化受限，或是同时养育好几个留守儿童，没有过多精力去关注孩子的教育。另外，大多数爷爷奶奶因考虑到孩子父母不在身边，就格外宠爱孩子。孩子提出的要求，能满足的尽量满足；孩子出现不良行为，也只是嘴上说教，没有从心底重视起来。长此以往，一部分留守儿童容易形成偏执任性的性格，在家长不满足其要求的时候，会故意做出一些偏激的行为来逼迫家长妥协。而那些寄宿学校的孩子，更是因为在成长的关键时期，独自一人在学校，缺乏亲情的呵护，往往会产生强烈的孤独感和被遗弃感。遇到困难和麻烦，也无法及时得到家人的帮助，唯有自己想办法解决，久而久之，一些孩子会心生埋怨，从而不愿再与家人沟通，一意孤行，性格偏执，最终自暴自弃。

10.学业不良，网课缺席

留守儿童的监护人有的体弱多病，有的文化水平有限，无法在学业上给予留守儿童相应的帮助。这导致留守儿童在家里遇到学习上的问题，无法及时解决，如作业完成不及时或是作业完成质量差的情况经常发生，时间一长，他们的学习兴趣和积极性也下降了。网课期间，这种现象尤为明显。很多爷爷奶奶连如何操作上网课都要学习很久，小程序交作业的流程更是一头雾水，因此网课期间很多留守儿童都多次缺席。一方面爷爷奶奶不懂如何使用智能手机，很多自律性差的孩子借着上网课的名义玩电子游戏，爷爷奶奶也无从分辨；另一方面，由于爷爷奶奶思想观念陈旧，觉得只有在学校上课才是正式上课，网课可有可无，于是对孩子上网课不重视，造成很多孩子未按时参加网课，从而影响了孩子的学业水平。

11.任性消费，价值观扭曲

多数留守儿童的父母，由于常年不在孩子身边，自己觉得在精神上愧对孩子，于是就把这种愧疚感以物质的方式弥补给孩子。他们会给孩子很多零花钱，对于孩子提出的物质需求无条件满足，从而造成孩子花钱大手大脚，养成了错误的消费观念。有的家长直接用金钱奖励作为动力，让孩子好好学习，有的甚至以金钱为诱饵让孩子做一些他们不愿意的事情。如此一来，给孩子树立了"金钱万能"的错误价值观。最终孩子养成了奢侈浪费、攀比摆阔等不良习惯，也慢慢导致孩子好逸恶劳、不能吃苦。

（二）留守儿童心理问题产生的根源

乡村留守儿童的心理健康问题，已经引起了全社会的普遍重视。那么，究竟是什么原因导致了乡村留守儿童心理问题的产生呢？主要有以下几方面。

1.家庭教育缺位

乡村家庭中，父母外出打工，孩子常常由爷爷奶奶或外公外婆照顾。由于老人精力有限，对子女教育往往重视不够，加之隔代教育观念陈旧，导致孩子出现各种心理和行为问题。同时，一些家长在孩子面前争吵不休，甚至拳打脚踢，使孩子长期处于恐惧不安的状态，极易诱发心理障碍；父母长期外出打工，孩子缺乏关爱，容易产生自卑感，进而导致性格孤僻、内向，甚至出现厌学、逃学等不良行为，严重的还会引发各种心理疾病。父母长期在外，孩子得不到应有的教育，难以养成良好的学习习惯和生活习惯，从而影响孩子的身心健康发展。

由于缺少父母的陪伴和关爱，孩子与父母之间沟通少，感情淡漠，容易造成情感上的缺失，进而诱发各种心理疾病。比如，有的孩子在遇到困难时，不知道如何向家长求助，久而久之，就会造成亲子关系的疏远。因为缺少父母的监管，有些学生的自我管理能力比较薄弱，经常会出现迟到早退、旷课等现象。长此以往，不仅会影响正常的学习秩序，而且会严重影响其他同学的学习，甚至还会对他人造成人身伤害，给社会带来安全隐患。

在家庭经济压力下，很多家长不得不选择外出打工挣钱，这必然会导致家庭教育缺位，从而影响孩子的成长。随着年龄的增长，孩子们开始有了自己的秘密，如果他们的心事无法得到及时疏导，部分孩子会出现抑郁症状，严重者甚至会发生自杀行为。由于长时间远离家人，再加上亲情缺失，这些孩子往往会变得敏感，有时为了引起别人的注意，他们会做出一些极端的行为，如打架斗殴、偷窃等。因为缺少家人的关心，许多学生在学校里经常会感到孤独寂寞，因此，一部分孩子会产生消极的情绪，甚至会自暴自弃。

2.部分学校教育失当

学校是学生学习知识的主要场所。但由于部分教师责任心不强，工作作风不严、不实，不能很好地履行教书育人的职责，导致一些留守儿童在学校得不到良好的教育和引导，进而性格愈加孤僻，情绪波动大，易产生厌学情绪。有些学校只重视学生的学习成绩，忽视了对学生思想品德和心理健康的教育。部分学校教师在教学过程中不能充分了解学生的内心世界，不能给予他们更多的关心和爱护，致使一些留守儿童的心理问题得不到及时疏导，久而久之，便会出现严重的心理疾病。部分学校管理方面也存在一定的缺陷，如有的老师对学生过于严厉，有的老师对学生过分迁就，这些都会对学生的教育产生负面影响，干扰正常的学习和生活。

3.社会及自身因素

有的学生因受环境的影响，加上某些自身因素，遇到挫折，就变得消沉、意志薄弱，难以承受打击，从而导致一系列的心理问题。

第七章　乡村教育振兴的创新路径

（三）解决留守儿童心理问题的路径

留守儿童是父母双方或一方外出到城市打工，由老人或其他亲属监护的未成年人，他们缺少父母的关爱和呵护，容易产生心理上的孤独感、自卑感。那么，对于留守儿童，家长应该如何帮助其克服心理问题呢？

1.父母参与，弥补亲情的缺失

父母对孩子的影响是巨大的。很多时候，如果想要改变一个孩子，要从改变父母开始。中央电视台有一部纪录片《我是一面镜子》，节目里讲述很多纠正问题儿童行为偏差的实例。里面所有的问题儿童都有一个共同的特点，那就是很糟糕的亲子关系。因此，解决留守儿童问题的前提，就是从父母做起，弥补亲情的缺失，创建和谐融洽的亲子关系。现在通信非常方便，哪怕父母不在身边，也可以通过手机、电脑进行亲子沟通。父母应从心底重视起孩子的心理健康，从而发自内心地关心孩子的情绪以及心理活动。父母可以每天定时和孩子视频，分享彼此的日常，让孩子知道父母在不在身边都是关心爱护自己的，自己是值得被爱的。父母也可以在视频里和孩子说一说城市里面的新鲜事，在联络感情的同时，增长孩子的见识，从而勾起他们对大城市的向往，激起学习的兴趣。

2.学校关爱，发挥德育的功能

学校德育教育在学生的心理发展中发挥着不可替代的作用。学校应充分利用各种资源，对留守儿童的心理健康做出应有的贡献。首先，学校应成立"留守儿童之家"，并定期为留守儿童开展一些有意义的活动，让他们在活动中学会与人相处和沟通的乐趣，增强他们的自我认同感。其次，学校应建立心理咨询室，配备专门的心理辅导教师。心理咨询室可以定期开展专题活动，给学生普及一些心理小知识，教会他们疏导情绪的方法。最后，应在班主任工作与各项教学活动中穿插德育教育，完善留守儿童的人格和价值观教育。在体育与劳育过程中，提升留守儿童的受挫能力、拼搏和吃苦耐劳的精神。通过这些努力，让他们可以勇敢地面对生活和学习中遇到的问题和困难。

3.学校要帮助留守儿童培养良好心理素质

（1）帮助留守儿童培养良好的生活习惯

一是养成良好的睡眠习惯。孩子一般会在晚上21：00～22：00入睡，早上6：00～7：00起床。如果孩子的生物钟被打乱，不仅会影响身体正常发育，还会影响智力开发。因此，在孩子就寝前，家长应让孩子安静下来，排除一切杂念，全身心放松，安然入睡，并坚持在同一时间起床。这样有助于建立正常的生理节律，提高孩子的睡眠质量，促进身心健康。

二是培养良好的卫生习惯。要教育孩子养成饭前便后洗手的良好卫生习惯，勤剪指甲，保持衣服干净整洁，防止病从口入。

三是培养合理的饮食习惯。平时要注意给孩子吃一些清淡而富有营养的食物，不要让孩子吃得过饱，以免加重消化器官负担，引起消化不良。同时，还要注意控制零食，避免因饮食无度而导致肥胖，影响身体的生长发育。

四是培养正确的劳动观念。学校可以让孩子参加手工劳动等活动，既可以增强体质，又可以使孩子在劳动中体验快乐，进而形成正确的劳动观念。

五是要注意培养学生的自主性和独立性，指导他们在生活中学会自我调节，如适当安排学习和休息时间，养成良好的作息习惯；合理安排饮食，保证营养充足；适当参加体育锻炼，强身健体，增强体质；利用课余时间做一些自己感兴趣的事。

（2）加强学校教育，提高教师思想认识

学校要通过多种渠道和方式，广泛宣传关爱留守儿童的政策，让师生充分认识到留守儿童问题的严峻性和紧迫性，增强社会责任感。同时，各中小学校应建立完善的心理健康辅导室、心理咨询电话等，并配备专职心理辅导教师，对有需要的学生及时进行心理疏导。学校要发挥专业优势，强化服务保障。各中小学特别是乡镇中心小学，在日常工作中应注重培养一支素质优良的专业队伍，充分发挥其作用，针对不同年龄阶段学生的特点，提供相应的、有针对性的心理咨询服务。

（3）加强家庭和学校的联系，形成合力

家长是孩子的第一任老师。父母对孩子成长的重要性是不言而喻的。因此，家长应该多与学校的老师沟通。当孩子在学校遇到问题时，要及时向班

第七章　乡村教育振兴的创新路径

主任或任课教师反映，共同帮助孩子。班主任要主动与留守儿童的家长联系，了解他们的工作和生活情况，建立良好的沟通机制，及时掌握孩子的思想动态；定期家访，关心学生的学习和生活，帮助他们解决实际困难，消除他们对父母的思念之情，增强亲子之间的感情，让他们感到温暖，以减轻他们心中的痛苦。同时，教师还要做好学生的思想工作，让学生明白父母在外工作的艰辛，学会感恩，懂得回报。在日常的学习生活中，教师要多给予他们关怀，让他们感受到来自老师的温暖。

4.家长要多进行"亲情沟通"，消除孩子孤独感

家长是孩子的第一任老师，也是孩子成长的重要引导者。因此，要提高家长对子女教育的重视程度，帮助家长掌握科学的教育方法，提升教育水平。通过开展亲子活动，增进父母与子女的感情，使家庭成为一个温暖和睦的港湾。

（1）利用节假日，进行亲子活动

家长可利用节假日，带着子女一起外出游玩，或者和孩子共同做一件有意义的事，以增进与子女的感情。

（2）多与子女沟通交流

家长引导孩子正确面对生活中的挫折，鼓励他们在生活中寻找乐趣。当发现子女有异常表现时，要及时与学校取得联系，让老师多加留意，以便及时采取相应的措施。

（3）了解子女的内心世界

尽量抽时间陪伴儿女，使孩子们感受到父母就在身边。常回家看看，多关心一下儿女的成长。经常向学校了解子女的思想状况，为教育好下一代打好基础。对那些成绩较差的孩子，要多加关心，耐心教导，使他们树立信心，迎头赶上。

5.加强社会支持系统建设，为留守儿童提供心理服务

构建良好的社会支持体系，对促进青少年身心和谐发展，预防青少年违法犯罪具有十分重要的意义。

首先，政府相关部门要加大对乡村地区未成年人思想道德建设的投入，完善相关设施设备，为乡村地区未成年人提供良好的文化环境。

其次，各中小学校要结合实际情况，因地制宜地开展多种形式的校外活动，如"爱心家教""爱心义卖""手拉手结对子"等，让广大未成年人感受到来自社会的关爱。

最后，各级媒体也应积极宣传报道，营造全社会关心爱护未成年人的良好氛围。要充分利用各种媒体，采取多种形式开展对青少年心理健康知识的宣传，增强青少年自我保护意识。同时，要加强对青少年的法制教育和安全教育，防止意外伤害的发生。通过宣传，让广大群众认识到保护青少年身心健康的重要性，为青少年健康成长营造良好的氛围。

各级政府要高度重视和关心留守儿童的身心健康发展，切实把留守儿童工作放到重要议事日程上来，采取有效措施，全面做好留守儿童的保障工作，帮助他们克服困难，健康成长。要整合资源，充分发挥社会各界的优势力量，广泛动员社会力量参与，为乡村未成年人的成长成才提供更多更好的服务。一方面，引导人们主动参与关爱帮扶活动，为留守儿童提供力所能及的物质帮助；另一方面，引导人们关心关爱乡村贫困地区的孩子，为他们学习生活提供精神上的支持，让他们感受到社会的温暖。

总的来说，留守儿童心理问题的解决需要社会各方一起出力，其中家庭力量是重中之重，当家长经常给予陪伴时，可以让孩子感受到来自父母的关心，从而消除其内心恐惧感，形成良好的社交习惯，这对他们的健康成长是非常有帮助的。总之，只要家长、教师、社会都愿意花时间，为解决留守儿童心理问题作出贡献，就一定能帮助孩子走出心理困境。

二、关注乡村儿童的家庭教育

在社会经济快速发展的背景下，我国城镇化建设水平不断提高，而与此同时，外出务工的乡村青壮年人数也不断增长。受到户籍入学以及家庭条件等多方面因素的限制，很多农民工家庭无法选择整体迁移到城镇，子女和老人不得不留守在户籍地。这些父母外出务工家庭的儿童由祖父母或外祖父母隔代抚养，也有一些被亲朋好友监护，还有少部分儿童无人照看，他们被称

第七章　乡村教育振兴的创新路径

为"留守儿童"。相较于那些父母长期陪伴身边的儿童而言,留守儿童由于长期没有接触正常的家庭环境,没有感受到父母陪伴的温暖,导致这些儿童在心理健康、品德塑造以及学校教育等方面都容易出现各种问题,因此,针对留守儿童的家庭教育问题不容忽视。

(一)乡村留守儿童家庭教育缺失表现

1.亲情缺失导致心理健康问题

在儿童的成长过程中,除了要为其提供充足的物质生活保障以外,还需要给予其亲情的温暖与心灵的陪护。留守儿童尚未成年,而这一时期是形成健全人格的关键时期,由于长时间缺乏父母的关爱,和父母没有实现情感上的积极沟通与交流,儿童在学习和生活中遇到问题,也无法及时向父母倾诉,容易养成封闭的性格。和那些非留守儿童相比,亲情缺失而导致的心理健康问题,是留守儿童这一群体的突出问题。父母在留守儿童成长与生活中的长时间缺位,导致亲子相处与沟通交流的频次比较少,更导致儿童对父母的情感淡漠,没有享受到应有的亲情关爱,这对留守儿童的心理健康而言必然会产生不利的影响。有关研究表明,亲情的缺失是造成留守儿童不良人格形成的一个重要原因。很多留守儿童表现出来的心理健康问题包括情绪不稳定、自控能力差、内向自卑、抑郁忧虑等,受这些不良情绪的长期困扰,一些留守儿童容易形成比较严重的心理健康问题。虽然大部分留守儿童都由祖父母或外祖父母以及其他一些近亲属照顾,物质生活方面基本有保障,但其情感需求和心理成长方面的变化没有得到充分的关注。尤其是在儿童的日常生活中,会涉及学习压力、人际交往等多方面的问题,父母无法及时提供引导和帮助,久而久之,便容易造成儿童的心理障碍,甚至引发一些极端行为。

2.留守儿童情感发展处于压抑状态

乡村留守儿童主要处于义务教育阶段,是身心发展的关键时期,也是情感发育最为关键的一个阶段。父母在儿童成长过程中的地位是无可取代的,祖父母、外祖父母或其他亲属的照料仅仅能够保障儿童的日常生活起居,但是无法满足儿童的情感诉求。随着儿童年龄的增长，与隔代亲人之间的隔阂也会不断加深。相对父母而言，老年人或家中的其他亲人难以与儿童在心理和情感方面达成共鸣，留守儿童处于长时间不被理解的状态，心中有很多问题和想法得不到倾诉和排解，就容易使儿童的情感发展处于十分压抑的状态，导致留守儿童形成孤僻的性格，危害其健康成长。

3.留守儿童存在逃学厌学问题

对正处于义务教育阶段的留守儿童而言，这个阶段无论是良好学习习惯的养成、自主学习能力的培养都离不开监护人的陪伴与帮助。由于留守儿童的父母在外务工，与其沟通交流较少，也没有对留守儿童的学习情况进行及时的指导督促。负责照管留守儿童的老人或其他亲人，由于承担着较重的家务农活，也缺少时间与精力等来对留守儿童进行教育，再加上很多老年人文化素养比较低，缺乏正确的教育观念，在留守儿童的学习指导方面往往力不从心。很多乡村留守儿童由于在学习方面缺乏父母管教，没有养成良好的学习习惯和自我约束能力，学习成绩一般比较差。

4.留守儿童安全教育问题堪忧

安全教育"真空"状态也是影响留守儿童身心健康发展的一个重要问题。要确保乡村留守儿童能够获得一个健康快乐成长环境，就必须以保障其人身安全为前提。但从乡村留守儿童这一庞大群体来看，安全教育问题令人担忧。乡村留守儿童的父母长时间在外务工，教育和保护留守儿童的监管责任就转移到了家中的老人身上，他们或由于疏忽，或由于精力所限，使留守儿童的安全监护落实不到位，极易引发很多的安全问题。例如，由于隔代监护人的文化水平相对比较低，对食品安全以及卫生安全的了解相对匮乏，导致食品安全问题在留守儿童的成长中比较常见。另外，留守儿童的人身安全问题也很平常。乡村留守儿童安全事故常常见诸各类报道，与家中亲人监管不力、儿童自身的安全意识比较薄弱等有着直接的关系。留守儿童本身就缺乏自我保护能力，再加上监护人没有监护到位，就很容易给人身安全带来危害。除此以外，一些乡村留守儿童，由于长时间缺乏父母的陪伴，导致其缺乏安全感，容易受到其他同学的欺凌，这也是威胁留守儿童人身安全的一个重要原因。安全隐患的存在是乡村留守儿童家庭教育中应关注的一个重要问

第七章　乡村教育振兴的创新路径

题，每一年都有留守儿童遭受校园欺凌、游泳溺水等新闻事件，这说明对留守儿童的安全教育尤为迫切。

5.教育缺位导致道德品行不佳

道德品行的塑造是一个人的立身之本、成事之道，家庭教育作为影响人一生的教育，对人的道德品行塑造有着不容忽视的影响。因此，应该通过家庭教育来指导儿童良好道德品行的养成。但是，对乡村留守儿童而言，父母长时间在外务工，使其难以从父母处得到及时有效的教育指导，一部分乡村留守儿童的关键成长期处于放任自流的状态。隔代监护人大部分也只关注儿童的饮食起居，而没有过多的精力和意识去关注儿童的道德品行塑造和引导。家庭教育的缺位易导致乡村留守儿童容易出现规则意识缺乏、道德意识淡漠、品行不良等问题。

（二）乡村留守儿童的家庭教育策略

1.强化乡村留守儿童父母的责任意识

很多乡村留守儿童的父母对家庭教育的重要性认识不足。为了给儿童更好的学习条件与生活条件，父母选择外出务工，却没有关注到儿童阶段的家庭教育对其一生的重要影响。因此，强化乡村留守儿童父母的责任意识是普及家庭教育的重要一环。社会要加大宣传，引导乡村留守儿童父母认识到家庭教育的重要性和必要性，摒弃重养轻教、重智轻德等错误观念，切实提高家长对留守儿童监管的责任意识。

一部分乡村留守儿童的父母不完全履行自身应尽的监护职责是导致留守儿童教育问题产生的最主要原因，《中华人民共和国民法总则》中明确规定了父母对未成年子女负有的抚养、教育和保护的义务。乡村留守儿童父母外出务工应尽可能将子女带在身边教育监管，如因现实条件限制，确实不能将子女带在身边，也要通过电话、视频等方式常与子女保持联系，尽力担负起抚养、监管、教育未成年人的职责，让留守在家中的儿童能够在充满爱和温暖的环境中成长。

乡村留守儿童父母要尽可能在假期给予儿童应有的陪伴，并与儿童的法定监护人以及学校教师共同配合，为留守儿童提供良好的教育引导与情感关怀。父母作为家庭教育的重要主体，要常与儿童的老师沟通交流，了解子女的学习情况、心理情况，并配合老师给予其正确的引导和教育，确保留守儿童养成积极正确的行为习惯与思想认知。

2.引导社会对留守儿童给予帮助和关怀

乡村外出务工人员对社会经济的发展做出了极大贡献，而却因教育、户籍等因素不得不选择与子女分居两地，无法对子女尽到应有的教育职责。对此，全社会应共同努力，让留守儿童能够得到更多的帮助与关怀。地方政府需要结合当地乡村留守儿童的实际情况，制定切实可行的家庭教育指导与实施方案，制定合理的帮扶机制，确保广大留守儿童的健康成长能够得到相应的政策保障。地方政府要充分调动社会力量，共同落实关爱留守儿童的相关工作，通过大众媒体渠道呼吁社会各界重视乡村留守儿童的家庭教育问题，在全社会形成关爱留守儿童的良好氛围，为乡村留守儿童的健康成长提供良好的环境。

通过开办家长学校的形式，鼓励家庭教育以多样化的形式开展。可邀请儿童教育以及社会教育方面的专家进行授课，通过线上线下授课形式，向留守儿童父母和监护人进行家庭教育基本知识的宣传，让其能够充分认识和掌握家庭教育的功能和特点，从而全面提高留守儿童家庭教育质量。除此以外，针对乡村留守儿童在成长过程中可能遇到的校园欺凌等问题，应严格执行相关的法律法规，为留守儿童的人身安全筑牢保障。只有充分调动和整合社会力量，才能为广大的乡村留守儿童群体构建起立体的家庭教育支持网络。

3.学校教育形成家庭教育的有益补充

在传统的教育模式中，家庭教育和学校教育相脱离，成为独立的两个部分。而针对留守儿童的教育，既要关注学校教育，也要关注家庭教育，应将二者充分结合起来。首先，学校教师除了要关注乡村留守儿童在校的学习情况以外，还应该对这部分学生的身心发展状况给予足够的关注，创造一个有爱的教育环境，与留守儿童进行沟通交流，了解留守儿童在日常生活和学习中存在的困难，并联系学生家长共同进行解决。其次，乡村中小学应持续完善管理制度，在留守儿童的教育方面担当起相应的职责。除了智育外，应将留守儿童的思想道德教育作为重要教学任务。学校应针对乡村留守儿童建立个人档案，以便及时了解跟踪留守儿童的情况，并加强这部分学生的安全管理工作。最后，学校可针对乡村留守儿童设立心理咨询室，并组织开设相关的心理健康课程，通过心理健康指导，减少乡村留守儿童的心理问题，培养其正确的思想认识和乐观积极的人生态度。学校教师也应该给予乡村留守儿童足够的情感支持，形成对家庭教育的有益补充。

综上所述，针对庞大的乡村留守儿童群体，社会各界都应高度重视家庭教育在留守儿童身心健康发展方面的重要性。在乡村留守儿童的成长过程中，针对乡村留守儿童存在的家庭教育缺失问题，要通过强化留守儿童父母的责任意识、引导全社会对留守儿童给予关怀和帮助等途径，更好地落实留守儿童的家庭教育工作，为乡村留守儿童创造一个良好的成长环境，为留守儿童的健康成长以及未来发展奠定有力的保障。

第五节 积极构建乡村教育质量评测体系

一、乡村教育质量监测主体

城镇教育质量监测以专家组成的专业队伍为主。与城镇的教育质量监测不同，乡村教育质量监测涉及内容众多，要求参与的监测主体也更多。由于乡村地理位置普遍较远，固定的、来自乡村外部的专业人员难以长期、及时地跟踪整个监测过程。因此，应该充分利用乡村本地的主体资源，与外部的监测人员共同组成乡村教育质量监测主体网络。

（一）乡村教育质量监测外部主体

外部监测主体在监测的理论知识和工作经验上更加丰富，主要负责重要监测节点的监测、数据分析、过程监督等工作（见表7-1）。[①]

表7-1 乡村教育质量检测外部主体

监测主体	工作内容
县级行政管理人员	由县政府或县委任命相关领导成立县级教育质量监测工作组，从政策引导、行政力量和经费支持等方面推动质量监测工作
县级教育行政管理人员	由专管干部和相关科室的工作人员组成，负责县域内乡村教育质量监测的总体设计，负责乡村教育质量监测体系的总体管理工作
县级教育科研机构人员	由县级教师进修学校（院）或教研室相关人员组成，负责监测任务设计和监测的过程管理，负责重要监测节点组织工作、数据的收集和统计工作以及提供监测结果的评价报告
高校教育科研单位人员	由高校教育科研单位为乡村教育质量监测提供智力服务、监测系统的设计，包括监测内容和指标的评判与修正，数据分析服务，监测结果的评定、评价，提供科学的咨询报告及相关对策研究，教育和监测专家下乡进行实地监测和方法指导

（二）乡村教育质量监测内部主体

乡村教育质量监测内部主体以乡村教育工作人员为主，他们并非专业的教育评价和测量工作者，主要承担日常性和过程性的监测记录工作（见表7-2）。[②]

[①] 李怡明，刘延金.我国乡村教育质量监测体系构建[J].西南大学学报（社会科学版），2017，43（01）：87-93.
[②] 同上.

第七章　乡村教育振兴的创新路径

表7-2　乡村教育质量检测内部主体

监测主体	工作内容
乡村学校校长	①乡镇中学、小学，村小和村教学点等的校长或负责人 ②负责监测过程的具体管理工作 ③负责学校整体监测记录工作等
乡村教师	①从与其本职工作密切相关的领域内开展监测 ②所承担学科的教学质量 ③所带班级的学生学习质量等
乡村干部	①在稍宏观的层次上对乡村教育质量进行监测 ②对村内的文化站点工作进行记录 ③对乡村教育风气的记录等
乡村学生家长代表	①学生学习情况 ②对学校的满意度 ③对教师的满意度等

二、乡村教育质量监测内容

监测内容是监测体系的核心部分，是监测指标体系制定的基础。从总体上看，乡村教育质量监测可分为规划监测、硬件监测和教学实施监测三个方面的内容。

（一）乡村教育规划监测

教育规划监测主要是判断乡村教育决策的制定和实施情况。通常，具体的乡村教育规划由各乡域的行政和教育行政部门制定，是对其所管辖的乡村地区的教育事业发展做出的整体统筹规划，是引导乡村教育布局和乡村教育发展路径的关键性内容（见表7-3）。①

表7-3 乡村教育规划监测

监测项目	工作内容
乡村教育发展战略规划	①科学性，规划的制定是否符合国家和地区经济、文化与教育发展的要求，是否符合乡村的实际情况，能否满足乡村的发展需要，能否满足受教育者的需求等 ②稳定性，乡村教育是否按照规划的既定方向前进
乡村教育发展目标	①合理性，监测乡村教育发展目标是否周全、准确 ②可行性，判断发展目标的实现计划和达成难度
乡村教育发展促进政策	①判断政策的价值导向，能否有效地引导乡村社会力量和教育工作者将"追求质量"作为教育发展的核心 ②分析政策执行主体的责任、政策利益主体的利益分配是否清晰、合理 ③政策是否具备可操作性，能否顺利地落到实处
乡村教育经费	①预算，监测经费的来源和分配 ②去向，监测经费去向是否与计划一致，防止经费挪作他用 ③使用，监测经费的管理和使用情况，保证经费充分、安全使用

（二）乡村教育硬件监测

乡村教育办学所用的设施、设备等物质资源都属于教育硬件。虽然近几年乡村教育的硬件水平已获大幅提升，但与城镇相比差距仍然明显。特别是部分偏远地区，办学条件仍然十分艰苦。虽然教育硬件设施与教育成果的最终质量不一定呈正相关，但它仍能反映出教育的发展水平。因此，乡村教育

---

① 李怡明，刘延金.我国乡村教育质量监测体系构建[J].西南大学学报（社会科学版），2017，43（01）：87-93.

硬件发展应该作为监测的重要内容（见表7-4）。①

表7-4 乡村教育硬件监测

监测项目	工作内容
学校布局	①学校的设置，学校的数量、规模，入学人数等 ②偏远的学校（教学点），位置和数量 ③职业学校，分流和培养 ④成人学校（教学点），覆盖区域
校园硬件	①校舍，学校面积、教学用房、办公用房、学生宿舍、活动用房等 ②校园环境，校园的卫生、绿化、文化布置等 ③教学设备，功能教室、教具，特别是信息化教具等 ④图书资料，类型、数量、质量等 ⑤职业学校的生产实践基地硬件设施 ⑥成人学校（教学点或教学基地）的教学设施
周边环境与安全	①乡村的社会风气，对教育的重视程度、对教师行业的尊重程度等 ②学校周边环境和治安水平 ③学生交通有校车接送的学校，校车质量、接送人数、路线等 ④没有校车接送的学校，特别是偏远地区，学生上学沿线的危险路段和恶劣天气的实时监控和预警等

（三）乡村教育教学实施监测

教学实施是提升乡村教育质量的中心环节。乡村学校教学质量很大程度上决定了乡村教育的总体质量。教学实施涉及的内容广泛，主要包括师资、课程、教学和管理等方面（见表7-5）。②

---

① 李怡明，刘延金.我国乡村教育质量监测体系构建[J].西南大学学报（社会科学版），2017，43（01）：87-93.
② 同上.

表7-5 乡村教育教学实施监测

监测项目	工作内容
师资	对乡村师资力量的监测，重点应放在教师队伍和能力的建设上 教师队伍建设： ①教师队伍结构，如教师数量、性别比例、年龄比例、学科背景、学历背景等 ②教师流动机制，对乡村教师的流动情况进行了解，争取年轻优秀的师范毕业生加入工作，配合城乡统筹的教育协调发展优化教师资源配置，对乡村教师的轮岗，城乡教师的对口支援等进行监测 ③教师待遇，如教师工资水平、工作环境、教师成绩奖励等 ④教师的教学能力，包括教学水平、学生喜爱程度等 ⑤教师的工作量，一方面了解教师的真实状况，及时解决教师的需要，另一方面掌握教师的动态，保障教师队伍的健康稳定 教师能力建设： ①教师培训项目，确保培训内容符合乡村教师的需要，确保培训项目形式（脱岗、在职等）的适切性等 ②教师培训参与度，保证每个教师在固定的周期内都能获得学习深造的机会教师培训效果，防止培训流于形式
课程	对基础教育课程，要注重国家课程、地方课程和校本课程的结合： ①国家课程，确保国家课程的课时充足 ②校本课程开设的数量，确保足够的选修课供学生选择 ③校本课程开发的质量，挖掘精品课程 ④校本课程的本土性和民族性，突出地方特色 职业教育的课程监测，要注重预见性、实用性和地方性： ①职业教育课程数量 ②核心课程的编制、开发和内容 ③课程的实效性 ④课程的实施，如实践性课程和理论性课程的分配比例等 成人教育的课程监测，要体现全员参与： ①成人教育的课程对象的覆盖面 ②成人教育课程内容 ③成人教育课程的社会性和文化性

第七章 乡村教育振兴的创新路径

续表

监测项目	工作内容
教学	对乡村教育的教学进行监测,包括教学环境、教学方法、教学研究等几个主要方面 教学环境: ①教室物理空间,包括门窗、空间、亮度、温度、湿度等 ②教学规模,学生数和师生比、每个学生占有的空间等 ③教学设备,黑板、讲台、课桌椅、电视、电脑、投影仪等 ④教学文化环境,文化布置、标语、黑板报等 教学方法: ①教师对基本的教学技术的掌握,比如讲授、展示、引导、提问、多媒体运用 ②教师对新的教育理念的吸收和转化,比如教学活动中是否用到了合作学习、探究式学习、差异教学情景教学等 ③学生的学习方法,教学过程中学生的学习方法由教师的教学方法所带动,比如自主学习、小组讨论、结论展示等 教学研究: ①乡村教师的集体教研,主要是教研室(以学科或者项目)的集体教研活动,如备课、讨论、学习等 ②乡村教师的个人教研,包括申请课题、发表科研文章等,教研本身对教师能力的提升更为重要,因此监测也应侧重于教师的科研过程,而非成果数量或质量
管理	对管理的监测目的是了解学校的运作情况是否健康高效 ①学校管理 ②年级管理 ③班级管理

第六节　推进义务教育优质均衡发展和城乡一体化

一、政策引导：健全义务教育均衡发展的政策

（一）义务教育课程资源均衡的政策调控

众所周知的一个经济学常识是教育作为一种准公共产品，其所需资源主要是政府通过行政手段配置的。造成课程资源配置不均衡的一个重要原因是政府资源配置的政策。可见，政策调控是造成课程资源不均衡的重要原因。所以对课程资源的政策支持是使其均衡的至关重要的一环，这是毋庸置疑的。

多年来，我国义务教育实行的是"国务院领导、地方政府负责、分级管理、以县为主"的管理体制。在这一体制之下，中央和省政府掌管主要财力，但不承担义务教育的财政责任，县乡财力薄弱，无法承担义务教育的筹资，导致义务教育经费匮乏，有限的经费也投入到城市学校中去，最终形成了如今城乡课程资源不均衡的局面。我国当前的教育体制基本上是单线的委任制，部门主管对直接上级负责，导致对政绩的追求愈演愈烈。如此一来，教育行政部门单独掌管教育评估权力，缺乏第三方的监督保障作用。这种体制容易导致教育行政管理的不均衡化。课程资源不均衡最为直接的原因是经费投入的不均衡，因此完善课程资源经费投入机制至关重要。

（二）校本课程开发的政策调控

目前，中小学校本课程开发还处于初始阶段，经验不足，理论基础不足，各中小学之间、中小学与大学之间、中小学与科研机构之间的合作互助显得尤为重要。政府要在政策中明确他们之间互助的责任和义务，并制定轮流结对互助的规则和期限。

第七章　乡村教育振兴的创新路径

我国校本课程开发虽起步晚、发展慢，但还是有一部分学校在校本课程开发过程中积累了一些很好的经验。同级学校之间的沟通交流、资源共享能使各校之间取长补短共同进步。中小学校本课程开发需要理论指导，而大学研究者们和科研机构需要实践、调查支持研究。他们之间互助合作，才能使校本课程开发理论和实践并肩前行。

（三）硬件设施均衡的政策调控

义务教育课程资源能否均衡发展的攸关点在广大薄弱的乡村地区，相关政府部门应该加强对这些资源短缺地区及其学校的财政投入比重和补偿。例如，可以设立乡村义务教育专项基金、优先发展乡村学校中更加贫困地区的学校以达到先进带后进，并通过制定《乡村义务教育法》来辅助等，重点支持和发展乡村薄弱地区的义务教育课程资源硬件设施建设，尽可能缩小城市学校与乡村学校的课程资源差距。

二、投入保障：保证义务教育均衡发展的经费投入

（一）经费资源的科学配置

义务教育公平是公认为教育公平的基础性环节。为实现教育公平，各国采取了不同的途径和方式，通过制度建立、财政投入、资源调整等方式调整区域之间的差异，保障受教育者的基本权利。国际经验表明：义务教育具有典型的公共产品属性，因而政府是义务教育均衡发展的根本推动力量。各级政府通过承担不同的财政责任保证教育经费的均衡配置，并通过财政绩效评估和问责保证教育经费的合理使用。

我国于1994年提出义务教育财政均衡问题。经过多年的政策推进，义务教育投资总量不断增加，义务教育经费拨款占GDP和财政总支出的比例明显上升。但是，由于区域之间经济发展的不平衡性，教育发展出现了非均衡现

象，因此，均衡发展是实现教育公平的必由之路。经费资源是物质资源和教师资源的保证，因此，义务教育经费的科学配置和有效使用成了义务教育均衡发展的关键。

（二）完善义务教育经费投入保障机制

"均衡发展，经费先行"，国家正在进一步完善义务教育经费保障机制，为推动义务教育均衡发展保驾护航。目前，中央已经制定了乡村义务教育阶段中小学公用经费基准定额，北京、福建等发达地区已经开始在城市和乡村中小学执行统一的公用经费基准定额。

第八章　我国乡村教育振兴创新案例研究

　　乡村振兴、农村现代化离不开乡村教育发展。因此乡村振兴必先振兴乡村教育，在乡村振兴规划中要优先规划教育，将教育作为乡村发展的首要公共事业。随着乡村振兴战略在全国各地的推进，乡村教育振兴与发展也备受关注，各地积极改革与大力发展乡村教育，努力缩小城乡教育差距，取得了一定的成果。与此同时，各地因为经济、文化、制度等多方面因素的影响，在振兴乡村教育的过程中遇到了一些现实问题，迫切需要从本地实际情况出发而进行有针对性的解决。本章对我国乡村教育振兴与发展展开实证研究，选取山东省、广西壮族自治区、西部地区的乡村教育发展作为典型案例进行个案分析与研究，在指出这些地区乡村教育发展的问题、提出改革发展建议的同时，也为其他地区乡村教育振兴与发展提供了借鉴与参考。

第一节　山东乡村教育振兴与发展研究

近些年来，山东省随着经济的不断发展，乡村教育事业的发展也取得了很大成效，主要表现为乡村教育体制改革取得新进展、教育投入有所增加、农村办学条件不断改善、农村教育水平及农民素质明显提高。

一、深化乡村教育体制改革

推进乡村教育体制改革的不断深化，加大改革力度，这是振兴山东省乡村教育的重要途径。对山东省乡村教育体制的深化改革应做好下列工作。

（1）全面实施素质教育，建立以素质教育为宗旨的义务教育评价体系，严格控制农村中小学教科书种类、数量和价格，推行教科书政府招标采购，逐步建立教科书循环使用制度。

（2）进一步完善"以县为主"的乡村教育管理体制，对农村学生严格贯彻减免补贴制度和相关政策，真正实现由政府投资办学。

（3）深化人事制度改革，实施教师资格准入制度。[1]

二、继续加大教育投入力度

针对山东省乡村教育经费短缺的现状，应加快建立健全乡村义务教育

---

[1] 宋云青.山东邹平乡村教育实验研究[D].保定：河北大学，2013：52.

经费保障机制，各级财政部门加大投入力度，为乡村义务教育提供财政保障。政府部门要根据乡村教育经费的缺口循序渐进地增加经费投入，在财政收入中划拨一部分经费专门用于教育事业支出，做到专款专用，并适当提高这部分经费的比例，确保国家对乡村学生的减免、补贴等政策真正落实到位。

政府部门为教育事业投入的经费要用到最需要的地方，先满足贫困乡村办学的需要，重点改造乡村校舍危房，优化乡村办学条件，营造良好的义务教育环境。除了由政府投入教育经费外，还要开辟新的经费筹集渠道，建立教育投资新机制，吸收社会资金，形成以政府财政投入为主导，社会多元主体投资的新局面。

三、加强乡村教师队伍建设

第一，对山东省乡村教育和学校办公条件进行改善，为乡村教师教书育人提供良好的办公环境，使乡村教师集中精力工作，不断提高乡村基础教育质量。

第二，对山东省乡村教师的学历结构、年龄结构、职称结构、专业结构等进行优化与调整，形成合理的比例结构，整体优化乡村教师的结构和提升乡村师资队伍的水平。

第三，改善乡村教师的工资待遇和福利，及时发放工资，提高待遇水平，提供衣、食、住、行等基本福利，保障乡村教师的基本生活，减少他们的后顾之忧。

第四，完善落实城镇优秀教师支援乡村教育的政策，为支援教师提供必要的补助，并鼓励和引导师范毕业生进入乡村支教。

第五，加强对乡村在职教师的专门培训，采用多种培训方式来提升师资队伍的综合素质和业务能力，最终提高乡村教育质量。

四、加强乡村教育体系改革

对山东省乡村教育体系的改革从以下几方面来落实。

（一）以农民增收为切入点来确定教育目标

对于乡村地区的农民而言，他们接受教育存在一定的功利性，即注重实效，抓住这一特殊心理，在乡村地区大力发展农业教育，如兴办农校、创建农业合作社等，这样不但能够使农民学习科学、先进的农业知识与技能，还能使其将知识转化为生产力，学以致用，提高生产效率和收入水平，进而拉动乡村农业发展和经济振兴。总之，以增加农民收入为切入点来开展乡村教育，尤其是职业教育和成人教育，更有助于调动广大农民学习的积极性。

（二）教育内容要有适用性

在山东省乡村教育内容的改革中，要特别注意教育内容的适用性、实用性，突出特色化教育内容，通过特色教育来拉动特色产业，促进乡村经济增长和农民创收。为了确保教育内容恰当、实用，鼓励乡村教育工作者结合本地特色进行乡土特色教材的编写，因地制宜展开教育工作。由于村民的知识水平整体比较低，参加教育培训活动讲求短期效益，因此要立足村民的真实需要开设教育课程，贴合村民实际，不能简单地移植和套用城市教育内容。

（三）教育形式要多元化

乡村教育形式应该是丰富多元的，要兼顾不同村民的需求，尽可能使村民的教育需求得到满足。农村生活比较规律，村民对闲暇时间的调配与安排比较单一，进行形式多元的乡村教育如函授教育、夜校、补习学校、农业讲座等能够丰富乡村社会生活，满足人们的精神需求。

第二节　广西乡村教育振兴战略研究

一、广西乡村教育振兴的战略目标

城乡义务教育一体化的深入发展，是广西乡村教育发展战略目标的直接根据。城乡义务教育一体化发展，是指统筹推进县域内城乡义务教育一体化发展，对缩小城乡教育差距、促进教育公平具有重要意义。城乡义务教育一体化发展要针对突出问题，在合理规划城乡义务教育学校布局建设、完善城乡义务教育经费保障机制、统筹城乡教育资源配置、提高乡村教育质量等方面推出务实策略，并能结合地方实际因地制宜选择发展路径。

中共中央、国务院在2018年印发的《国家乡村振兴战略规划（2018—2022）》，为乡村教育改革指明了方向，城乡教育融合逐渐发展成为城乡义务教育一体化建设的重要途径，这也是广西制定乡村教育发展战略的重要依据。城乡教育融合发展要建立城乡要素的合理配置体制机制，首先就要在教育基本公共服务上下功夫，吸引各类人才，而且要统筹发展各级各类教育，确保每一个孩子享有公平而有质量的教育，健全全民覆盖、普惠共享、城乡一体的基本公共服务体系。[①]

广西乡村教育振兴战略目标的内容主要由下列几个方面构成。

（一）加强师德师风建设

在广西乡村教育振兴战略目标中，师德师风建设是重中之重。在广西乡村教师队伍建设中，严抓师德师风建设，在师资建设中将思想政治建设放在

[①] 贺祖斌，林春逸，肖富群，等.广西乡村振兴战略与实践（教育卷）[M].桂林：广西师范大学出版社，2019：68.

第一位，树立中国特色社会主义的思想观念，用科学而先进的思想武装头脑，鼓励教师中的党员树立榜样，发挥先锋模范作用，并凝聚师生的力量，组成"战斗堡垒"，增强凝聚力。

在广西乡村教育中，充分落实学校教师党支部建设工作，以公平、公开、公正的民主选拔方式来优选教师党支部书记，参选人员应该是优秀的教师党员，具备党性强、觉悟高、业务精、有威信、肯奉献等特征，对最终选定的教师党支部书记定期开展轮训。

（二）推进教育精准脱贫

广西壮族自治区乡村教育工作的开展有一个不可忽视的重点，即推进教育精准脱贫，切实帮助困难群体解决问题，资助贫困生，解决贫困家庭上学难的问题，降低贫困家庭子女的辍学率。在我国推进的众多扶贫举措中，教育精准扶贫最具可持续性，它能够有效解决贫困家庭子女的上学问题，使每位适龄儿童都能如愿实现受教育的权利，接受公平有效的教育。教育有利于脱贫致富，因为在教育中人们可以掌握生产技能、职业技能，学习文化知识，提升综合素质，这些都是脱贫致富的重要要求。

在信息时代，教育精准脱贫的可操作性很强，这个系统工程的顺利运作离不开政府、企业、社会等诸多力量的共同参与，只有形成强大合力，才能顺利实现脱贫攻坚的目标。

（三）科学规划学校布局

根据广西壮族自治区人民政府办公厅印发的《加强全区乡村小规模学校和乡镇寄宿制学校建设实施方案的通知》，广西乡村学校布局要满足两个条件：一是遵循青少年身心发展规律，为学生就近上学提供便利，保证教育公平和教育质量；二是既要避免学生过于集中，又要避免"空心校"的出现。

一般来说，小学的布局规划特点是，低年级学生就近上学，以走读方式为主，不寄宿；高年级学生也尽量以走读为主，但如果有良好的住宿保障、交通保障、生活保障以及安全保障，部分距离学校路途较远的学生可以考虑寄宿。

学校布局要合理，要从地理特征、人口分布、交通资源、人口流动等方面综合考虑、科学布局，在科学合理布局的同时也能为教育资源的公平分配提供良好的条件。

乡村学校中既有小规模的完全走读学校，也有较大规模的寄宿学校，同时也有完全小学，对不同类型学校的布局规划要考虑实际情况，但乡村学校布局规划与土地资源利用规划是紧密联系的，所以有一个必须遵守的原则，即不占用永久基本农田、避让优质耕地。通常，完全小学设在人口比较集中、有生源保障的农村，可以由一个农村单独设置完全小学，也可以由相邻的两个或多个村联合设置；小规模学校一般设在地处偏远、生源较少的地方；寄宿学校通常设在乡镇。

二、新时代广西乡村教育振兴的多维度思考

（一）宏观维度的思考

1.加大教育投入，促进教育公平

乡村学校办学离不开充足的教育经费，这是广西乡村教育振兴与发展最基本的条件。如果缺少教育经费，就很难保证教育质量，甚至都不能开展正常的教育活动，更谈不上城乡教育一体化了。

在素质教育背景下，振兴广西乡村教育，既要关注乡村教育质量，也要关注城乡教育的公平，而增加经费投入能够为广西乡村教育振兴和城乡教育公平提供基本条件和基础保障，能够使乡村教育发展的基础物质需求得到满足。

2.关注薄弱学校，缩小城乡差距

现在，广西一些贫困乡村的学校办学条件差，教育资源很少，这类学校需要重点关注与关照，只有重点解决薄弱学校的发展问题，才有可能使城乡

教育的差距缩小。因此，要建立教育服务机会均等的理念，优化配置教育资源，解决贫困乡村学校的教育问题，提高乡村教育质量。

（二）中观维度的思考

1.挖掘乡村文化，振兴乡村教育

在乡村振兴战略中，乡村教育振兴是不可或缺的一个重要组成部分，居于重要地位，发挥着举足轻重的作用。广西乡村文化丰富，乡土文化独具特色，地域文化具有鲜明的民族色彩，这些都是非常宝贵的教育资源。因此，广西壮族自治区各级政府要对有特色的乡村文化、乡土文化进行搜寻或挖掘，从开发文化教育资源着手来促进乡村振兴和乡村教育振兴。

2.调动多元教育力量，共同推进教育振兴

教育振兴是一项系统而复杂的工程，需要多方协作，分工配合，群策群力，共同推进，所以办教育不仅仅是学校的职责，也需要政府、社会、家长、学生等多元主体共同关注、共同参与、共同支持，形成强大的合力和凝聚力来推动乡村教育发展。因此，要对广西乡村教育发展的多元力量进行积极探索和有效争取，努力提高乡村教育振兴战略实施的效率，提高乡村教育水平和质量。

3.推进乡村教育信息化

在信息化时代和全球化时代，信息技术在社会各个领域深入渗透和广泛应用，给人们带来了很大的便利，这也为乡村教育改革发展提供了良好的契机。广西乡村教育振兴与发展应紧跟时代潮流，突出时代特色，提高现代化水平。因此，要加强乡村教育信息化改革与发展，将现代教育技术充分运用到乡村学校中，充分发挥先进教育技术的作用，提高乡村学校教育教学效率和质量。为了营造良好的信息化教育环境，地方政府应加大投入力度，加强信息化教育资源建设，并不断提高教育工作者的信息化教学水平。此外，在广西乡村职业教育中应开设信息化相关课程，使人们掌握现代信息技术，从而在农业生产及各行各业中应用现代信息技术而提高产业效益。

（三）微观维度的思考

1.增强师资力量

师生比合理是保障现代教育质量的一个重要条件。广西乡村教育的师生比还不够科学、合理，贫困农村地区和偏远少数民族地区尤其不合理，师资力量严重不足。对此，应该建立教师补充机制，补足师资资源。此外，广西乡村地区教师的待遇不及城市教师，随着教师需求与要求的不断增加，乡村教师会因为对待遇的不满而影响工作或离职，而教师是教育的关键因素，所以要及时解决乡村教师的待遇问题。

2.关怀留守儿童

留守儿童问题是社会各界广受关注的社会问题。广西农村人口较多，农村留守儿童数目也不少，他们相对缺乏关怀，国家、社会和学校应积极关注与充分关怀留守儿童，解决这一弱势群体的教育问题、生活问题，这有助于提高乡村教育质量，增强乡村教育自信。[1]

三、广西乡村教育振兴战略保障机制建设

（一）广西乡村教育振兴战略保障机制建构原则

广西乡村教育振兴战略保障机制，包括价值观念、行为规范、组织系统、物质支撑等内容。构建乡村教育振兴战略保障机制，要以社会建设理论为依据，同时要考虑广西乡村经济现状和广西农村教育的特点，与广西教育实际相适应。广西乡村教育振兴战略保障机制的建构应贯彻三个原则。

---

[1] 贺祖斌，林春逸，肖富群，等.广西乡村振兴战略与实践（教育卷）[M].桂林：广西师范大学出版社，2019：83.

1.适宜性原则

从宏观层面来看,要结合广西乡村教育的特征、现状以及广西乡村少年儿童的身心健康水平及成长需要,来构建乡村教育振兴战略的保障机制,为全面推进广西乡村教育发展而提供保障。

贯彻适宜性原则来构建保障机制,具体要做到下列几点。

首先,从不同教育阶段的特点及相互的差异性出发而构建保障机制,为不同阶段教育的发展提供良好的环境。

其次,不同阶段教育的发展目标要有差异性,发展目标要以最近发展的层次性和渐进性原理为依据而制定。

最后,为乡村教育振兴与发展营造和谐、自由、宽松、安全的环境,统筹各阶段教育,保障不同阶段教育的协调发展。

2.实用性原则

从中观层面来看,制定广西乡村教育振兴战略的保障机制要贯彻实用性原则,结合实际需要有针对性地加以构建,并制订明确可行的支持计划与方案来实现保障机制的顺利运行,通过发挥保障机制的作用切实解决广西乡村教育的发展问题。

3.有效性原则

从微观层面来看,要结合提高乡村教育教学质量的要求来构建乡村教育振兴战略的保障机制,确保该机制运作的有效性,能够取得实际效果,达到预期目标,而且在长期的运作中都能够经得住广西乡村社会发展的考验,为乡村社会振兴与发展而服务。

(二)广西乡村教育振兴战略保障机制的实施

1.统筹规划,制定实施制度

(1)建构政府责任主体的保障机制

政府作为实施保障的第一责任主体,有权全盘管理保障机制的实施过程。政府作为第一责任主体的保障机制包括两个方面的内容。①从整体上提高教

第八章 我国乡村教育振兴创新案例研究

育资源的总量，促进城乡教育协调发展。②采取有效措施缩减区域办学差距。

政府既是乡村教育发展的第一责任主体，也是公共管理部门，其制定并落实农村教育发展政策和制度是发挥管理职能的最好方式。政府部门通过制定教育政策、合理配置教育资源，从制度层面为广西乡村教育振兴战略目标的实现提供保障。

（2）建构区域内合作联动机制

随着广西城市化进程的加快，人口大规模流动，农村人口进城务工成为广西人口流动的一大特点。城市教育容量相对有限，不少地区对外来务工人员子女入学进行了分流。基于对广西乡村教育发展需求的考虑，可以采取打造"城市—农村教育共同体"、构建教育发展链、创建教育改革试验点、教师专业发展共同体等方式进行区域教育统筹管理，为城乡义务教育的协调发展，缩小城乡义务教育的差距提供保障。①

2.合理分配教育资金，确保经费落实到位

国家为推动义务教育发展建立了专项资金，并根据各地实际情况合理分配教育资金。广西壮族自治区在分配由国家下拨的专项教育资金时，应重点考虑乡村学校办学实际和教学需求，还要分别考虑寄宿学校、小规模学校和完全小学的不同特征和需求。

广西壮族自治区各级政府要对财政支出结构进行优化，适当增加教育支出所占的比例，为义务教育的发展提供经费保障，在具体使用教育经费时，向乡村义务教育倾斜，落实各项减免与补助政策，防止出现挪用教育经费的现象。此外，各地要从实际出发来促进乡村学生人均公用经费水平的提升，从经费的合理支配着手，为乡村学校正常办学提供基础支持。乡村寄宿学校除了需要办学经费，在安保、生活服务等方面也需要相应比例的经费，政府应将此纳入经费预算中，在这些方面投入适当比例的经费，统筹安排各项经费的落实，对于学校公用经费不得随意挤占，禁止乡镇中心学校挤占下级学校的经费，要为基层学校教育教学提供良好的经费保障。

---

① 贺祖斌，林春逸，肖富群，等.广西乡村振兴战略与实践（教育卷）[M].桂林：广西师范大学出版社，2019：74.

此外，要完善乡村教育经费使用管理办法，从实际出发对公用经费在乡村学校间的合理运用进行统筹安排，实行规范管理，确保各类学校都能真正获得来自政府下拨的教育经费，严禁挪用。为确保小规模学校办学顺利和正常运转，应向这类学校提前进行公用经费的拨付，并将这部分经费纳入县级财政部门、教育部门的经费预算中。对于乡村教育经费的预算、筹集、投入、使用等都要做好管理，加强审计，保障教育经费使用的规范性和实效性。

3.转变观念，优化管理评价职能

（1）坚持党的教育方针

坚持以习近平新时代中国特色社会主义思想为指导，深入贯彻全国教育大会精神，坚持新发展理念，坚持以人民为中心，紧紧围绕乡村振兴战略，切实履行法定职责，高度重视乡村义务教育，坚持底线思维，实施底部攻坚，统筹推进城乡义务教育一体化改革发展，全面加强乡村学校建设和管理，不断提高乡村教育质量，为建设壮美广西奠定坚实的基础。

（2）落实政府责任

①各地要把办好乡村教育列入重要工作议事日程，健全协调机制，解决乡村教育在学校规划布局、经费投入、教师队伍建设等方面的问题。

②把办好乡村教育纳入市、县两级政府考核体系，完善责任追究机制，确保各项政策措施真正落实、工作计划如期完成。

③充分发挥学校党组织"把方向""管大局""促落实"的作用，有效调动各方力量，充分发挥校长、教师的积极性，努力营造促进乡村教育发展的良好局面。

（3）加强督导检查

建立和完善乡村教育质量监测和督导评估机制，落实中小学责任督学挂牌督导制度，定期开展督导检查，以督促建，切实提升广西壮族自治区乡村学校的办学水平。[①]

[①] 贺祖斌，林春逸，肖富群，等.广西乡村振兴战略与实践（教育卷）[M].桂林：广西师范大学出版社，2019：79.

四、广西乡村教育振兴的实践

（一）广西职业教育助力民族地区乡村人才振兴

1.政府与高校协作，提供灵活学历晋升方案

校企共建实践基地、农业+专业群、高校合作打破资源共享共建壁垒、订单班入学即就业、行业专家讲座灵活授课，政府应当制定和出台相关法律法规实施细则，从政策层面构建职业教育学历晋升方案，可以加大职业教育的宣传口径，通过发放传单、新闻、教育下乡等举措，让乡村青年拓宽信息渠道，积极报名；同时高校调整职业教育考核标准，通过学分银行、实践操作等过程性课程取代传统的一次性期末理论考核制度，让乡村青年灵活入学、灵活毕业，既保证了乡村青年的学习质量，也不影响乡村青年的工作，提高乡村青年的学习热情。

2.开设"双轨"课程，让有志青年获得思想上和技能上的双收获，提升回家乡就业创业的意愿和本领

职业教育培养体系要与乡村人才培养体系相结合，根据乡村人才特点和需求，设置适合乡村人才成长发展的教育培训"双轨"课程，既要夯实乡村人才的理论基础，又要提高乡村人才的实践能力，从理论学习当中获取实践方法，从实践实操当中检验理论知识掌握程度和准确性，真正做到学有所用，用有所学，拓宽视野，形成"两条腿走路"的职教新局面。在理论课程的教学当中要注重提升思想性和引导性，在传授知识的同时提高学生的思想，使学生在理论课程的学习当中了解到当前乡村发展新面貌、政策新支持、人才新需求、未来发展新方向，潜移默化地形成爱农、兴农、扎根乡村，为我国乡村发展和农业现代化发展贡献力量的思想认知，增强学生回乡发展热情，提高学生返乡创业就业意愿。在实践实操课程教学当中要注重培养创新性和实用性，增强实操课程设计的多样化合理化，将实操教学融入真实生产运营场景当中，解决生产运营过程中实际真实发生的问题，激发学生的创造力和创新力，在实践当中转变传统学习养成的思维模式，使

学生学会运用所学知识解决实际问题，加深对所学知识的深刻印象，夯实学生的专业技能，提高就业创业的本领。要注重创新成果和科研成果的转化，在实践课程当中产生的创新成果和科研成果要加大投入促进落地，既能解决原本的用工就业问题，还能吸引更多优秀外来人才，实现内部外部的双循环。

3.找准五类人才需求，开设定制化培训课程

乡村发展需要乡村人才支持，乡村人才振兴框架已基本成型，乡村振兴急需农业生产经营、农村二三产业发展、乡村公共服务、乡村治理、农业农村科技"五类人才"，因此职业教育助力乡村振兴要找准五类人才需求，实施教育体系和培养模式改革，针对五类人才定制具有针对性和适时可行的培训课程。乡村产业振兴是乡村振兴的战略核心，乡村产业兴旺对生产经营型人才需求强烈，针对这一类人才需求，职业教育要充分发挥以培养应用型人才为目的的能动性，开设针对乡村产业生产经营的相关定制化课程，以培养新型高素质职业农民、新型农业经营主体带头人、农村产业带头人等符合农业农村现代化发展趋势的新型人才。针对农村二三产业发展人才需求方面，可以以培育乡村创新创业带头人、乡村电商人才、乡村工匠、乡村旅游能人为主要方向，结合乡村实际融入民族特色，开设符合这类人才需求的专业定制化课程，提升职业教育为乡村人才振兴服务助力的能力。针对乡村公共服务人才需求，可促进农业+专业群的建设，实现农业与公共服务类专业共通融合，培养既懂农村农业又具有公共服务能力的复合型人才，重点加强乡村教师、乡村医疗、乡村文体旅游、乡村规划建设等人才的培育。针对乡村治理人才需求，可依托各级党校、行政学院等培育适应基础发展需求的干部队伍，职业教育可从政治思想教育层面出发，开设思政课程，培育学生的乡村治理思想，为乡村治理培育既有思想抱负又有技能特长的优秀人才。针对农业科技人才的需求，要关注农业科技相关课程的开设和发展，实现专业链与农业产业链相对接，课程设置要注重专业核心课程与农业产业科技及能力的对接，鼓励农业科技成果的转化，加强产教融合。

（二）广西职业教育改革促进乡村人才振兴的实践

1.面向乡村人才振兴的职业教育改革意义重大

职业教育是与经济社会发展各项事业距离最近的教育，职业教育具有培养多样化人才、传承技术技能、促进就业创业的重要作用，对乡村地区来说尤其如此。在全面建设社会主义现代化国家新征程中，职业教育前途广阔、大有可为，广大农村地区正是职业教育大施拳脚、发挥重要教育作用的大舞台。通过对职业教育的改革，职业教育从单纯地面向城市化、工业化转变为同时服务城市和乡村，在新常态的背景下具有很强的现实意义。乡村人才振兴的本质是引智下乡、引才下乡，引进外来先进技术和人员，培养本土优秀技术技能人才，促进新型职业农民、农民工等就地就业、创业创新，推动现代农业发展，推动乡村二三产业与城市产业链衔接。职业教育助力乡村，对乡村各类人才进行分类教育和培训，因材施教，因地施教，瞄准需求精准供给职业教育。广西的民族地区很大一部分是乡村甚至贫困地区，振兴这些地区的意义重大，是帮助这些地区的各族人民摆脱贫困和落后，获得创造美好生活的能力的重要举措。职业教育像黏合剂一样把当前乡村人民零散的教育经历有机黏合并延续下去，为我国广大农村地区带来终身教育的理念和途径。职业教育助力乡村人才振兴，就是促进乡村教育链、人才链与产业链、创新链有效衔接。

广西壮族自治区统计局的统计数据显示，广西的乡村人口正在向城市人口转移，广西农村地区面临"空心化"、乡村劳动力"离乡离土"的现实问题，而广西乡村人才振兴的对象，正是这些背井离乡奔赴城市谋生的各族群众。高等院校、职业院校、各级党校、农业广播电视学校等都是乡村人才的培养主体，它们有着各自不同的任务和工作侧重，协同作用才能够使乡村人才培养成为一个闭环，这个闭环也就是推动乡村人才不断学习、与时俱进，保持乡村人才可持续发展的终身学习体系。推动、联动乡村人才与培养主体这两大要素的是乡村人才振兴的体制机制，以支撑各项工作的高速高质推进并提供保障措施，因时因地建立匹配当地实际情况、能够解决当地实际问题的本土化机制，让培养主体能够真正地服务乡村人才振兴，是实现乡村人才振兴目标的重要内容之一。

2.面向乡村人才振兴的职业教育需求

乡村人才振兴的对象是五大类乡村人才，共 18 小类，涉及乡土社会生产生活的方方面面，各地情况不同，因此不同地区的同类人才需求存在差异，如果轻视甚至忽视这些差异，乡村人才的培养计划将沦为形式。为了避免这种现象，各地各级政府需要根据实际情况开展工作，了解人才的需求并精准对接这些需求，从而提供实用的解决方案。同时应该注意到，乡村人才对职业教育的需求区别于城市劳动者，有其独特性。各类乡村人才的需求可以具体概述为五个方面。

（1）农业生产经营人才。新型农民需要学习现代农业技术、规模的经营和管理，了解市场和整个产业链，学习新媒体和网络技术的运用。家庭农场经营者、农民合作社带头人需要学习农业、农场管理的知识，接受农场经营管理的相关培训。

（2）农村二三产业发展人才。乡村企业家队伍需要学习创新与创业，了解市场及其运作的理念和模式，接受现代化的创业培训。农村电商人才需要学习现代网络技术和新媒体知识，了解产业、市场、渠道等营销知识。农民工需要提高从业技能，获得更强的市场竞争力。

（3）乡村公共服务人才。乡村公共服务人才的需求体现在两方面：一是乡村教师、乡村卫生健康人才、乡村文化旅游体育人才进一步深造和技术上的持续学习与提高；二是由于地理交通、工作环境、生活条件等客观因素的制约，教师、医护、文化旅游体育人才都难以走进乡村，更难以扎根乡村，本土化的公共服务人才缺口使乡村公共服务面临巨大困境。

（4）乡村治理人才。乡镇党政人才、村党组织带头人都需要获得理念更新和业务提升。乡村治理需要受过高等教育的、有现代治理理念和文化知识的人才，村干部、新型农业经营主体带头人、退役军人、返乡创业农民工都有上大学、接受高等教育（高等职业教育）的需求。乡村跟城市一样，存在众多社区、民政方面的问题，这就需要专业的社工为社区服务。乡村社会需要社会工作者和社工服务组织，同样的，农村法律人才和农村经营管理人才都需要专业化的培养和实训，以提高业务能力和高效优质地解决现实问题的

第八章　我国乡村教育振兴创新案例研究

水平。

（5）农业农村科技人才。农业农村需要突出基层服务导向的高科技领军人才和针对"三农"的科技创新人才，农村也需要懂得乡情民情的"土专家""田秀才""乡创客"。农业企业里的科技人员需要提升业务水平，学会推广手段和技术，有效把科技成果转化为现实成果，创造现实收益。基层农机人员需要通过培训提高自己的科学素养和业务能力。

3.广西面向乡村人才振兴的职业教育改革实践

要办好人民满意的教育，尤其是办能够促进广西乡村人才振兴的教育，就是要广西职业院校作为人才培养的供给方精准服务，协同推进乡村人才培养。为此，广西职业教育面向乡村进行了改革实践。广西有着为数众多的少数民族退役军人、下岗失业人员、农民工和新型职业农民群体。广西各高校认真贯彻国家和自治区的决策部署，做好了扩招补报名，开展了文化考试和技能测试，组织了志愿填报和招生录取工作，积极响应和完成扩招任务。在此过程中也出现了一些问题，总结起来是"六多六少"：应届生录取多，四类人员招得少；公办高职完成任务多，民办高职任务完成少；教育系统努力多，相关部门参与少；"招进来"考虑多，"教得好"谋划少；注重补齐硬件多，强化软件建设少；校内挖潜发力多，外部协作推进少。要完成好扩招任务，需要做到政策理解到位、宣传发动到位、时间节点把握到位、条件保障到位、奖助政策落实到位、招生计划落实到位、组织领导到位、深化综合改革到位。改革则体现在完善弹性学制模式、分类制订人才培养方案、探索学习成果积累与转换、优化考核评价方式、深化校企合作改革方面。一直以来，广西的职业教育更多地发挥了服务乡村人口流向城市非农领域就业和发展的功能，为广大的农村地区培养城市的建设者和服务者。职业教育的功能是让农村的劳动力在接受中等或高等职业教育后获得专业知识和职业技能，进入城市产业链就业，脱离乡村和贫困。然而，这种服务方向无法将培养出来的乡村人才返还乡村以支持乡村振兴建设，乡村依然"空心"。乡村振兴需要的人才无法回到乡村，更不会留下、扎根，本质原因是在城乡二元结构下，城市的就业岗位多、薪资高，生活工作环境优于乡村，人才自然被吸引到城里。职业教育作为教育的供给方，是受需求方驱使的，相对来说欠缺主动性。为了打破这种困境，职业教育除了与国家政策配合，综合作用于乡村人才培养外，要尽量争取主动性，通过开办涉农专业、针对当地乡村地区的需求开办相关专业，专门为乡村振兴培养人才，从而引导人才回归乡村，帮助人才回归乡村。

为了建立民族地区乡村人才终身学习体系，广西职业教育需要进行综合改革。职业教育的改革是乡村人才培养的具体环节，乡村人才离开乡土走向城市的深层原因是社会经济原因，乡村人才的流向是市场决定的。因此，要把人才拉回乡村就要提升乡村对劳动力的吸引力，要提升吸引力就要社会各部门共同发力，调动和协同整个社会的资源为民族地区乡村人才做出整体性的教育供给和服务，建立民族地区乡村人才的终身学习体系。以职业教育为主的多培养主体共同促进乡村人才终身学习体系建立，通过学校职业教育为乡村人才提供定制化的系统性学习机会；通过职业院校的继续教育，以职业教育协同产业，培养能在"家门口"创业和就业的乡村人才；以职业院校的继续教育为平台，将职业教育与政府协同，提升服务乡村人才的业务能力和技术水平。

第三节　我国西部乡村教育发展研究

一、我国西部乡村教育政策的特征

西部大开发以来，国家对西部教育的发展给予了高度关注与重视，不仅从资金上扶持西部教育，而且出台了一系列发展政策，制定了相关发展规划，如安排农村中小学硬件设施建设，支持乡村职业教育中心建设，落实中小学远程教育示范工程等。这些举措有力地推动了西部教育的发展，使教育资源在乡村地区的覆盖面不断扩大，促进了西部乡村教育水平的提升和西部

第八章 我国乡村教育振兴创新案例研究

人民群众文化素质的提高，为西部大开发战略的深入推进和战略目标的实现提供了重要的人力支持和技术支持。

我国西部乡村教育的发展能取得良好的成果，与国家的政策支持密不可分。党和政府为西部乡村教育发展出台的政策具有以下几个特征。

（一）科学化

我国西部乡村教育从改革开放以来就受到党和政府的持续关注，国家对乡村基础教育的重要性给予了充分的肯定，党中央对我国西部乡村教育价值的认识逐渐深化。随着思想认识水平的提高，党中央和政府为我国西部乡村教育发展出台的政策也越来越科学。西部乡村教育发展政策的科学化主要表现为，我国在参考科学理论的基础上，经过充分的会议讨论和深入的实践论证来制定政策，随着政策越来越科学，其在乡村地区实施的效果也越来越显著。

西部乡村教育的振兴与发展对西部人才的培养、西部大开发、西部经济振兴等都有直接的影响，只有全面发展乡村教育，提高西部教育的整体水平，才能使现阶段的"教育输血"向"教育造血"转变，使西部乡村教育的价值得到充分发挥，使西部教育的科学发展目标顺利实现。振兴西部乡村教育，要特别重视发展基础教育，虽然说劳动者素质的提高、科技人才的培养等是高等教育的主要作用，但基础教育是高等教育的基础，如果基础教育发展不好，基础不扎实，根基不稳定，高等教育的发展必然受到影响。因此，要积极推动基础教育覆盖西部乡村地区。

另外，我国在西部乡村教育政策的制定中引入了市场经济的竞争机制，改变了以往通过政治手段强制干预的局面，这也是西部乡村教育政策制定科学性的重要表现。

（二）法治化

我国对西部乡村教育发展政策的制定呈现出法治化特征。在西部大开发战略中，乡村教育发展是必不可少的一部分，西部乡村教育发展的法治化规定随着西部大开发战略的有序推进而逐渐形成。我国是法治国家，倡导依法治国，在此背景下，制定西部乡村教育政策要特别重视不断提高政策的法治化水平。现阶段，我国在制定西部乡村教育发展政策的过程中遇到了与其他法律相抵触、相矛盾的问题，对此，政府应上升到国家的共同意志层面来制定相关教育政策和教育方针，以法律的形式呈现这些新政策、新方针，这样教育政策与其他法律相互冲突的问题就能避免，自然也就减少了不必要的政策性消耗。

（三）务实性

党和政府从我国西部发展的实际情况出发制定西部乡村教育政策，将西部乡村教育发展与西部经济发展统一起来，遵循西部地区的客观发展规律制定西部乡村振兴政策与乡村教育振兴方针，体现了乡村教育政策的务实性。

下面从两个方面来分析西部乡村教育政策的务实性。

1.规定农村教育是教育工作的重中之重

《国务院关于进一步加强农村教育工作的决定》明确规定将农村教育作为教育工作的重中之重，这充分说明农村教育何其重要，也反映了国家非常重视农村教育。国家还提出要加强对乡村教育的管理，不断加大投入力度来扶持乡村教育，尤其要保障对西部乡村教育的经费投入，为西部乡村教育发展提供基础保障。政策的实施使西部乡村地区贫困儿童享受义务教育的权利得到保障，使贫困生的上学问题得到了解决，可见我国关于乡村教育、西部乡村教育的政策是十分务实的，切实解决了许多现实问题。

2.取消了农村基础教育的学杂费用

我国乡村地区教育经费短缺的问题长期存在，这是一直以来制约乡村教育发展的一个难题。改革开放后，为了解决这个问题，国家实行在农村征收教育附加税的政策，这使我国乡村尤其是西部乡村教育经费不足的问题得到了一定的缓解，但乡村教育经费紧缺的问题一直没有根本解决。而且征收教育附加税使西部贫困地区村民的负担进一步加重，对乡村其他事业的发展造成了阻碍。为了解决这个问题，国家规定全国农村义务教育阶段的学杂费全部免除，这是贫困生的福音，贫困生家庭的经济负担因此而减轻。不仅如此，国家还为贫困生提供经济补助，切实解决贫困生的上学与生活问题。可见，国家的乡村教育政策是真正为了解决问题而制定与实施的，是非常务实的。

二、西部乡村教育振兴与发展的策略

（一）加强师资队伍建设，提高教师素质

西部乡村教育的发展离不开一支优秀的师资队伍，建设师资队伍是推动西部乡村教育振兴的必要举措。当前，我国西部乡村教育因师资队伍数量少、力量弱而面临诸多发展困境，西部乡村教师队伍建设主要存在的问题是师资队伍后备资源没保障，来源不稳定，流动性大，现有教师素质水平不高等。要解决西部乡村教育发展的现实问题，就要从师资队伍建设着手来加强改革，优化师资队伍，提高师资力量。

西部乡村教育发展中，既要将年龄大的教师的退休问题解决好，又要加强对年轻教师的培养，对师资结构进行调整，包括年龄结构、学历结构、职称结构、专业知识结构等，以全面优化师资结构，提升整个教师队伍的学历水平和业务能力。

培养年轻教师不仅要对其专业知识能力、教学实践能力以及教学技巧能力等进行培养，还要进行拓展性培养与培训，如信息化教学能力、创新教学素养等，促进年轻教师业务能力和综合素质的提升。学校或县级政府要为年轻教师创造参加培训的机会，成立由专家组成的培训团，开展专业培训活动，使年轻教师通过培训而不断提升自己的教学能力。此外，为西部乡村教育培养教育人才还需要对西部乡土人情、乡土文化、地方特色有所了解，对西部乡村社会发展需求有清晰的认识，从而提高教育人才培养的精准度，使培养出来的年轻教师是西部教育发展真正需要的人才。

（二）教育管理民主化

西部乡村教育管理，应建立地方基层管理体制，使基层教育行政部门享有教育系统的人事权，将校长、教师聘任制真正落实到地方，从而在制度上保证校长、教师任免、流动的公平与公正。乡村基础教育管理体制改革的成功与否，关键取决于人事制度的改革成果，特别是地方上是否真正落实了校长聘任制。在人力资源聘任与流动机制的制定中，要制定相关制度与政策来提供方向与保障，除了教育部门要发挥主要作用外，地方宣传部门、人事部门、组织部门等都要发挥各自的优势，形成合力，协同作战，共同落实上级政策，确保教育管理机制和人力资源管理机制的有效运行。

（三）加强地区交流，共享教育资源

在西部乡村教育改革与发展中，要重点改造落后地区办学条件较差的学校，基层政府部门应在上级部门的引导与指示下整合地方教育资源，立足本地实际而不断改善学校办学条件，提高对教育资源的利用率，充分发挥教育资源的作用，从而使乡村教育条件的地区差距逐步缩小。在教育资源的整合中，除了要对地区优势资源、特色资源进行高度整合外，还要注重对区域外资源的整合，通过同东部先进省市建立对口合作的关系，实现区域对口支援，不断拓展西部地区与东部发达地区的合作，实现对西部教育落后地区的改造。

在完善西部乡村地区教学条件的同时，还要从软件上进行完善，通过建立区域内外资源的共享渠道实现资源共享，通过资源共享提升西部乡村教育条件软实力。通过国家宏观调控推动西部乡村教育信息化和乡村远程教育的发展，使西部偏远地区的孩子同其他地区的孩子一样共享教育资源。

（四）创新协同发展——小城镇建设

"小城镇"是20世纪80年代出现在江浙一带的社会发展成果，其萌芽期最早出现在西周时期的货物交换，概念产生是由我国著名社会学家费孝通先生根据我国20世纪80年代的社会发展而提出，费孝通先生认为，乡村的发展

第八章　我国乡村教育振兴创新案例研究

不是一个独立的村落发展,而是许多村落一起发展,在发展的过程中必然形成一个中心,这个中心将是一个成千上万人生活、工作、政治、经济、文化的中心,这个中心就是我们所说的"小城镇"。"小城镇"是很多村子构成的一个人们共同生活的单位,从政治、经济、文化的发展角度讲,"小城镇"建设是不可缺少的中心,从地域、人口、经济、环境等因素看,其保持着与乡村相同的特点,又具有相异的特点。既是城市通往乡村的桥梁,又是乡村衰落的海绵体,是一种符合城市和乡村双重需要的文化发达、经济繁荣的村落,还是乡村日益增加的过剩人口和剩余劳动力的去处,其目标是既符合农村需要,又符合城市需要的中心,对国民经济的发展、工业布局的改善、城乡差别和工农差别的缩小都具有积极的意义。

"小城镇"建设在推动乡村教育振兴过程中,既能治愈西部地区乡村教育内部症结,又能修复乡村教育外部生态,通过解决乡村非教育问题来推动教育振兴,最终实现农业农村现代化。西部地区"小城镇"建设,对西部乡村的政治、经济、文化、生态各个方面的发展有着直接性推动作用,从根本上解决我国西部乡村教育振兴的现实困境,实现西部乡村教育的可持续发展之路,如图8-1所示。

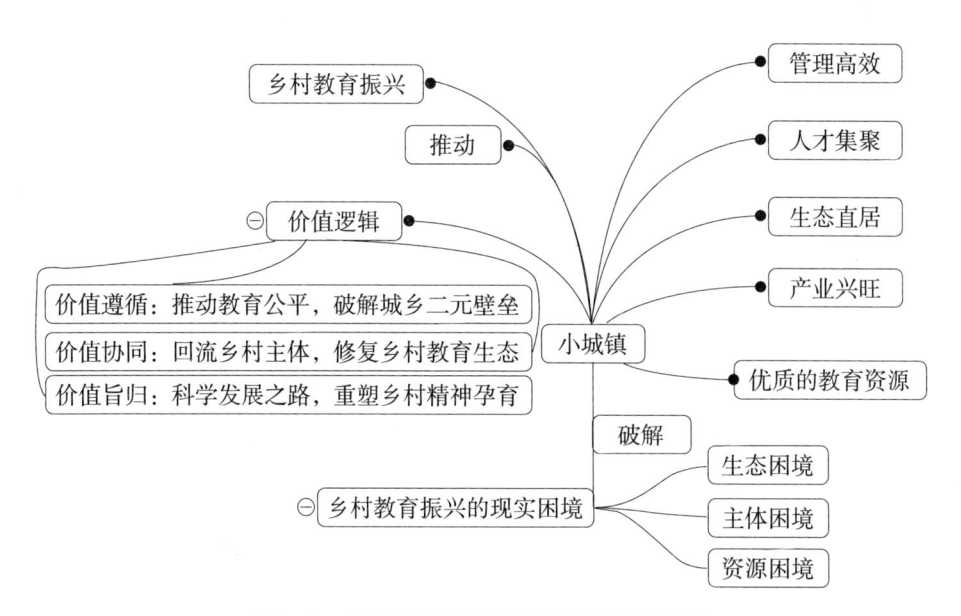

图8-1　小城镇推动乡村教育振兴逻辑关系图

1. 价值遵循：推动教育公平，破解城乡二元壁垒

"治国莫先于公"，社会公平是一个国家稳定和繁荣的根基。义务教育作为一种基本人权和提高民族素质的奠基工程，是国家最为重要的社会建设和民生工程，是现代化建设的根基。教育公平作为促进社会公平的重要手段，成为党管教育的永恒追求。透视党通过践行教育公平以追求社会公平的历程，经历了教育权利公平、教育机会公平、教育过程和结果公平三个阶段。西部地区乡村教育振兴的首要任务破解城乡二元壁垒，积极构建城乡教育一体化，推动优质均衡，促进教育过程和结果公平。

教育过程公平是保证结果公平先决条件，而西部乡村教育衰落的主要原因之一是教育资源配置不均导致的教育过程不公。在我国西部大力发展"小城镇"有助于集聚优质教育资源推动教育公平，破解城乡二元壁垒。

首先，"小城镇"要想走可持续发展之路、减少乡村人口外流和吸引更多的青年回乡发展，除了优美的人居环境和就业创业机会，还必须具备优质的教育资源，借助国家政策支持加大转移支付和供给侧结构性改革，通过优化优质教育资源配置、稳健教师队伍破解城乡二元结构导致的教育资源困境，使"小城镇"的教育事业走上越办越好的良性循环状态。

其次，"小城镇"破解城乡二元结构，推动城乡义务教育一体化发展。"小城镇"具有乡村和城市的共性，除保持原有的乡村气息，更具有城市的特点，这些特点主要表现在完善的教育、医疗和就业机会，特别是中国进入高质量发展阶段，寻求优质的教育资源是每个父母望子成龙的愿望，所以"小城镇"在教育事业发展上必须推动城乡一体化，深化教育供给侧和需求侧结构性改革，使越来越多的乡村人口不再因为寻求优质教育资源而离开乡村。

最后，"小城镇"得天独厚的产业是小城镇破解城乡二元结构的经济基础，乡镇工业的支持和乡村经济的发展，将是"小城镇"有了集资改造乡村教育内外部环境的基础，教育资源的配置实际是财力体现，"小城镇"因为有了经济的支持，学校经费投入充裕，无论是学校基础设施建设还是人才引进都有相应的经济补偿，从资源配置角度已经打破城乡二元结构。依托完善的配套措施和良好的生态环境为教育过程公平提供良好的外部环境，从而吸引更多的乡村主体回流，有效修复乡村教育生态。

第八章　我国乡村教育振兴创新案例研究

2.价值协同：回流乡村主体，修复乡村教育生态

当前人们已经迫切需要一个共同认可和理解的价值体系，才能继续共同生存下去。人和人之间信息传递工具的迅速改进，交集的频率越来越高，活动的空间越来越小，农民从乡村转移到"小城镇"，采用了离土不离乡的形式，部分劳动力与土地脱离关系转向非农产业。"小城镇"集优质教育资源、就业机会和人居环境吸引更多的乡村教育主体重返乡村，集优化的居住环境有助于提升管理水平和生活水平，节约资源，更有利于预防自然灾害，使乡村振兴和乡村教育振兴协同发展。

首先，"小城镇"对乡村教育振兴起到积极的主体回流作用。人才是推动乡村政治、经济、文化、社会发展的基础和关键，更是促进乡村教育振兴和教育质量提升的主体和力量之源，为乡村振兴提供智力支持，而教育又是人才培养的基础，发展教育事业更需要人才支持，人才、乡村教育振兴、乡村振兴之间是辩证统一的关系。以小城镇为中心的人才引培用机制，不但能有力地推动乡村教育振兴和乡村振兴，而且为乡村人才开发和质量提升起积极的推动作用。乡村教育振兴的关键是人才、教师和学生，"小城镇"的综合性服务社区不但给人才引进提供软硬件条件，而且，给服务乡村的教育主体教师提供优质服务和美好的生活需要，同时为回乡居民提供优质的居住条件，满足其美好生活需要。宜居宜业的综合服务型社区有利于"筑巢引凤"，"小城镇"凭借优越的自然环境和经济基础，以及完善的配套措施和高质量生活服务与就业机会使越来越多的农民从离土离乡的城市回流到"小城镇"发展，寻求新的发展机遇的同时享受本土的优质生活，在校学生随着回流农民越来越多，随迁务工子女因为父母的回乡，而选择在"小城镇"完成自己的学业，留守儿童因为父母的回乡健康成长，教师因为小城镇发展空间的增大以及小城镇的优质资源和生活服务被吸引，教师流失率减小，越来越多的优秀教师投身乡村教育振兴的实际行动中。

其次，"小城镇"建设对乡村教育发展起到乡村教育生态修复的作用。由于学校资源的利用具有整体性的特点，当学校只有1个班的时候，它也需要配备各学科教师、教辅人员、行政人员、工勤人员、实验室、图书资料、教学和非教学所必需的各项设施。这时，学生的培养成本较高，资源的利用效率较低，随着班级的增加，资源的利用效率会逐渐提高，社会服务和管理

也一样，由于人数的集中，管理成本越低，服务质量高，资源利用率也越来越高。小城镇因为农民的聚集，在教育资源、环保资源、能源、管理、服务等各方面均得以提高，同时减少公共资源浪费，节约管理成本与人力，提高资源利用率，有效提升管理效率。"小城镇"使学校内部因为回流主体和资源配置进入良性循环的状态，学校外部因为回流人口、经济复苏、文化振兴、环境改善和管理提升而进入高质量发展阶段，所以"小城镇"建设对教育最终起到良好的生态修复作用，使其走上科学的可持续发展之路。

3.价值旨归：科学发展之路，重塑乡村精神孕育

中国"三农"问题的本质是乡村地域系统可持续发展问题。由于人与自然相处总是在文化、经济、政治等多重因素的驱动下持续地交互影响与联系，"全球在经济、科学、文化和政治方面的相互依赖关系正日益加深"，而"小城镇"建设旨在盘活乡村政治、经济、文化、产业、人口等元素，保持各元素长期的定力和活力，建立一种各元素协同发展的可持续发展之路。

首先，"小城镇"的"教育将成为实现可持续发展的动力和建设美好世界的关键"。一是教育通过培养出社会所需的人才，"这样的人才富有生产力，能够继续学习、解决问题、具有创造力，能够以和平、和谐的方式与他人共处，与自然实现共存"。进而达到社会发展的预期目标。"小城镇"通过振兴乡村教育，实现乡村人才培养与集聚，通过人才推动西部乡村教育振兴，助力西部乡村早日实现"产业兴旺、生态宜居、乡风文明、治理有效、生活富裕"的新目标，最终实现乡村振兴。二是"小城镇"在推动西部乡村教育振兴的同时寻求各元素的全面发展，在以经济建设为基础中寻求产业结构、基础服务、政治稳定和文化结构同频共振的新模式，创建人居环境优美、经济繁荣、产业结构合理、文化欣欣向荣、管理高效的新发展模式。三是"小城镇"建设在推动西部乡村教育振兴的同时落实生态环境综合治理。在"小城镇"建设过程中除节省资源、管理高效、提升生活水平，更有利于防御自然灾害，解决乡村振兴与教育振兴等多项生态系统现实问题，保护生态环境的稳定性，助力我国早日实现2030碳达峰和2060碳中和。

其次，"小城镇"建设有助于重塑乡村精神孕育。乡村是华夏文明的摇篮，中国优秀传统文化充盈着丰富的乡土智慧，乡村教育振兴离不开乡土文

化的精神孕育和价值引领，振兴乡村文化对于中华民族的血脉延续，文化重塑，精神弘扬有着不可替代的作用。教育是文化传承的血脉，文化创新的枢纽，文化进步的助推器，文化新人的摇篮，新文化的塑造者，乡村教育承续乡土文化，弘扬民族精神。所以，教育不仅是文化传承的内生动力，更是文化符号的外在形象，以其强大的生命力对文化进行传承、改造和创新。"小城镇"通过推动乡村教育振兴进而实现文化传承的内生动力，同时通过振兴乡村文化生态实现乡村文化振兴的应然状态。一是"小城镇"建设通过推动乡村教育振兴进而激发文化传承的内生动力。教育是实现文化振兴的不竭动力和主要媒介，将本土文化作为价值追求，融合在教育教学中实现特定文化的代代相传，进而实现乡村文化认同。学校在传承传统文化中实现本土文化与现代文化相互融合，最终实现优秀文化的传承。小城镇既有杂居又有小聚居，通过乡村教育实现多民族文化融合，铸牢中华民族命运共同体意识。二是"小城镇"通过振兴乡村文化生态实现乡村文化振兴的应然状态。"小城镇"的人力资本是实现文化振兴的主体保障，依靠大量回流的人力资本成为文化传承的主体，发挥"小城镇"居民智慧推进文化建设体制机制创新；"小城镇"的内在管理和外在形象是实现乡村文化振兴的基本平台，文化是"小城镇"的元素，更是"小城镇"的特色和外在形象；"小城镇"的经济基础是实现乡村文化振兴的物质保障，"衣食足而知荣辱，仓廪实而知礼节"，经济基础决定文化发展，文化发展振兴乡村经济。

"教育可以，而且必须促进新的全球可持续发展观。"小城镇在推动西部乡村教育振兴的同时，紧紧围绕教育事业推动教育公平，提升教育质量，多渠道畅通使乡村主体回流，推动乡村经济发展，激发乡村活力，重塑乡村文化精神孕育，积极构建西部乡村教育可持续发展之路。

四、"小城镇"推动乡村教育振兴的思考和建议

"小城镇"建设不是一种模式，更不是一种理念，而是一种实践，一种教育、经济、政治、文化和教育协同发展的实践过程。"小城镇"建设在推

动西部乡村教育振兴过程中始终统筹推进政治、经济、文化、社会和生态"五位一体"总体布局，具有要素调节、结构调节、文化传承等诸多功能，解决乡村当前面临的现实问题。

（一）坚持发展"小城镇"的基本理念，激发乡村活力

理念在地方发展中占据重要地位，未来乡村发展一个重要的特征就是以理念的突破和更新为先导，在乡村发展实践中引起社会的巨大变革。"小城镇"的发展内容十分复杂，既有联系，又相互包含。因地制宜的发展理念和可持续发展理念引领其基本方向。地方政府要有发展"小城镇"的决心，改革发展的过程是艰巨的，要有力排众难和战胜一切的决心，坚持"小城镇"在乡村振兴和乡村教育振兴中的作用。乡村在发展"小城镇"的过程中，一要坚持因地制宜谋发展，防止千篇一律，照搬照抄式地发展"小城镇"。乡（镇）政府所在地大体上都是几个村庄到十几村庄的政治、经济和文化中心，尽量在以乡（镇）政府为政治中心的基础上发展"小城镇"，提升原有的乡（镇）职能效率。二要坚持可持续发展理念。可持续发展理念是社会发展的核心理念，坚持在发展中寻求长远发展和协同发展，防止追求短期效益出现人财物的过度损耗，造成不可逆的恶性循环。建设应秉持绿色、环保、低碳的可持续发展理念，突出地方历史文化、人文和民族习惯，将经济、文化、政治、生态等众多功能融合在一起，形成一个完整的生活空间。

（二）积极完善"小城镇"的教育体系，开发教育沃土

乡村振兴的重点领域是教育，优质教育资源是"小城镇"建设的必备条件，为推动乡村教育振兴，其首要任务是完善以"小城镇为"中心的乡村教育体系。首先，在乡（镇）中学原有的基础上改建一所高质量的九年一贯制学校。2021年6月25日，教育部、国家发展改革委、财政部发布《关于深入推进义务教育薄弱环节改善与能力提升工作的意见》中指出鼓励各地建设九年一贯制学校。"小城镇"的九年一贯制学校，一要软硬件配备标准须超越县域内义务教育学校中上水平，软硬件是教育振兴的基础和关键。二要深化

第八章　我国乡村教育振兴创新案例研究

学校体制机制改革，全面实施县管校聘，选好人，用好人，管好人。三要做到体制机制保障，"小城镇"建设九年一贯制学校的本质是整体育人、系统改建、优化管理、资源共享、效率提升、质量提高和公平推进等。做好体制机制保障是学校走可持续发展之路的必然选择，为全面推进义务教育优质均衡发展做好基础保障。其次，完善小城镇学前教育体系，积极推动优质普惠学前教育。做好幼儿园保育工作，加强幼儿园师资队伍专业化建设，强化乡村幼儿园帮扶指导，规范乡村幼儿园的管理和督导。学前教育事关儿童的身心健康和智力发育，对儿童早期成长的积极干涉能够帮助乡村儿童获得学业上的成功。开发"小城镇"的教育沃土，以优质教育资源为吸引。

（三）努力提升"小城镇"的综合服务，优化人居环境

中国特色社会主义进入新时代，我国社会主要矛盾已经转化为人民日益增长的美好生活需要和不平衡不充分的发展之间的矛盾。[28]为满足"小城镇"居民的物质追求和精神追求，美化乡村环境，实现生态宜居，须努力提升"小城镇"的综合服务，优化人居环境为西部乡村教育振兴主体做好物质和服务保障。提升"小城镇"的综合服务，一要做好软硬件准备，其硬件主要内容包括水电、道路、住房、绿化等基础设施，软件内容主要包括管理、医疗、文娱和社区服务，使人民群众享受到生态宜居的居住环境。二要优化乡镇政府的管理结构，创建服务型底层政府，以乡村振兴的主体积极奋战在乡村振兴一线，把增强农民幸福感作为乡镇政府职能转变的目标导向，构建以服务为导向的体制机制，推进机构改革，为乡村的振兴与发展提供全方位、立体化的服务，让乡村成为令人向往的地方。

（四）加快构建"小城镇"的实体经济和人才引培用机制

人民由乡村进入都市大都是出于谋生的原因，所以，创办以"小城镇"为中心的海绵体经济实体作为乡村教育振兴的外围经济基础。"海绵体"经济实体概念源于海绵城市建设，2014年10月，国务院办公厅印发文件《关于推进海绵城市建设的指导意见》，海绵城市是一种城市建设和管理理念，属

于城市公共基础设施建设，概念引用到小城镇建设的经济实体上有其丰富的内涵和现实意义。

首先，海绵体经济实体具有良好的"弹性"，有助于我国在遭受全球金融危机和社会危机时有积极的抗性，在经济衰退时又能够快速地恢复。既具有"船小好掉头"优势，又具有企业集团规模化的竞争力。不但不会损害农民的农副业，而且能再为国家财政收入作一定贡献。同时，主动承担起支农、补农和养农的责任，形成我国工业化新道路。

其次，创建海绵体实体经济是服务农业和促进乡村现代化的战略要求，有助于乡村人口的就业和转业，尤其是土地流转后农民的再就业，其目的是维持工作的机会，解决乡村剩余劳动力，拓展农民的发展空间，成为破解"三农"问题的重要途径。

再次，创建海绵体实体经济有助于人才引进和乡村主体回流。乡村振兴的关键是人才，人才引进不只要有良好的居住环境，还要有经济吸引力，乡村实体经济将为人才提供就业机会和经济基础。乡村经济将为乡村主体回乡择业和再就业提供机会，同时使更多的留守儿童因为父母的回乡就业而得到家庭关爱，减少因留守儿童导致的社会问题。

最后，构建以小城镇为中心的人才引培用机制。一要承认人才引培用价值，创新人才引培用理论框架。清醒且客观地认识到人才在乡村教育振兴和乡村振兴中的价值和作用。二要明确人才引培用格局，完善人才引培用政策体系。乡村振兴是社会责任，更是国家担当，人才问题是社会问题，更是世界难题，在人才引培用的过程中不仅要突出政府主导，积极构建乡村振兴人才引培用大棋局，用发展、辩证的眼光看待乡村人才引进，构建科学的引人机制，增强乡镇基层对人才的吸引力，持续为乡村振兴输送新鲜血液。三要完善人才引培用机制，丰富人才引培用实践模式。发掘人才力量，走科教育人、培育本土人才、拓宽本土人才成长路径。本土人才既熟悉地域环境，又心怀浓厚的乡土情结；既愿扎根奋斗，又无惧风雨艰难，在推动乡村振兴中往往具有得天独厚的优势和义不容辞的使命感，使不同主体合力成为乡村振兴体系构建的动力源泉。稳健的经济基础和人力资源与教育服务和其他服务协同推进乡村振兴。

如果说十一届三中全会的联产承包责任制是调动农民积极性的逻辑起

第八章 我国乡村教育振兴创新案例研究

点，那么在西部地区发展"小城镇"就是解决乡村教育式微的有效杠杆，更是乡村振兴的逻辑起点。"小城镇"从乡村教育振兴根本问题出发，用自己的语言和方式解读和诠释乡村教育振兴实践，加深人们对乡村教育振兴的认识和理解，引导和推动乡村教育振兴实践创新。乡村教育振兴需要一个过程，农民从离土离乡转到离土不离乡更需要一个过程，小城镇的发展不仅能容纳非农业的居民，而且有一部分农民进行了工业化转型，这既解决了乡村的剩余劳动力，又使人口集中到城镇里，起到人口蓄水库的作用。这样乡村人口的消极压力转变成了积极的人力资源，中国巨大的人口压力对于社会经济的发展，将不是一项阻力，而是乡村振兴的起点，更是乡村教育振兴的动力，同时，乡村教育的振兴更为乡村振兴提供教育沃土，使一个良好社会生态完美地实现。

参考文献

[1]21世纪教育研究院.教育乡村[M].石家庄：河北人民出版社，2019.

[2]黄育云，熊高仲，张继华.职业技术教育在中国[M].成都：电子科技大学出版社，2004.

[3]蒋伟，张小平，温智.聚焦新师范振兴乡村教育[M].西安：陕西人民教育出版社，2019.

[4]李森，崔友兴.社会变迁中的乡村教育[M].福州：福建教育出版社，2017.

[5]李森，张鸿翼.当代中国乡村教育研究[M].广州：广东教育出版社，2018.

[6]李少元.农村教育论（新世纪版）[M].南京：江苏教育出版社，2000.

[7]廖其发.中国农村教育问题研究[M].成都：四川教育出版社，2006.

[8]马建富.职业教育学（第2版）[M].上海：华东师范大学出版社，2017.

[9]马庆发，赵军，张雪丽.中国职业教育研究新进展2010[M].上海：华东师范大学出版社，2012.

[10]马戎，龙山.中国农村教育问题研究[M].福州：福建教育出版社，2000.

[11]钱民辉.教育社会学现代性的思考与建构[M].北京：北京大学出版社，2004.

[12]石伟平，臧志军，李鹏.中国职业教育发展报告[M].上海：华东师范大学出版社，2019.

[13]唐智彬.新型城镇化进程中农村职业教育发展的理论与模式[M].长沙：湖南师范大学出版社，2019.

[14]王红霞.文化扶贫与乡村振兴[M].哈尔滨：黑龙江教育出版社，2018.

参考文献

[15]魏风云.乡村教育振兴研究[M].北京：人民出版社，2020.

[16]肖正德,卢尚建.乡村振兴战略中的农村教育变革[M].上海：华东师范大学出版社，2019.

[17]许庆如.变革与传承：近代山东乡村教育研究[M].南京：南京大学出版社，2020.

[18]尹成杰.实施乡村振兴战略推进新时代农业农村现代化[M].北京：中国农业出版社，2018.

[19]张继华,邱永成,郑学全.现代职业教育与经济社会发展研究[M].成都：四川人民出版社，2008.

[20]张力跃.受教育者视界中的农村职业教育困境与破解[M].天津：天津大学出版社，2011.

[21]赵家骥,杨东.农村教育的困境与出路[M].成都：四川教育出版社，1994.

[22]赵鹏程.农村职业教育与农村经济发展互动研究——基于四川农村的调查[M].北京：人民出版社，2010.

[23]贺祖斌,林春逸,肖富群,等.广西乡村振兴战略与实践（教育卷）[M].桂林：广西师范大学出版社，2019.

[24]田静.教育与乡村建设：云南一个贫困民族乡的发展人类学探究[M].北京：中央编译出版社，2013.

[25]王卫东.现代化进程中的教育价值观[M].北京：中国社会科学出版社，2002.

[26]陈锟.中国乡村教育战略[M].北京：中共中央党校出版社，2006.

[27]安丽娟.基于乡村振兴战略下的乡村教育发展研究[D].南昌：南昌大学，2019.

[28]曾海军,夏巍峰,王敬华.农村教育信息化路径：现状·反思·案例[M].北京：人民教育出版社，2015.

[29]陈丹.乡村小学关怀型师生关系构建研究[D].重庆：西南大学，2016.

[30]陈俊.乡村振兴战略下农村教育发展现状及应对策略探究[J].山东农业工程学院学报，2021，38（6）：90-94.

[31]陈孟达.我国农村留守儿童教育问题及对策研究分析[J].农村经济与科

技，2021，32（10）：222-224.

[32]陈旭峰，钱民辉.当前农村教育发展研究：回顾与展望[J].成人教育，2012，32（1）：4-7.

[33]陈旭峰.实施城乡一体化的分流教育——布迪厄的文化再生产理论对当前农村教育的启示[J].教育学术月刊，2010（7）：3-6.

[34]戴斌荣.农村教育发展研究[M].北京：北京师范大学出版社，2015.

[35]邓琴，覃永县.农村教育身份的缺失——论城乡教育二元格局下的农村教育[J].学术论坛，2008（4）：205-207.

[36]董冬梅.农村小学留守儿童家校共育的行动研究[D].济南：山东师范大学，2020.

[37]董强，李小云，杨洪萍，等.农村教育领域的性别不平等与贫困[J].社会科学，2007（1）：140-146.

[38]丰箫，丰雪.近十年中国现代乡村教育国内研究综述[J].河北师范大学学报（教育科学版），2013，15（8）：22-27.

[39]郭振宗.山东省农村教育发展中存在的问题及对策[J].管理观察，2009（5）：16-17.

[40]韩丽，王晓慧.乡村振兴视角下的乡村教育现状分析[J].农村经济与科技，2021，32（7）：314-315.

[41]胡俊生，李期.农村教育城镇化：城乡一体化的助推器[J].甘肃社会科学，2010（2）：53-55.

[42]金书颖，宋宜效，刘璇，宋丽丽.重视乡村教育振兴乡村农业[J].现代商贸工业，2021，42（7）：17-18.

[43]赖明谷，安丽娟.基于乡村振兴战略的乡村教育发展研究[J].上饶师范学院学报，2019，39（4）：79-86.

[44]李芳云.农村教育的公平透视及制度建构[J].继续教育研究，2007（3）：38-40.

[45]李丽明.安徽省农村教育信息化的调查与分析[D].合肥：安徽大学，2007.

[46]梁龙，张婧，孙凯.终身教育视角下乡村生态文明教育现状、困境与路径[J].北京宣武红旗业余大学学报，2021（1）：19-25.

[47]刘光余.论我国农村教育信息化[D].曲阜：曲阜师范大学，2004.

[48]刘河燕.晏阳初乡村教育思想及其对当代农村教育的启示[J].成都：中国成人教育，2009（10）：159-160.

[49]刘小锋，林坚，李勇泉.农村教育供给问题研究——以福建省40个行政村为例[J].教育发展研究，2008（11）：5-8.

[50]刘小红，尹清强.农村教育改革旨在"为何"——论陶行知"为农"的乡村教育目的观及其当代启示[J].教育科学研究，2007（6）：20-23.

[51]刘新科.西部农村教育现状、问题及其思考[J].教育理论与实践，2005（3）：24-27.

[52]刘鑫辉，刘越男.农村小学教育现状及对策研究[J].新农业，2021（11）：88-89.

[53]刘旭东.教育价值浅议[J].青海师范大学学报，1990.

[54]刘雅静.大力发展农村教育着力培养新型农民[J].陕西行政学院报，2007（1）：84-86.

[55]罗建河，彭秀卿.试论新课程背景下乡村课程资源的开发与利用[J].天中学刊，2007（4）：24-27.

[56]马洪江，陈松，黄辛建.西部少数民族地区农村教育问题研究——以四川省马尔康县为例[J].中国教育学刊，2009（9）：31-33.

[57]马宽斌，黄丽丽.乡村振兴战略：农村职业教育改革与发展新动能[J].成人教育，2020，40（2）：47-51.

[58]毛书林.西部农村教育现状与再发展对策[J].中国经贸导刊，2007（19）：45-46.

[59]梅健，林健.农村教育发展中地方政府作为的思考——基于重庆南川M镇"关爱留守儿童教育工程"的田野调查[J].当代教育科学，2007（2）：23-26.

[60]孟祥皎.乡村振兴背景下成人教育供需研究[D].昆明：云南师范大学，2020.

[61]彭秀卿.新课程背景下的乡村课程资源开发[J].新课程研究（职业教育），2008（1）：35-37.

[62]秦玉友，于海波.从数量扩张到质量提升：农村教育发展的主题转换

与战略转型[J].教育理论与实践，2009（11）：32-34。

[63]任平.对农村教育现状的理性审视[J].教育探索，2007（6）：7-8.

[64]商旻.农村教育信息化发展路径研究[J].科技经济市场，2020（8）：101-102.

[65]宋申猛.政府管理视角下的农村教育问题研究综述[J].今日中国论坛，2013（19）：32-33.

[66]宋宇，祁占勇.乡村振兴战略视域下农村职业教育研究现状和未来展望——基于科学知识图谱的分析[J].武汉职业技术学院学报，2021，20（4）：5-12.

[67]宋云青.山东邹平乡村教育实验研究[D].保定：河北大学，2013.

[68]汤颖，邬志辉.新时期农村基础教育改革的困境与路径[J].当代教育与文化，2019，11（3）：58-63.

[69]王会平.统筹城乡教育改革，推进中小学优质教育教学资源的乡村共享力度[J].吉林省教育学院学报，2019，35（5）：1-5，62.

[70]王嘉毅，赵志纯.我国农村基础教育课程改革：问题与对策[J].教育研究，2010，31（11）：25-30.

[71]王学军.我国西部地区农村教育反贫困问题研究[D].咸阳：西北农林科技大学，2009.

[72]邬志辉，马青.美国农村学校与社区信托基金会的农村教育指标体系及启示[J].外国教育研究，2008（3）：29-34.

[73]伍辉燕.乡村小规模学校学生核心素养培养路径[J].桂林师范高等专科学校学报，2021，35（2）：102-106.

[74]谢俊红.城乡教育差距与农村教育发展[J].云南行政学院学报，2008（5）：95-97.

[75]杨鹏.乡村振兴战略背景下农村成人教育发展与改革创新[J].中国成人教育，2018（14）：158-160.

[76]杨挺，马永军.当前我国解决农村教育问题的思路设计——基于卡尔多-希克斯效率理论的思考[J].教育学术月刊，2009（7）：82-83.

[77]杨志军.论社会主义新农村建设视野下我国农村教育的体系创新[J].社会科学家，2007（5）：136-139.

[78]叶凤刚.黄炎培农村教育思想及其当代启示[J].继续教育研究，2008（7）：16-18.

[79]尤让.我国西部地区农村教育政策分析[D].太原：山西大学，2011.

[80]兰慧君，司晓宏，周丽敏."小城镇"推动西部乡村教育振兴的价值逻辑——基于教育生态视角[J].当代教育论坛，2022（04）:11-22.

[81]兰慧君，崔志钰，倪娟.我国职业教育的政策执行:现实问题、成因分析及对策建议[J].成人教育，2022，42（07）:71-79.

[82]兰慧君.西部地区农村中学教育资源配置现状与效率提升——以甘肃省平凉市崆峒区为例[J].信阳师范学院学报（哲学社会科学版），2021，41（03）:49-54.

[83]司晓宏，魏平西.中小学党组织书记领导力的价值意蕴、构成要素及提升路径[J].中小学管理，2023（07）:9-13.

[84]祁占勇，王城，司晓宏.批评议论主义视域下教育政策研究的双重逻辑[J].教育理论与实践，2023，43（10）:16-22.

[85]王桐，司晓宏.百年来我国中小学教师资格制度的流变与展望[J].教育评论，2021（11）:118-123.

[86]樊莲花，司晓宏.义务教育优质均衡发展督导评估审视与展望[J].教育研究，2021，42（10）:104-111.

[87]司晓宏.构建具有中国特色的中小学内部治理体系[J].中小学管理，2021（06）:1.

[88]司晓宏，樊莲花.义务教育均衡发展监测的理性困境及其超越[J].教育研究，2020，41（11）:83-90.

[89]王鹏炜.市场经济体制下西部公立高校人才队伍建设的思考[J].信阳师范学院学报（哲学社会科学版），2022，42（04）:55-58.

[90]王鹏炜，杨琬钰.中小学依法治校评估标准的文本分析与改进策略[J].信阳师范学院学报（哲学社会科学版），2021，41（01）:60-64.

[91]库来西·依布拉音，杨令平，樊莲花.乡村振兴战略背景下学校布局调整督导评估审视与展望[J].教育科学，2022，38（04）:75-80.

[92]杨令平，樊莲花，司晓宏.县域义务教育均衡发展监测中的数据问题及矫正[J].当代教师教育，2020，13（01）:14-20.

[93]杨令平,司晓宏,魏平西.浅议义务教育监测制度的发育[J].教育研究,2018,39(12):87-93+98.

[94]新华社.中共中央国务院关于实施乡村振兴战略的意见[EB/OL].(2018-02-04)[2022-02-22].http://www.gov.cn/zhengce/2018-02/04/content_5263807.htm.

[95]范先佐.乡村教育发展的根本问题[J].华中师范大学学报(人文社会科学版),2015,54(5):146-154.

[96]范国睿.教育生态学[M].北京:人民教育出版社,2019:29.

[97]费孝通.费孝通论小城镇建设[M].北京:群言出版社,2000:14.

[98]皮埃尔·布迪厄,华康德.实践与反思:反思社会学导引[M].李猛,李康,译.北京:中央编译出版社,2004:134.

[99]卡尔·雅斯贝尔斯.什么是教育[M].童可依,译.北京:生活·读书·新知三联书店,2021:43.

[100]The World Bank.Replication Package.Self-employment andMigration(1991-2018)[R/OL].(2021-04-26)[2022-04-05].https://microdata.worldbank.org/index.php/catalog/3836.

[101]熊春文,陈辉.人口变迁与教育变革——基于第七次全国人口普查公报的社会学思考[J].教育研究,2021,42(11):27-35.

[102]罗贵明,邬美红.我国小学阶段生均一般公共预算教育经费地区差异分析[J].当代教育论坛,2020(5):26-35.

[103]曾新,高臻一.赋权与赋能:乡村振兴背景下农村小规模学校教师队伍建设之路——基于中西部6省12县《乡村教师支持计划》实施情况的调查[J].华中师范大学学报(人文社会科学版),2018,57(1):174-187.

[104]冯帮,陈文博.乡村教师面临的现实困境与出路——对"会宁县教师集体出走"事件的反思[J].教育与教学研究,2017,31(1):83-90.

[105]曾素林,李娇娇,侯伟浩,等.乡村振兴背景下乡村教师激励的现实困境及其突破[J].教育理论与实践,2020,40(10):40-44.

[106]张地容,何倩,李祥.社会转型中乡村教师信任危机论[J].当代教育论坛,2020(4):111-118.

[107]王艳玲,李慧勤.乡村教师流动及流失意愿的实证分析——基于云

南省的调查[J].华东师范大学学报（教育科学版），2017，35（3）：134-141，173.

[108]陶芳铭.逃离与坚守：乡村教育的现实困境与路径选择——基于A省N县的调研[J].现代教育科学，2021（3）：1-6.

[109]国家统计局，国务院第七次全国人口普查领导小组办公室.第七次全国人口普查公报（第七号）——城乡人口和流动人口情况[EB/OL]（2021-05-11）[2022-02-23].http：//www.stats.gov.cn/t2xfb/202105/t20210510_1817183.html.

[110]聂清德，董泽芳.一个值得高度关注的问题：城镇化背景下乡村教育生态危机[J].教育研究与实验，2015（5）：8-12.

[111]刘善槐.农村教育高质量发展的多重挑战与改革建议[J].中国教育学刊，2020（12）：9.

[112]国家统计局.中国统计年鉴：进城务工子女和农村留守儿童在校情况[EB/OL]（.2021-12-12）[2022-04-05].http://www.stats.gov.cn/tjsj/ndsj/2021/indexch.htm.

[113]司晓宏，樊莲花，李越.新中国70年义务教育发展轨迹、成就及愿景分析[J].人文杂志，2019（9）：1-12.

[114]赵岚，陈钰洁，伊秀云，等.党管教育的百年历史嬗变及价值追求[J].现代教育管理，2021（7）：1-10.

[115]联合国教科文组织.教育—财富蕴藏其中[M].联合国教科文组织总部中文科，译.北京：教育科学出版社，2014：3.

[116]李玉恒，阎佳玉，宋传垚.乡村振兴与可持续发展——国际典型案例剖析及其启示[J].地理研究，2019，38（3）：595-604.

[117]冯友兰.中国哲学简史[M].北京：北京大学出版社，2013：181.

[118]联合国教科文组织.反思教育：向"全球共同利益"的理念转变？[M].联合国教科文组织总部中文科，译.北京：教育科学出版社，2017：24.

[119]曾江，慈峰.新型城镇化背景下特色小镇建设[J].宏观经济管理，2016（12）：51-56.

[120]褚宏启.新时代需要什么样的教育公平：研究问题域与政策工具箱[J].教育研究，2020，41（2）：4-16.

[121]郑有贵.城乡"两条腿"工业化中的农村工业和乡镇企业发展——中国共产党基于国家现代化在农村发展工业的构想及实践[J].中南财经政法大学学报,2021(4):14-25.

[122]H.孟德拉斯.农民的终结[M].李培林,译.北京:中国社会科学出版社,1991:304.